U0094465

维特根斯坦_的哥白尼革命

语言唯心论问题

[英]伊尔哈姆·迪尔曼
Ilham Dilman 著

李国山 沈学甫 等译

中国社会科学出版社

图字：01 - 2022 - 2124 号

图书在版编目（CIP）数据

维特根斯坦的哥白尼革命：语言唯心论问题 ／（英）伊尔哈姆·迪尔曼著；
李国山等译. —北京：中国社会科学出版社，2024.1
书名原文：Wittgenstein's Copernican Revolution：The Question of Linguistic
Idealism
ISBN 978 - 7 - 5227 - 2805 - 6

Ⅰ.①维…　Ⅱ.①伊…②李…　Ⅲ.①维特根斯坦（Wittgenstein，Ludwig
1889 - 1951）—语言哲学—哲学思想—研究　Ⅳ.①B561.59②H0

中国国家版本馆 CIP 数据核字（2023）第 243650 号

First published in English under the title
Wittgenstein's Copernican Revolution：The Question of Linguistic Idealism by I.
Dilman，edition：1
Copyright © Palgrave Macmillan，a division of Macmillan Publishers Limited，2002 ∗
This edition has been translated and published under licence from
Springer Nature Limited.
Springer Nature Limited takes no responsibility and shall not be made liable for the ac-
curacy of the translation.

出 版 人　赵剑英
责任编辑　韩国茹
责任校对　张爱华
责任印制　张雪娇

出　　版　中国社会科学出版社
社　　址　北京鼓楼西大街甲 158 号
邮　　编　100720
网　　址　http://www.csspw.cn
发 行 部　010 - 84083685
门 市 部　010 - 84029450
经　　销　新华书店及其他书店

印　　刷　北京君升印刷有限公司
装　　订　廊坊市广阳区广增装订厂
版　　次　2024 年 1 月第 1 版
印　　次　2024 年 1 月第 1 次印刷

开　　本　710×1000　1/16
印　　张　16.75
插　　页　2
字　　数　234 千字
定　　价　98.00 元

目　　录

导　论

一　关于本书

本书是我的《语言与实在——当今关于维特根斯坦的种种看法》（1998 年）一书的续篇。全书集中探讨这一论题：我们如何能够在既不接受语言实在论，又不向任何一种语言唯心论示好的情况下，来设想语言与实在的关系？本书据理证明，这恰恰就是维特根斯坦所做的事情。本书还批判地考察当代几位著名哲学家的工作，他们都致力于同一个问题的研究。

二　问题：语言与实在

语言与实在的关系是一个哲学问题，而对此问题最具诱惑力的回应便是：以为语言必定以某种方式奠基于独立于它而存在的实在。毕竟，我们用语言说语言之外的东西，这种东西就在那儿，无论我们说还是不说它。洛克的经验论便是一例：我们据以思考和指称独立于我们的思想而存在的事物的所有概念，都必定可从这样一个独立的实在那儿得来。至少，我们语言的形态或形式必定以某种方式符合于我们可用它去谈论的实在。这就是说，它必定在其最一般的结构中镜现实在的最一般结构。

这是一种自然而然却又十分迷人的思考如下这一抽象哲学问题的

方式：我们所使用的语言如何关联于我们感知到的并在我们的言说中视为当然的实在呢？这里，我们视语言以某种方式同世界挂起钩来，仿佛语言本身便是对世界的最基本模样的一种描述，这些最基本模样就是实在的基础结构，它们从根底上支撑着我们的各种言说与推理形式。正是世界的这些最基本模样才最终为这些言说与推理形式辩护。因此，我们倾向于认为："正因为过去是实在的，我们才有了过去时态，从而才可以谈论和指称过去的事物和事件。正因为有一个由不依赖于我们的知觉而持续存在的对象构成的物理实在，我们才可以谈论树木、河流、岩石和山脉。正因为存在着我们周遭世界中的大量再现和重复，存在着我们知觉到的事物之间的客观的相似性和差异性，我们才得以对事物进行分类、给事物命名、形成概念。正因为自然是齐一的，我们才可以做归纳预测和推理。"

哲学中为人熟知的实在论就来源于如上的思考方式——这里称之为"语言实在论"，因为它是关于语言的本性、关于言说和思想、判断和理解的可能性的实在论。这么一来，实在论便自视为一座大坝，在最深的概念层次上拦住怀疑论的汹涌浪潮。我据理论证，正是在这一层次上，语言与实在相互接触、建立关联。然而，这是如何做到的？这便是问题之所在。它们是以实在论者认为的那种方式做到这一点的吗？

休谟找准了这种实在论的软肋：对归纳的辩护无法摆脱循环。他说道："所有得自经验的结论"都基于"未来将与过去相一致的假定"。他接着说，这种假定却只能从归纳推理那里寻求支持。因此，要为这样的归纳推理进行辩护只会陷入循环。所以休谟认为，我们所有的归纳推理都得不到真正的辩护。就仿佛一架梯子的横档都安装牢固了，可梯子本身却没有摆放在牢靠的地面上。休谟这才感觉到必须抛弃他本会坚持的实在论，并决定另辟蹊径：尽管无法为心灵在我们所有依据经验的推理中所采取的这个步骤做辩护，但我们却可以对是什么决定了我们一生都在做的那些归纳推理给出某种解释。那么，是什么决定了这些推理呢？休谟将自己的答案描画为对归纳问题的"怀疑论解决"，亦即，"所有依据经验的推理都是习惯的结果"。他对物理对象的存在问题也提出了类似的"怀疑论解决"：要证明物理对象的存在是徒劳的；不过，若我们追问是什么促使我们相信物质事物存在，我们就会发现，促使我们相信它们存在的是"想象"——心灵的一种自然倾向。

　　这种循环的产生，是由于想要为整个这一推理模式或言谈形式做辩护，从而将其建基于实在的一个一般特征——"自然齐一性"或者"我们感知到的对象的连续且独立的存在"——上，免得它悬在半空中，就像一架结实的梯子没有牢靠的地面可以安放。当我们想着让语言触及实在时，例如，当涉及内在于任何一个语词的意义中的一般性时所遇到的所谓"共相问题"时，我们也总会感觉到相同的需求。普赖斯（H. H. Price）这样写道："我们不会注意不到周围世界中充斥着再现或重复；这种知觉到的重复使概念认知成为可能。在一个花样百出、新奇不断的世界里，任何概念都无法获得，思考也无从开始。"（1953 年，第 7—8 页[①]）伦福德·班波罗夫（Renford Bambrough）在相同的上下文中，谈到"客观的相似性和差异性"，即自然独立于我们的语言及其概念呈现给我们的相似性和差异性。班波罗夫引证了维特根斯坦的话："不要说'必定有某种共同的东西，否则，它们就不该都被称为"游戏"'——只要去看并看见……——因为，如果你去看它们的话，你看不到它们共有的东西，只看到相似性、相互关系……"（《哲学研究》§66）

　　维特根斯坦这里拒斥将共相视作共同属性的论点，而宁愿称其为"家族相似性"："'游戏'构成一个家族。"（《哲学研究》§67）不过，班波罗夫没有看到的更深层的一点是：维特根斯坦力劝我们去做的、取代抽象思考的看和看见，乃是我们作为语言使用者所做的事

[①]　文中注页码均为英文版书目原有页码，其他出版信息请参见参考文献。——译者注

情。普赖斯也一样：他所提到的重复，乃是我们作为业已掌握一种语言的人所注意到的，我们过着我们所说的那种语言的生活，处在一个与这种语言共生的世界中。这样，我们便发现，正像休谟意识到的那样，普赖斯和班波罗夫都企图拎着鞋襻把自己提起来。

相同的思想模式也影响了关于"物理对象的存在""物理世界的实在"的哲学关切，这种关切到了极致便表现为想要证明它。摩尔提供了一个很好的事例：他试图证明"一个外部世界"的存在。他将其视作一个类似于"这一页上有三处拼写错误"的存在断言，只不过有更大的或者毋宁说绝对的一般性。因此，我们可以通过指着一条鲤鱼证明池塘里有鱼——因为鲤鱼是一种鱼。可是，摩尔举起来证明物理对象存在的那只手，却并不在一条鲤鱼是一条鱼、一个拼写错误的单词是一个拼写错误的意义上，是一个物理对象。它不是一个一般名称，亦即，它并不命名一类事物；它是语言的一个种类，是一种言语方式的标志，这种言语方式包含着识别我们在使用其语词谈论的东西的模式，亦即将实在的东西同只是看似实在却并不在其言说范围之内的东西区别开来的方式。因此，摩尔的类比遇到的麻烦便是，当我们通过指着一页稿纸上的三处拼写错误证明它们存在时，我们是在一个特定的论说域之内进行操作的，因此运用了一个程序——"指着一个物理事物或表象：一页纸上的打印字母"——而这属于所论及的那类言谈。换言之，在给出那一证明时，我们将物理实在视为当然了。

因此，一定要说"知道物理对象存在"意味着某种东西的话，那只能意味着已经掌握了这种言谈形式。亦即说，若有必要，是能做出这样一个证明的——例如，当某人在做校对时。这便是为什么人们无法像摩尔那样举起双手证明物理对象存在而不陷入循环：这种证明将试图证明的那种东西视为当然了。这里我们遇到了证明和辩护的一道界限，正是在这里，实在论者试图确证：一整套的言谈和推理模式是基于独立于它的某种实在的。

也正是在这里涉及哲学中的经验论，亦即这样一种主张：我们的所有知识最终基于逻辑上先于我们的语言的"经验",我们心灵中的所有观念、我们语言中的所有概念,都像洛克声称的那样通过抽象得自经验。然而,洛克没能注意到的是,抽象并不是在一个语言或逻辑的真空中进行的,况且我们从中通过抽象形成概念的经验乃是我们作为语言使用者的经验。亦即说,在我们可以具有从中通过抽象形成概念的经验之前,我们必定已经掌握了语言。我们这里又碰到了经验论的一条界线,而经验论的创立者们具备实在论者的特征。

语言唯心论乃是这种实在论的一种粗陋的翻转:"语言并不建基于实在,从而也不反映实在的最一般特征。宁可说,倒是实在反映了语言的逻辑语法。如此一来,实在便是语言的产物,从而也是人类的创造物。"然而这种说法是荒谬的。首先,语言不是一种人类创造物。语言在人类历史进程中演化而来,始于远古时期初民们发出和对其做出回应的声音,因此,他们彼此以非常初级的方式进行交流,跟动物之间的交流差别不大。但是,语言一直不断地演化着,密切配合人类所过的生活,正是这种生活使人类逐步达到人类生存的特有存在模式。只有在这样一种与语言共生的生活中,人类才得以发明或创造任何一种东西。其次,实在并非人类语言的产物。如果我们设想实在包含着我们在语言中指称的各种事物以及我们借语言陈述出的事实(包括我们所命名的那些事物的存在)的话,那么,要是断言所有这些都是语言的产物,从而并不独立于我们所使用的语言,实在有些荒诞不经。

这里,我们需要澄清许多混淆,才不至于陷入这样一个所在,在那里实在论和语言唯心论处于敌对状态并互为反题。首先,我们需要区分开"实在"这个术语在这场争论中被使用时的两层含义。在第一层含义下,相应于我们所谈论的话题,在不同的生活情境中,术语"实在的"或"实在"是同"虚幻的"、"虚构的"或"幻相"、"假的"(如珍珠)、"伪造的"、"迷信的"等等相对的。例如,"那里真的是水,不是幻景"、"那是真棉,不是合成纤维"、"他税单上显示

的是真实的亏损，不是虚构的"、"他对她的感情是真实的，他们并
不是在胡编乱造"，如此等等。这里，我们看到了数量可观的语境，
在其中我们确有所指地断定或否认在我们的语言使用中所提及的各种
事物。

然而，既然我们有哲学方面的兴趣，我们就还可以如我所做的这
样来谈论"实在的诸维度"——实在的诸维度是对我们生活的世界特
征的描画，当然，我宁愿称之为我们的语言生活的世界。哲学家们一
直在这里谈论"实在"，却未能将所论及的东西与"实在"一词在语
言使用中同其反义词相对的那层含义区分开来。例如，他们谈到物理
实在和物理对象的存在，并将其同一个人穿行沙漠时绿洲在远处出现
时水的实在混为一谈。他们没有认识到，这里所说的"物理对象的实
在"并不是我们可以谈论或者确实在谈论的东西，而是我们在使用语
言——就像我们说远处真的有水——中视为当然的东西。我在前面说
过，我们这里视为当然的东西属于我们在陈述这个事实时所使用的语
言。我们在学习如下事情的过程中学到了这种东西：命名、辨识、指
称物理对象；区分开我们说我们看见的东西实际在那儿的情境和我们
否定这一点的情境。

因此，我用实在的维度意指我们生活的一个维度，我们在这一维
度中既遭遇实在的事物，也遭遇它们的虚假表象。这里，实在的维度
便意指这样一个逻辑空间，它是由维特根斯坦所称的"由语言及行动
交织而成的"（《哲学研究》§7）语言游戏的语法所确定的。这个空
间由维特根斯坦所称的一个"逻辑概念"所标识，而且正如他指出
的，在这里，概念和对象是同一个东西，难分轩轾。如此一来，一方
面，我看见的远处的水的实在是外在于语言的，而另一方面，语言中
的一个可真可假的陈述的对象、作为实在的一个维度的物理对象的实
在或者过去事物的实在，则不是独立于我们的语言的。然而，只有哲
学家才会说，物理世界是实在的，或者物理对象存在，过去是实在
的，或者时间是不实在的，或者道德价值不只是存在于我们的心灵

中。哲学家说这些，意在反对哲学怀疑论者，而他所反对的或许就是他自身之内的一种怀疑论者的声音。不过，他这样做时把哲学怀疑论当成了日常怀疑论，但这是对实在的一个维度之内的东西的怀疑：例如，我眼前看到的到底真是一把匕首呢？还是仅仅是心里关于一把匕首的幻象呢？然而，哲学怀疑论可无法像解决关于我们在特定情境下所谈论或指称的东西的疑问那样得到解决。

再重复一遍：关于物理对象存在的断言并不是一个存在断言——正如所谓的"语法命题"并不是命题一样。维特根斯坦称语法命题为"规则"，亦即使用语言的规则。我们在哲学中发现的这些貌似存在的断言（就像我在别处指出的那样），乃是对一个人在面对他视作对自己所使用的语言的一种挑战时所表现出的忠诚的、未加反思的表达。这些断言就好比通过跺脚来表明某人自己站在哪儿。但这却是相当没有用处的动作（迪尔曼，1984 年 a，第 29 页）。

下面引用维特根斯坦《论确实性》中的两小段：

　　"A 是一个物理对象"是一条用法说明，我们只把它提供给尚不理解"A"是什么意思或者"物理对象"是什么意思的人。因此，它是关于语词用法的说明，而"物理对象"是一个逻辑概念。（像颜色、数量……一样）这便是为什么无法构造类似"存在物理对象"的命题的原因。

　　然而，我们却总是遇到这类不成功的尝试。（《论确实性》§36）［他是说，在哲学中遇到它们。］

　　"所以，我们必定知道那些对象存在，我们通过实指定义把它们的名称教给孩子。"——为什么我们必定知道它们确实存在？随后的经验并未展现相反的情况，这难道还不够吗？

　　因为，语言游戏为什么非得依赖某种知识呢？（《论确实性》§477）

7

这最后一个问题确实表达了对实在论的拒斥。这个问题说的是，一项语言游戏、一种语言形式，并不依赖于某种带有一般性的实际情况，某种可说是独立于语言而知道的情况，或者某种可以合理地加以怀疑，从而可以而且必须加以辩护的情况。

语言唯心论觉察到了实在论在构想语言与作为外在的实在之整个维度的关系时所陷入的恶性循环。然而，语言唯心论却与实在论殊途同归：它关于这一关系的构想照样是简单化了的，而且，为避免实在论的恶性循环，它竟不惜将语言悬于半空中。它也因此难逃这样的责难：将我们的语言形式和推理弄成类似游戏的任意程序，从而无力支撑任何关于实在与非实在的区分。

三　维特根斯坦论语言与实在

维特根斯坦同这种简单化的构想保持着相当的距离，即便偶尔与实在论正面交锋，他也依然顶风而行。例如，当他讨论数学与世界的关系时，他拒斥这样的实在论观点：自然之书是用数学符号撰写的，数学就镜现这样一个实在。但是，在相反的一侧，维特根斯坦同样反对形式主义的观点：数学就是我们用纸上的画符所做的一项游戏。他长篇累牍地据理论证，正是数学在日常生活中的运用，亦即其在会计学、工程学、物理学等等中的应用，才使得这种记号—游戏（sign-game）成为数学。（《数学基础评论》，第四篇§2）

维特根斯坦还发展出了关于人类语言的类似观点。最简单地说，他拒斥语言奠基于实在的实在论观点，转而将其植根于我们的生活，一种由行为和活动组成的生活——这种植根表现为一种双向关系。我们所使用的语言是我们生活的一部分，其词句从我们生活的情境中获得意义。但同样，并在同等程度上，我们的生活也就是语言的生活，我们和语言同过的一种生活。其特征由语言所塑造，其模式得自人类拥有一种语言并过着语言的生活。因此，我们的语言以及属于语言的推理形式远不是任意的：它们乃是我们生活特质的一部分，嵌入生活行为与活动之中，须臾不可离。

维特根斯坦在《论确实性》中谈及实在论者想要将其奠基于实在并对其加以辩护的东西的无根基性时指出，尽管如此，所论及的这种东西依然被其周边的东西牢牢固定下来了。（《论确实性》§144）他在一种十分宽泛的意义上谈到由这些东西构成的一个系统，并且说，这一系统的各组成部分之间相互支撑。（《论确实性》§142）他把这个系统比作一个鸟巢，由筑起鸟巢的一根根细枝固定在一个地方。"我们几乎可以说，这些墙基［就是实在论哲学家明确提出并徒劳地试图为其辩护的那些命题］是由整栋房屋所承载的。"（《论确实性》§248）他说，正是围绕着它的运动确定了它的固定不动。（《论确实性》§152）

这么一来，维特根斯坦通过展现语言如何与行动交织，从而如何嵌入生活，便克服了语言实在论同其反题——语言唯心论——（二者均为形而上学论题）之间的对立。而这种生活就是我们与语言同过的生活。语言同生活亲如一家，无分高下。在一个群体的历史以及学习说话并被纳入该语言生活的个体的历史中，二者齐头并进、协同发展。事实上，我们在学习说话的过程中，就融入这种语言使用者的生活之中并与之打交道了。我们渐渐有了可谈论的东西、可说出的想法。这样，随着时间的推移，我们便同时得到了一种生活、一个世界，以及一种存在模式——人类特有的那种。一言以蔽之，语言给了我们可以谈论、可以打交道的东西，从而拓展了我们的世界，而其自身正从这些参与中得到滋养。我觉得，这乃是维特根斯坦的主要哲学贡献之一。其见解之深邃，足可澄清所有重大哲学问题之根源。

四　维特根斯坦的哥白尼革命

那么，维特根斯坦的哥白尼革命到底是什么呢？简单地说，就是维特根斯坦背离语言实在论的方式。那么，为什么是哥白尼革命呢？

9　　理由是，在构想语言与实在的关系时，维特根斯坦和康德之间有平行关系——尽管康德用的是思想与实在、经验与实在这样的字眼。康德更带挑衅性地说，并非像经验论者所认为的那样，我们的概念符合其对象。他说，毋宁是我们经验的对象符合概念。康德这里指的是所谓的"感性形式"和"知性范畴"。亦即说，存在着一些基本概念或思想范畴，它们使我们拥有经验成为可能，并且塑造着由之而成为可能的经验。它们是在最基础的层面上这么做的，亦即在经验论者及其他实在论哲学家寻求为我们的思想和知性形式提供终极辩护的地方。换言之，康德的主张是，我们并不是从经验中抽取实在观——他称之为"现象实在"——而是完全相反。正是思想和知性的范畴塑造了我们的经验，并且通过它们塑造了我们的实在观——"现象实在"。而且，在我们关于现象实在的构想与实在本身——亦即我所称的实在之诸维度——（例如物理实在或精神实在）之间没有区分。（我这里忽略掉康德关于由物自体构成的实在或本体实在的构想，这一构想在其认识论中作用不大。）

　　我们在维特根斯坦这里看到了一个类似的区分："形式的"或"逻辑的"概念与他有时所称的日常概念之间的区分，我们依据后者说话和思考，判断和推理。维特根斯坦通过一场旨在破除自身思想中的实在论残余（其早期著作《逻辑哲学论》深受其困扰）的斗争来推动他的哥白尼革命。这可不是普通实在论。它将人类语言——各种自然语言——视为内在地关联于一种独立于人类生活的语言和逻辑，并且依据这种语言和逻辑加以衡量。这几乎就是柏拉图式的实在论。维特根斯坦引入"语言游戏"概念，正是要摧毁这种实在论。这么一来，他便将语言去中心化了，把语言与人类活动联系起来，远离其理想化，并且心安理得地立于"粗糙的地面"。这是一项巨大的成就，我难以设想哲学中还有别的成就可与之媲美。

　　在维特根斯坦看来，语言生来就是对象—指向的（借用康德的表达），有些类似于康德说经验生来就是对象—指向的（object-direct-ed）。因此，我们在获取语言时便获取了它所指向的对象。我们在和语言同过的生活的不同语境和场景中做出的、关于何为实在与何为非实在的区分，预先假定了语言指向的对象的实在。在我们的语言使用中、在我们生活中涉及知觉到的某个特定对象到底是实在的还是非实在的那些情境中，这种对象的实在被视为当然。后面这个问题是我们语言之内的问题，通过适当的探究便可解决。但是，我们给出的这个答案的真，是独立于我们的语言的。例如，在微光闪耀的地方确实有水这一事实，是独立于我所说或所想的东西的。

　　不过，语言的形式概念的对象（继续援用康德的术语），例如物理世界的实在，却并不受制于这种探究。这里不存在概念和对象的区分。拥有概念（形式概念）就意味着掌握语言，也就是拥有对象。我恨不得这样来表述：我们这里所拥有的概念为我们提供了对象。维特根斯坦本人这样写道："语法告诉我们任何一个东西是哪一类对象。"（《哲学研究》§373）例如，语法"告诉"我们一个物理对象拥有"连续且独立的存在"。这不是我们通过任何一种探究所发现的东西，不像我们去探究某个对象、实体或材料的属性或变化——例如我们在检测一根大梁的强度或者想看看某种材料是否防收缩时。因为任何这类探究都预先设定了语法，亦即，探究是在某个特定的语法范围之内进行的。本书坚持主张，探究得以在其下展开的形式概念或语法，赋予了我们连同语言一起获得的世界以某个实在的维度。这是一种"语言唯心论"吗？本书据理表明：并非如此。

　　我将维特根斯坦的哥白尼革命概括如下：我们的语言并不建基于通过感官知觉接触到的经验实在。宁可说，正是作为我们生活一部分的语言——而我们的生活亦即我们所使用的语言的生活——决定了我们与被构想为我们过着其生活的实在有怎样的接触。我这里用实在意指的是我们在其中区分实在与非实在的逻辑空间。这类空间便是我所指的、我们居住于其中的世界的诸维度，我们就"居住"在这个世界的各不相同却又彼此关联的实在维度里。

五 维特根斯坦关于可说者与可在
语言中显示者的区分

正是我们在这些不同的维度中发现的东西独立于我们而存在。但是，这些维度本身，如物理实在，是同我们所使用的语言的生活密不可分的。正是在这里，语言与实在内在地关联在一起。因为实在的这些维度乃是属于我们语言的言谈形式（"语言游戏"）的语法特征。我们将这些维度预先设定在我们所说的东西中了。这便是一说及它们就会陷入循环的原因。我们在言说中将它们视为当然了，它们本不属于我们用语言去陈述或谈论的对象。

我们再回到前面的一个例子：说自然是齐一的，并不是在说任何东西。正如我区分开关于某些特定的对象或对象类别的存在断言——例如，黑海水域里没有鲨鱼——和物理对象的实在一样，我们这里也需要区别对待自然中某些特定的齐一性和非齐一性以及自然本身的齐一性。因此，正像我们关于物理世界存在的所谓信念并不告诉我们某个感性知觉何时是真实的、何时不是真实的一样，我们或科学家关于自然齐一性的信念同样不论及某种特定的齐一性何时被期待或不被期待、去哪里寻找或不去寻找。我们无法理解如此这般的自然如何是非齐一的，正如我们无法理解作为整体的物理世界是非实在的，从而我们的所有感官知觉都是虚幻的这种说法一样。就像我在别处指出过的那样，语言乃是我们在自然中发现的系统的来源，而我们在自然中知觉到的各种齐一性（包括科学家知觉到的那些在内）都是相对于我们的分类系统的。（迪尔曼，1998 年，第 119 页）

这么一来，独立于语言的东西，就是我们可以而且确实用语言去谈论、陈述或描述的东西。而内在于语言的东西，就是无法被言说、只是在语言的使用中显示自己的东西。后者可加以阐明并可算作一个种类，但它们并非元语言片断。因为它们并不是任何层次上的或真或假的陈述。它们要么是对哲学问题的回应，这种回应源自并含带着对我们语言的逻辑的误解——例如，"物理对象存在"，要么是在谈论某些哲学问题的过程中所做出的"语法评论"——诸如"物理对象拥有独立于我们心灵的某种持续存在"（休谟），"我们无法像说'书存在'那样，说'对象存在'"（《逻辑哲学论》§4.1272），"形式概念已经随着处于其下的某个对象的给定而被给定了"（§4.12721），"关于一个形式概念的存在的问题是没有意义的；因为没有任何命题可以回答这样一个问题"（§4.1274）。这么一来，后者——即"语法评论"——就是对属于语言的运作的东西的阐明。

　　语法评论既不是关于无论何种意义上的形而上学真理抑或其他任何类型的真理的阐明，也不是关于语言或语言的逻辑的第二层次的——或上或下的——陈述。语法评论不是这些，是因为它们就处于它们所指向的那种语言的逻辑之中。在《逻辑哲学论》中，维特根斯坦称之为"阐明"。就是说，语法评论乃是对我们在掌握它们所针对的语言时所知道的东西的澄清。只是它们属于关于那些源自需要澄清误解的问题的探讨的一部分。除了这些探讨之外，并且对于并未失去方向的人而言，我们并不问会引起这种探讨的那类问题，它们是没有任何意义的。你无法在笔记本上记下它们，并且说这些就是哲学真理、逻辑真理或语法真理。因此，维特根斯坦在《逻辑哲学论》中称哲学是一项"活动"——"不是一种理论"（§4.112）。在该书的结尾，维特根斯坦这样说道：

　　　　我的命题以下述方式起阐明作用：理解我的人，当他借助它们实现了攀越时，最终认识到它们是没有意思的。可以说，在攀登上去之后，他必须将梯子扔掉。（§6.54）

　　这有些过于乐观了。哲学工作不只是阐明；哲学工作还要深入探究那些无意间做出的假定。哲学包含着批判，就像维特根斯坦在《逻辑哲学论》（§4.0031）中所指出的那样。而且哲学探讨是无止境的，因为哲学探讨在引出新发现、新洞见的同时，也打开了新的问题。这里引用一下拙著《语言与实在——当今关于维特根斯坦的种种看法》中"维特根斯坦和苏格拉底：哲学与灵魂"一章结论部分的最后一段：

> 就此而言，哲学不同于科学而更像艺术。科学上的一项重要发现自然需要艰苦努力和巨大奉献，但这项发现的真理性和意义是独立于科学家为之付出的东西的。而在哲学中，所付出的努力则不是所取得的结果的手段。这种努力乃是同这样一些困难的抗争，它们是挡住哲学家去路的非偶然的障碍。哲学家在与这些困难的抗争中从它们那里获取理解。它们勾画出一条道路，哲学家循迹前行，以期更好地理解那些萦绕于怀、挥之不去的难题。倘若一马平川，哲学家的理解反倒平淡无奇。当然，只有当这些难题是他的或者变成他的之时，他才能投身其中。此时，便不存在任何可独立于投入其中的努力来加以评定的结果了。结果就是所付出的努力，而所付出的努力就是对于投身其中的人的评价。（迪尔曼，1998，第11章，第226页）

在结束这节之前，我想指出的是：维特根斯坦并没有放弃在可说的东西与可在语言使用中显示自身并可通过阐明工作获得的东西之间的区分。这种阐明的根本之点在于指出哲学问题之间的关联，哲学问题如何产生于对某些语言形式的逻辑或语法的误解，以及对这些误解进行校正的澄清工作如何引出关于哲学难题的洞见。

六 对维特根斯坦的回应

本书集中关注如我试图加以说明的语言与实在的关系问题，以及维特根斯坦对这一问题所做的贡献：他拒斥"实在论"却并没有倒向作为这种实在论的反动的那种唯心论，而身为一名实在论者的伯纳德·威廉斯（Bernard Williams）教授却一直将维特根斯坦视作一名唯心论者。因此，本书前三章讨论上述基本问题，接下来的两章批判地考察威廉斯的贡献以及他做出这种贡献时所采取的那种实在论视角。

　　第四章讨论威廉斯的"维特根斯坦与唯心论"这篇文章，该文主张维特根斯坦是一名唯心论者。威廉斯在维特根斯坦的《哲学研究》中看到了一种让人联系起康德的唯心论：先验唯心论。就此而言，他找到了维特根斯坦的《哲学研究》和早年的《逻辑哲学论》——威廉斯在《逻辑哲学论》一书中找到了他所称的"先验唯我论"——关于语言的思想之间的连续性。威廉斯说，在《哲学研究》中，这种唯我论变得"富有侵略性"。因此，在普特南于康德的"先验唯心论"之中看到其"内在实在论"的先驱的地方，威廉斯看到了对绝对实在观的拒斥。在威廉斯看来，这便成了一个严重的哲学缺陷。于是，威廉斯在维特根斯坦那里看到康德式的"先验唯心论"变成了一种带着语言学转向的唯心论，从而便有了"语言唯心论"的称呼。他将其视作这样一种唯心论，在那里实在不仅像在康德那里那样有赖于心灵中固有的结构，而且有赖于我们语言的语法。在维特根斯坦最后的著作《论确实性》中，威廉斯看到了某种形式的"相对主义"。第四章和第五章都致力于探讨这种关于维特根斯坦就语言与实在的关系所提出的观点的评价是否合理。

　　为达到这一目的，就须弄清威廉斯本人在这一问题上的立场。于是便迫切需要考察一番他的那种实在论。作为形而上学实在论的一种，他的科学实在论在他讨论笛卡尔哲学时形成的那种立场中表露无遗。他的那本书名为《笛卡尔：纯粹探究之谋划》。威廉斯认为，这种纯粹探究是想确立实在的特质——一种独立于人类思想和语言的实在，它确保知识对于人类思想的可能性。在威廉斯看来，笛卡尔的怀疑方法旨在通过排除所有可能的怀疑来确立构成一种绝对实在的那些事物的独立存在。威廉斯想改善这种探究，使之摆脱对上帝存在的依赖——亦即摆脱笛卡尔诉求上帝的仁慈以排除怀疑论式的怀疑的套路。

第五章从语言唯心论（维特根斯坦看似这个意义上的唯心论者）的视角考察并批判威廉斯的绝对实在观。我将威廉斯的实在论描画为"一种精致的实在论"。在这一章最后一节之前，我对威廉斯的批判一直是逐步展开的：边陈述他的立场边表达我的看法。我指出，他提出这种精致实在论的努力"是英雄似的，而且用心良苦，尽管依我之见，这种努力是失败的"。所以，在本章最后一节"对威廉斯绝对立场的批判"中，我便毫不留情了。

接下来的第六章是对安斯康姆（G. E. M. Anscombe）的文章《语言唯心论问题》的考察。该文重印于她的《哲学论文集》（1981 年）中，安斯康姆在该文中着手探讨威廉斯的主张：维特根斯坦是一名语言唯心论者。她公正对待了这一指责，却未能还维特根斯坦一个清白。对于她未尽其责，我有话要说。

第七章考察寇拉·黛蒙德（Cora Diamond）在《实在论与实在论精神》一文中就维特根斯坦的如下论断所做的讨论："在哲学中，无论经验论还是实在论，都不是最坚固的东西。"这篇文章收在她的名为《实在论精神》的论文集里。该文论及的实在论并不是维特根斯坦所拒斥的那种语言实在论。宁可说，它针对的是将哲学研究聚焦于我们使用语言的实际程序以及我们执行这些程序的情境上。它将我们的注意力引向维特根斯坦说我们在哲学中倾向于蔑视的"特定的情形"。正是在那里才会找到我们在拒斥"语言实在论"时所失去的东西。正因为这种丢失，我们才落入了"语言唯心论"的陷阱。

第八章考察希拉里·普特南（Hilary Putnam）对他称其为"形而上学实在论"的语言实在论的拒斥。普特南据理论证，处于形而上学实在论中心的"未概念化的实在"（an unconceptualized reality）的观念毫无意义：不可能有像威廉斯声称的那种关于世界的绝对世界观，不存在"无来由的世界观"。正如他所说："除了在语言中，我们别无立足之处。"就此而言，他正确地将康德的"物自体"概念当成不融贯的加以拒斥，不过同时又说（我认为也是正确的），这一概念只在名义上进入了康德的思考。但普特南并不信奉语言唯心论。正如他所指出的："世界并不是原始材料或未概念化的实在的产物，但它也不是我们语言的产物或阴影。"世界不是任何东西的产物；但语言与实在相互渗透。

普特南在《实在论的多副面孔》一书中将自己描述为一名"内在实在论者"。其主张为：实在与非实在之间的区分是内在于语言的。这种区分是在语言使用中做出的；它属于作为种种言谈方式的语言。换言之，"实在"一词的意义要在所论及的语言中去寻找，因此，说实在赋予语言以意义并为其语法提供了基础，必定会陷入循环。普特南说没有哪种语言是由未概念化的实在强加给我们的，所表达的正是这层意思。但愿我可以加上这一点：实在的概念化——亦即人们的实在观的形成与发展——来自不断发展的语言。换个角度看，带着其概念系统的语言在使用语言的人们的历史进程中不断发展，其间，人们携手应对周遭环境并相互交往。语言与实在正是以这种方式彼此渗透着。

普特南在其后来的著述中，对"内在实在论"这个名号被罗蒂滥用表示反感，拒绝用它来概括自己的观点。他自称常识实在论者。我觉得，这又让人关注起他同摩尔的承继关系，后者断定了一系列常识性的自明之理。不过，我认为普特南并未改变立场，而只是弱化了表述方式而已。

第八章还讨论普特南同康德的"哥白尼革命"的关系。这里批判并拒斥康德在现象与实在之间的绝对区分，同时争辩说，康德在这一问题上的见解可以用两种不同的方式加以理解——一个是错的，一个是对的。第一，我们只能知道显现给我们的事物，而无法知道事物的实在自身。实在超越于人类知识之外。第二，缺了我们知道事物所必

16

需的条件，我们便无法知道事物。如此这般可知道的东西便构成康德在其认识论中对其进行哲学沉思的唯一实在。换言之：第一，我们知识的对象只是表象，从而，并非实在。第二，我们的表象模式进入我们关于何为实在的构想。

普特南为伦理学中一种类似的实在论做辩护；他称其为"伦理实在论"或"道德客观主义"。第九章批判地考察这一立场。伯纳德·威廉斯在其科学实在论中宣称，如其所是的世界包含"比原本设想的少得多的东西"。威廉斯列举了一些包括在那些不在世界中的事物中的价值，并且将这些价值描绘为"投影"。普特南拒斥威廉斯的形而上学实在论，并据理论证，这些价值并非"投影"，它们同物理学家的理论实体一样实在：事实上，它们处于同等地位。普特南因此主张，科学与伦理学之间没有绝对区分。他认为，他为之辩护的事实与价值的相互缠绕可以确立这一论点。

第九章的任务是表明：尽管事实和价值时常交缠在我们的价值判断中，这些判断的逻辑品格还是有别于科学主张的。这既不是要否定物理学家的理论实体的实在性，也不是要否定道德价值的实在性；要否定的是这两种实在属于同一类型。我这样表达二者的区别：非二手的道德判断是个人的，从而不是"客观的"。而当它们是二手的时，进入由某人做出的道德判断的那些价值对他而言便没有任何实在性。因此，道德价值便拥有双重存在或实在——客观的和个人的。我的道德信念，亦即我关于我所相信的价值的信念，不是基于证据或客观理由的，我用来表达它们的人称代词是无法去除的。"我此时相信的是我相信的。"除非我拥有我做出道德判断和决定的理由，否则我便和任何道德实在无关。

因此，第四章到第九章便构成一个逻辑序列——用语言唯心论指责维特根斯坦，缓解这种指责，考察维特根斯坦的"实在论精神"，正是这一精神使他得以通过拒斥关于语言与实在的关系的简单化观点来穿透语言唯心论与唯心论之间的对立。最后，我将普特南引入讨论，并且考虑我们的核心问题的一个新的方面，亦即，道德语言与实在的关系，以及道德语言使用者与实在的关系——也就是和由道德价值构成的实在的关系，而这些道德价值进入了使用者的道德判断。

第十章是结论，我在这里做些回顾，并考虑将世界的观念视作我们所读出的东西。我们在纳尔逊·古德曼（Nelson Goodman）那里，以及法国思想家西蒙娜·魏尔（Simone Weil）早年的一篇文章里，都发现了这种观念。西蒙娜·魏尔以一种不同于维特根斯坦的方式清楚地表达了十分类似于我们一直考虑的那一观点。"将实在视作我们所读出的东西"：换言之，将人类实在或人类世界看作弥漫着各种形式的意义。如我们所见，正是语言，亦即我们用语言所过的生活（即人类生活），才是这些形式的意义的来源。

七　最后的说明

本书提出一种关于语言与实在的关系的反实在论解释，不过，我希望这种解释在下述意义上又是"实在论的"：维特根斯坦说哲学中"无经验论的实在论"（realism without empiricism）乃是最困难的事情之一时，所要表达的就是这个意思。这一解释是困难的，因为存在着朝向哲学所特有的抽象思考的倾向。在这种意义上，维特根斯坦在其反实在论（亦即拒斥哲学经验论作为其一个类型或例子的形而上学实在论）上又是"实在论的"。

我想澄清的是，当我在本书中说我提出了一种关于语言与实在的关系的反实在论解释，并提到维特根斯坦的反实在论时，我拿反实在论所意指的，不过就是对实在论的拒斥。这种拒斥是通过细致而广泛的哲学工作来实现的，而不是通过提出任何反论点。反论点本身也是形而上学论点。维特根斯坦同样加以拒斥的语言唯心论，正是这样一种形而上学论点。语言唯心论和语言实在论一样，持有关于语言与实在的关系的简单化构想。而这样一种简单化构想乃是维特根斯坦所憎恶的。

第一章

实在论及其拒斥：维特根斯坦的哥白尼革命

一 何为哲学实在论？

实在论是我们在任何联系中都很想接受的一种哲学主张——例如，与物理世界的存在有关的哲学问题。唯心论是对实在论的回应，也是对怀疑论的回应。实在论为怀疑论提供原始资料：我们能否意识到物理世界或者任何构成物理世界的物理对象的存在？因此，正如怀疑论一样，唯心论是实在论的卫星之一。在实在论的引力场的空间之内，不存在任何其他事物的逻辑空间。为开辟一个新的、开放的空间，我们必须废除实在论，而这意味着挖掘隐藏在其背后的假定，并且批判这些假定。

关于物理世界存在的实在论背后隐藏的基本假定之一是，其存在独立于我们，而且暗含了一道鸿沟，它位于我们知识的终极基础，尤其是我们关于知识的那种构想的终极基础同物理世界本身的存在及实在之间——任何推理都难以越过这道鸿沟。

就心灵的存在以及我们关于并非我们自身的心灵的知识的哲学问题而言，实在论乃是这种笛卡尔式的立场：这一立场在我们的身体和心灵之间，同时在我们对于他人所思所感的知识的终极基础和那些思想与感觉本身之间，都开辟了一道鸿沟，或使它们分离开来。除非抛弃这种实在论，否则，有关他心的怀疑论以及由之而来的身心关系的难题就无法解决。若非如此，拒斥这种实在论只会迫使我们接受引力场中同其相对立的主张之一：行为主义、唯物论及它们的那些在当代哲学中为得到认可和无上权威而争斗的众多亲属们。所有这些都是笛卡尔式二元论的卫星。

对于一般项（general terms）意义的实在论来说，它们的一般性（generality）以及描画语词意义的那种一般性的终极基础，位于语言之外的独立于语言而存在的东西中。有些哲学家认为，这种实在论存在于性质的某种特征中——像普赖斯提出的"反复出现的性质"，洛克提出的"相似性"，以及班波罗夫所强调的、我们从中做出选择的"客观相似性和差异性"。其他哲学家在构成超越于我们的感觉但可被我们的理智所把握的实在的一部分的某些"抽象实体"中找到了这种实在论。否定其各种形式的"终极基础"吧，并否认带有一般性而离开我们的"终极基础"吧，这种一般性亦即有人主张的用共享的心灵习惯和人类惯例来解释这种对所有言说和思想都必不可少的一般性。

约翰·威兹德姆（John Wisdom）和维特根斯坦都已指出，这种一般性属于我们对描画其指称及意义的语词的那种用法。这包括像"约翰"这样的专有名词和像"这""那"这样的指示词的用法。在这里，实在论的观点是，如果语词的用法是有规律的话，如果在许多场合我们对一个语词的用法有任何一致性的话，如果一种语言的使用者在他们语词的用法上取得一致的话，那么在该语言的使用者中间肯定存在某种独立于语词的用法和用法的一致性的东西。语词的用法，或许还有控制用法的规则、语言使用者的一致性，都必须建基于此。否则，我们对语言的使用就会是完全任意的。这也是一种实在论形式，诸如我们在克里普克（Saul Kripke）那里发现的那种。这使得克里普克将维特根斯坦描画为关于语言的怀疑论者，因为维特根斯坦拒斥这种实在论。

维特根斯坦的对话者对导致实在论的东西发表了看法："我怎么

做才能总是正确地即有意义地使用一个词?"(《字条集》§297)。他回答道:"我所意指的东西阻止我胡说。"换言之,我在理解语词的意义时,抓住了确保我沿着正确路径前进而且避免言之无物的一种抽象实体。维特根斯坦拒斥这种实在论:"在此没有那个他应该抓住的轮子,没有那种一旦抓住就能自动带着他前进的机器。"(《字条集》§304)。因此,他否认语词的用法及其一致性——这使得这种用法表达规则——的背后有某种实在,这种实在——像假说与使其为真的事实相符的方式那样——独立于语言,独立于语言嵌入其中的生活,独立于语词的用法或规则均与之相符的生活。

维特根斯坦所说的是,并非意义决定一个语词的用法,而毋宁是,意义出现于我们在生活的特定情境中对这个词的使用当中。他进一步说,这预先假定了语言使用者在他们使用语言上的一致。维特根斯坦否认在每一个人对语言的使用背后存在某种东西,人们对那种使用的一致性独立于语言并指引语言的使用——就像电车轨道指引电车的运行方向那样。对语言的使用背后存在的东西嵌入了语言的生活,二者相互联系,不可分割。因此,对语言的使用背后存在的东西并非一个独立的实体,尽管对语言的使用包含了早于个体掌握言说之前的要素,在对语言的使用过程中,这些因素不断延展并以各种各样的方式进行改变。因此,语言的使用并不是任意的,它与我们的生活互相啮合,并通过我们参与属于那种生活之事情的活动而得以固定下来。

维特根斯坦在《哲学研究》§§240 - 242 中简明地说出了这其中的部分内容。他在那三小节中所说的属于他关于规则与我们遵循规则(亦即与规则保持一致)采取的步骤之间关系的讨论的一部分。换言之,这是他讨论规则决定那些步骤的意义的一部分。我来引用这三部分内容,方括号中是我的解释性评论:

  人们(例如在数学家之间)并不对是否遵从了规则而争吵。例如,人们并不为此动手打起来。这属于我们的语言据以起作用

（例如做出某种描述）所依赖的构架。

那么你是说，人们的一致决定什么是对，什么是错。［那会暗含着实在是人们思维的产物。维特根斯坦否认了这一点。］人们所说的内容有对有错。［换言之，语言中陈述和描述的真并不是容不得选择的。它并不是语言使用者决定的东西的后果。语言本身并不是人造的；语言独立于我们（即其使用者）而存在。一定要说什么的话，那么真相是倒过来的：我们是由语言及语言所归属的文化塑造出来的。］［重申一遍。］人们所说的东西［并非他们说的东西存在于其中的语言］有对有错；就所用的语言来说，人们是一致的。［这也就是其所意指的说相同语言。］这不是意见的一致［即关于何为真何为假的一致］，而是生活形式的一致［在我们对语词的用法以及与这种用法结合在一起的未加思考的反应中］。

通过语言进行交流不仅包括定义上的一致，而且也包括（无论这听起来多么奇怪）判断上的一致。［因为以语词定义语词会要求进一步定义在定义那些反复定义的语词中使用的语词，并且从不会把我们带出围绕着我们的语词的混乱。让语言落地的东西是语言使用者的行为。］［然而］这似乎要废除逻辑［因为这似乎使其依赖于某种偶然的东西，亦即依赖于我们行为的事实］，其实不然。［为什么不呢？维特根斯坦用一个类比来说明这一点，他在该类比中做出了相同的区分，亦即，一方面是语言及其可能性所预先假定的东西，另一方面是语言中所说的东西，即真假的载体。］——描述测量方法是一回事，获得并陈述测量的结果是另一回事。但我们叫做"测量"的，也是由测量结果的某种稳定性来确定的。

如果像我们现在所做的那样，通过卷尺测量物体和空间的长度所获得的结果存在波动的话，亦即，如果同一个人和不同的人在不同时间对同一个物体进行测量，其结果不一致时，我们就无法用我们所采取的方法测量长度——除非我们能找到这些波动的某种规则。抛开这种复杂性，要方便地测量我们所测量的长度，明显依赖于我们所获得结果的恒定性。这种恒定性显然是一个事实，而本来也可以是别的样子。另一方面，我们无法把所论及的东西描述为或归因于我们使用的测量杆长度的恒定性。那就会循环往复，因为任何关于测量杆或卷尺改变长度的主张都预先假定某种测量方法的存在。

这正是休谟在归纳问题上所认可的东西。这迫使他采纳他本人称之为"怀疑论的"的解决办法。休谟本来可以避免这种解决办法，而且他差一点就达至维特根斯坦在《哲学研究》中所达至的地方，维特根斯坦在书中就同一问题写下了几段评论——亦即，§§472 - 486（参见：迪尔曼，1998 年：第三章、第四章）。我指的是这样一种强烈的诱惑：由于存在着广泛的自然齐一性，就认为科学家能对自然现象给出融贯的图像和解释，能对其做一般化的概括并做出预测。休谟把这种自然齐一性称作"未来和过去之间的一致"，并将其描画成我们在所有归纳推理中做出的事实假定。为寻求对这种假定的辩护，休谟陷入了循环论证的僵局。尽管如此，他认为要是没有辩护，归纳推理就会依赖于某种任意的东西，从而沦为一种非理性的程序。（罗素便遇到了一个与数学相关的类似问题。他在依据类的类概念定义数时发现了一个矛盾。由于深受这一问题的困扰，他写信给具有类似思想的逻辑学家弗雷格，后者回复道："算术动摇了。"）

我这里引用休谟对其《人性论》的摘编：

> 这种（过去和将来之间的）一致是一种事实。如果必须要证明这个事实的话，我们只能从经验中寻找证据。但是除非假定二者之间存在一种相似性，我们关于过去的经验无法作为将来的证据。因此，这便是一个无法得到证明、而我们却视为当然的基点。

这也是一种导致怀疑论的实在论形式：我们推理的归纳形式最终建基于实在的一个特征：自然齐一性。然而，没有什么办法让我们知道自然是齐一的，是独立于预先假定它的那种推理形式的。（罗素所主张的是一种逻辑主义形式，它接近于一种数学实在论，而这种实在论经常被不分青红皂白地归于柏拉图名下。）

实在论者主张，我们归纳推理的"有效性"甚至"合理性"建基于自然齐一性，这一主张同实在论者的如下主张是完全一致的：语词的一般性，亦即描画其意义的一般性，最终依赖于存在着"宇宙中反复出现的特征"（普赖斯）或"属于或构成自然的不同事物的相似性"，亦即"客观相似性"（班波罗夫）。

相应地，还存在这样一些哲学主张，它们是有关逻辑、逻辑真理与逻辑必然性及数学真理的相同实在论的更进一步的形式。例如，逻辑中的真理关切共相或抽象实体或外在于我们的生活世界的形式之间的关系，而使逻辑真理成为必然的正是这些实体或形式的不可改变性以及它们之间相互关系的永恒状态。否认这一点，你将被迫接受自然主义的某种形式：这些哲学主张表达我们的心理习惯。

当休谟尝试理解因果关系的本性时，他发现自己处于一个类似的情境。有人从两个相反的方向拉拽他。一方面，他被拉向实在论：因果联系是原因与结果之间的不可见联系。例如，一个杆子连接的两个轮子做成的模型，像我们过去常在蒸汽机和机车上见到的那样，一个轮子运转会带动另一个轮子转起来。另一方面，这使他在其经验论中遇到麻烦："一个事件随着另一个事件而发生，但是我们根本观察不到其间有任何纽带。它们似乎是结合在一起，而不是连接在一起。"（《人类理智研究》，1957年，第七章，第85页）所以，他提出因果关系不是真正的联系；它是不同类型事件的恒常汇合。

就道德价值而言，我更乐意将符合实在论的立场称作"客观主义"。因为在正当地把人类世界中道德价值的地位强调为独立于个体在其中找到这些价值的生活而存在时，这一立场并未阐明道德信念与事实信念、科学事情之间的根本区别。该立场并未发现，道德事务中的真理和信念如何是个人的，而又非主观的："没有什么好坏的东西，只是思考才使其如此。"这种"主观主义"也就是这样的立场，它对应于同"物理对象的存在"问题相关的唯心论。

以上我只是举了一些实在论及其哲学回应形式的例子，也就是包含与实在论相对立的不同哲学立场（主义），诸如怀疑论和还原论。我所指的实在论包括两种形式：其一，实在论是关于某个基本实在之独立于我们的断言，其结果是让那一实在很难被我们的知识把握到。其二，实在论企图用独立于我们言语和思想的某种实在来将一种推理形式或某种基本的程序形式奠基于我们的言说和思想之上，以便对这个实在给予支持并提供辩护。然而，实在论的结果乃是把它所寻求的辩护推入恶性循环。与实在论相对立的立场旨在逃脱这些后果，或者在怀疑论的情形中与之共存。不管是哪种情形，这些立场都发现自身被迫接受同样令人不快的后果。我要表明的是，这些立场是实在论的卫星，它们在由它们分享的假定所塑造或定义的相同引力场中运行。将它们聚拢在一起的引力以及我们的在其引力场中运行的思想，就是这些立场所共有的假定。它们都是不令人满意的，只有一个办法可以更好地理解它们打算启发我们的事情，那便是快刀斩乱麻，澄清并拒斥这些假定。

二 何为语言与实在的关系问题？

若将实在论的两种形式放到一起来看，实在论便是企图寻求如下事物的终极基础，亦即，我们语言、逻辑和数学、我们语词意义的一般性、我们无以言表的确定性、我们思想或言谈模式的基本范畴（物理的、心理的、道德的、宗教的，等等）以及知识的形式和属于这些形式的推理模式（归纳的、演绎的、道德的，等等）。在外在于并独立于语言，独立于语言各种各样的言谈模式及范畴的东西中，在宇宙的某种抽象特征（"自然齐一性""反复出现的特征""所谓的纯粹殊相之间的相似性"，等等）——这种特征可能或不可能从属于时间并因而从属于变化，但哲学家反而可以在语言中表达或陈述这种特征——中，实在论都企图探寻上述事物的终极基础。换言之，这个终极基础被视作其本身属于其想要支持的语言的言谈宇宙。它通常以一个相对朴素的哲学立场开始，并通过反对其对立的对手而屡次被逐回其本身，从而变得牢固和精致。非常简单地说，实在论就是语言与实在的关系的学说，其终极根基是外在的。亦即，二者之间可以独立于对方而被识别。

我说"终极"，是因为就像洛克所做的那样，实在论可以很恰当地承认如下事项：在我们所有的分类和辨认当中，我们用我们所说之物个体化我们所指称之物的方式，都依赖于我们所使用的语言及其概念，依赖于在我们的语言中所寻求表达的兴趣。但是，实在论认为，一定存在且当然存在这么一种实在，它不是由我们的语言及其概念所塑造的，这种实在构成人类世界所依赖的那些最基础的、最根本的、最抽象的特征。这种实在是我们语言的寄托。没有实在，我们的语言便会变得松散和任意，我们的生活便会在半空中漂浮。认为我们的生活确实如此漂浮着的那种怀疑论，将哲学家们逐回更加精致的实在论形式。

因此，这种怀疑论质疑成为我们生活的基石的活动形式和言谈模式：它们本身是否建基于一种独立的实在呢？这种怀疑论所质疑的正是我们的推理规范：难道它们不对语言之外或外在于语言的某种实体负责吗？如果不是的话，难道不会使人成为"万物的尺度"吗？如果我们赖以生活的根本实在是内在于语言的，无法独立于语言而被辨识，那么，就像柏拉图的囚徒住在他《理想国》中的洞穴中那样，我们难道不是要被迫居住在我们当成实体的影子的东西中吗？怀疑论者说：如果没有外面会怎样？如果我们赖以生活的所谓实体是社会的附属现象会怎样呢？"实在——这种或那种形式的实在——可否为人

25

类所知?""我们赖以生活的实在是否就是某种社会或人类建构呢?"这两个怀疑论问题是孪生的,它们让语言与实在的关系问题变得阴暗起来,并将面对这些问题的人逼向这种形式或那种形式的实在论。

就其诉诸理念世界中的超验形式的实在以反对当时智者派表达的怀疑论而言,柏拉图通常被视作一名实在论者。不过分地说,我觉得这样解读柏拉图是成问题的(参见:迪尔曼,1992年,第四章§4和第五章§4)。依我看,在柏拉图之后,康德是面对哲学怀疑论而没有陷入实在论或唯心论的少数伟大哲学家之一。我相信康德做出了重要的贡献,从而斩钉截铁地解决如下棘手问题,亦即,将哲学思考限制在实在论及其卫星的引力场内,也就是各种怀疑论和还原论——唯心论、行为主义、唯物论、主观主义、情感主义、自然主义,等等。

像后来的维特根斯坦一样,康德通过区分我们语言中的日常及经验概念与形式及范畴来做到这一点。就他的形式及范畴与他所谓的"哥白尼革命"相关联而言,康德把事情颠倒过来了,而且还将他的立场描画为"先验唯心论",以区别于他在贝克莱那里、在笛卡尔的怀疑论那里、在休谟那里,以及在实在论那里发现的各种各样的非先验的立场。

这等于是说:支持知识与经验以及人类或现象实在——即我们经验、参与、知道的实在——的可能性的东西是"先验的"。它存在于"我们当中",存在于属于我们的思维结构、我们的知性形式的意义中。在那个意义上,那种结构及形式的实在,亦即我们的感性形式与知性范畴的实在,是唯心的并构成"本体界"。后者只能被思考——亦即,将由像康德本人所从事的哲学反思加以识认。

26　　我从康德那里所得到的是,他拒绝把使我们的知识和关于对象的经验成为可能的东西纳入关于我们的知识和经验的对象中。他把前者描画为"先验的",亦即无法在我们经验的或称为真实的东西间找到——例如,"那真的有一把椅子;我看见的不是幻象"。"先验的"东西构成我们所经验的对象(广义上的"对象")及其实在的可能性——也就是与虚幻之物相对立，作为或属于我们在所过的生活中视作实在之物的一部分。这就是康德称之为"现象实在"的东西，亦即，在属于人类生活、人类世界的世界中，我们所经验并参与其中的实在。

"那里真的有一把椅子。"因为我们可以这样说，我们所说的东西可以为真，因为我们可以在"那里真的有一把椅子"和"那里真没有椅子时却似乎有"之间做出区分，康德将类似椅子这样的对象看成具有"现象实在"。这些对象属于或构成现象世界。我们可能会说，康德关心的问题乃是思想与经验的对象指向性和"意向性"。他把这看成是思想与经验所必需的。换言之，康德主张并且据理论证，不可能存在不是关于某个事物——他所指的"对象"——的思想或经验的思想或经验。特定经验的对象可能是虚幻的。康德会恰当地说，是的，不过只有当该对象有可能作为实在而真实存在的前提下，才会出现这种情况。

关于语言，我们也可这么说，亦即语言是内在地意向的。换言之，语言并不只是声音或标记；语言是用来说某种东西的，亦即可为真或为假的东西。这就是语言与实在的关系问题。康德用来与"经验对象"或"现象对象"相对照并称之为"先验的"东西，亦即维特根斯坦用来与"所表象的东西"相对照并称之为"表象模式"的东西。

然而，维特根斯坦并没有像柏拉图和康德那样，谈及有关语言中我们表象模式的"实在"——亦即，属于康德的"先验的"和属于柏拉图的理念世界中的东西。相反，对维特根斯坦来说，实在就是我们可以指称的东西、我们所陈述和描画的东西，然而，属于我们语言的东西，亦即其表象模式，无法包括在另一个或许更高的语言所表象的东西当中。维特根斯坦从一开始就拒斥元语言的观念。他认为，属于我们语言的东西，亦即其形式或语法特征，都预先假定在我们所说的各种事物当中了，因此，谈论它们势必会导致循环。我们认为它们在我们所说的东西中是理所当然的；它们并不是我们使用语言谈论的东西的一部分。这便是维特根斯坦在《逻辑哲学论》中在可说的东西与在所说的东西中显示其自身的东西之间所做的区分——这是他从未放弃的区分。

实际上，根据我的观点，维特根斯坦进一步推进了康德的思想路线，并祛除了他在柏拉图那里发现的实在论残余和在康德那里发现的唯心论残余。维特根斯坦通过重新定位语言中的形式——如他所称的"形式的"或"逻辑的"概念——来做到这一点。首先，他的《逻辑哲学论》在某些方面是非常接近柏拉图的。因为尽管维特根斯坦把实在视为内在于语言的，他却赋予了"逻辑空间"——亦即可能事实的空间——以一个可与柏拉图的可理解的理念世界相比拟的地位。

我们可以在某些方面把维特根斯坦在《逻辑哲学论》中所持有的逻辑观视作实在的。我们必须承认的是，该书中的命题没有内容，没有意思，并不构成一个等级系统：命题说的是相同的东西，亦即，什么也没说。尽管命题有时可能有用，但事实上是多余的：它们只清楚地表达语言中已有的东西。但语言中已经出现的、属于逻辑的东西则被视作：第一，不可变的、恒常的——类似于柏拉图的理念和康德的范畴；第二，独立于我们在语言的实际使用中发现的东西而存在。因此，维特根斯坦将语言的使用视作从属于存在于时间和空间之外的东西。后来，在关于规则和遵守规则的人在特定情形、特定场合下所做的事情之间关系的讨论中，维特根斯坦拒斥了这一点。

然而，《逻辑哲学论》中的逻辑并不需要也并没有存在于独立的实在中的任何形而上学基础——"逻辑必须照看自己"——其本身就是自然语言的形而上学基础。实际的语言必须符合逻辑；它们是首字母"L"大写的逻辑（Logic）的尾巴，宛如得了头奖的狗不停摇摆的尾巴。在《哲学研究》中，这种关系便颠倒了过来，大写"L"也从逻辑（logic）和语言（language）中消掉了。我们拥有包含我们行为的"语言游戏"：在其自身是人类生活一部分的自然语言中，语言游戏同自然语言有机地相关联。语言游戏组成语言使用者所参与的生活及文化的一个重要部分。逻辑也出现在那里。在我们的自然语言和作为这类语言一部分的语言游戏之外，或与之相分离的东西之外，逻辑并没有独立的依靠。而这些东西又是服从于历史变化的。因此，尽管逻辑原则像数学命题一样，永远为真，但其本身并不植根于任何永恒的东西当中。

康德通过说不是我们的概念符合对象而是恰恰相反，来表达他的哥白尼式观点：正是我们的对象符合我们的概念。我们的第一反应是：通过用洛克提出的某种方法从我们的对象经验中抽象出概念，我们当然会以某种方式形成概念。然而，像维特根斯坦在他讨论实指定义时所指出的那样，这种抽象并非发生在语言真空中。这种讨论把语言预先假定为一个被持续关注的对象，并认为康德在提到先天概念、形式、范畴时所标示的东西是理所当然的。这些正是康德在说对象符合概念时脑子里所想的东西。因为维特根斯坦会说，相对于在不同的言说领域中我们视作"仅仅表面的""虚幻的""虚假的"或"人工的"东西来说，正是语言形式决定了我们所认为的实在，尽管语言形式并不独立于我们的生活形式而存在。因此，例如，当我们说你穿过沙漠时看见的是真实的而不是幻象时，我们是在做出经验论断。当我们这样做时，我们理所当然地把所指称的或所说的东西看成是物理事实。我们所谈论东西的逻辑特征，决定了我们如何决定听任其发展的东西到底是真实的还是虚幻的。

我前面所表述的，可视作康德之后的"维特根斯坦的哥白尼革命"，亦即维特根斯坦对实在论——哲学实在论——的拒斥。这一立场主张，我们在不同言说领域中的实在观，即我们在不同的探究领域中如何区分实在与非实在，是内在于言说和探究形式的语法的。

三　维特根斯坦的反实在论：我们语言的语法特征不对任何东西负责吗？

　　这一立场主张的东西是什么呢？我们的逻辑、数学、评价真与假的方法、推理形式、真与有效性的标准，对任何独立于我们而存在的东西都不负有责任吗？它们是任意的吗？它们是那种存在于用配上管弦乐的滑稽动作一起演出的人类生活吗？对于任何更基本的东西、稳定的东西，以及外在于在其位置上保持住的东西来说，这些滑稽动作都不负责吗？维特根斯坦反复提出这些问题，并对它们做出回应。

　　我这样来谈谈这种担忧。当我们想知道我们相信的东西是否为真时，我们使用某些方法来评价、测验或检验我们相信的东西的真实性。想想科学家的情形吧。是什么把这些方法推荐给我们？在我们使用某些形式的推理时，是什么为我们提供辩护？在什么意义上，我们所使用的标准相对于我们想评价的东西是对的或是合适的？我们谈话或思想的语法、我们的研究形式，难道并不对我们的谈话、思想或研究之外的东西负责吗？维特根斯坦在《字条集》《数学基础评论》和《哲学研究》中对这些问题发表了很多看法。下面是一些例子：

29

　　　　我们有一个颜色系统，正如我们有一个数字系统那样。这两个系统存在于我们的本性中还是存在于事物的本性中？人们应该怎样说？——反正不在数字或颜色的本性中。（《字条集》§357）

　　如果我们做些限定，第一个是康德的回答："在我们的先验本性当中。"第二个是实在论者的回答：它们就在事物的本性当中。第三个是概念论者的回答。维特根斯坦拒斥所有这三种答案，并直面怀疑论："那么这个系统是否有某种任意的东西？"他的回答是："也有，也没有。它既类似于任意的东西，也类似于非任意的东西。"(《字条集》§358）他并没停留于此，而是用例子详细地给我们讲了每一方要说的东西。

重申一次，我们可以断言说过去的东西或者物理对象的一个命题。决定其真假与否的，是独立于或外在于它的东西。然而，引导该命题找到使其为真或为假的事实是什么东西呢？答案是：是它乃是关于过去或物理对象的命题这个事实。到目前为止，我们都在转圈，因为这便是该命题对某个特定的实在形式的指向。我们可能会说：该命题被指向的是何种实在形式，如何与决定其真假的事实进行比较，是该命题语法的事情或者是该命题所归属的语言游戏——对该命题的断言是游戏的一步——的事情。那种语法是内在于这个命题的；句子（它在我们断言这个命题的情境中表达出了该命题）的意义无法脱离命题的语法。我们可能会说，这种语法确定了该命题所指向的实在形式。假如情境不同，该命题就会说出不同顺序的东西来。

因此，维特根斯坦把语法命题的特征描画为"自主的"。这些命题明确阐明我们在说某个事物为真或为假时所主张的命题的语法特征，或者换个说法，明确阐明命题用法的规则。语法命题描画出内在于语言使用者在其中进行言说的语言游戏的那种实在形式的特征。因此，语言使用者的实在观很大程度上形成于他们在学习说话时、学习参与归属于其母语的诸多语言游戏时。在此我们必须记住，这样做包括从事多种模式的活动，参与一种文化和生活形式。我说"在很大程度上"是因为，如果我们是还不会说话的孩子，我们的确有一种在行为中能看到的实在感，就像我们在狗那里发现的行为——例如，我们去够我们能看到的东西，当这些东西隐藏起来时去寻找它们，等等。正如维特根斯坦所强调的，语言是这种行为的延伸——而在我们学会语言之前，就已经会了这种行为。因此，语言在延伸这种行为时丰富了我们的实在观。我们所居住的、同与我们说一种语言的人共享的世界，需要新的维度。的确，人类世界比起狗的世界有更多的维度，尽

30

管两个世界有重叠的部分。即便是一条狗，作为宠物，它也在学习参与这种生活的许多方面，所以，狗的世界要求一些人类世界的维度。这正是我们的语言给予我们的人类世界。

我们已经发现，将语言使用者的言说和思想指向实在的一个特定形式和维度的语法规则是属于其母语的语言游戏的规则。谁要是改变这些规则，谁就会参与到一个不同的语言游戏中，并因此说些别的什么（《字条集》§320）。这就是维特根斯坦通过语法规则的自主性所要表达的意思。他用"经验规则"与语法规则进行比较，诸如烹饪中要用到的那些规则。这种规则指导我们的烹饪，从而帮助我们实现某种结果。我们采用这些规则是因为它们能使我们达到某种目的，在这种意义上，它们并不是任意的。它们不是任意的，源于有关我们烹饪时用到的食材的事实，以及这些食材服从某些法则。

说话以及从属于说话的语法规则的情况就大为不同了。说话者可能会有各种各样的目标——例如，说过去的事，表达一种情感，谈论某种物理对象。然而，这些目标来自伴随他长大的而且他现在还在使用的语言。没有语言，说话者就不会有那些目标；脱离语言，那些目标也就是不可理解的（参见：《哲学研究》§337）。我们没有采用这样或那样的语法规则，因为我们想要谈论诸如物理实在，或是谈论过去，因为它们能让我们去谈论。正如维特根斯坦所说的："可以把语法规则称作'任意的'，如果这说的是：语法的目的无非是语言的目的罢了。"（《哲学研究》§497）

有人可能不理解或者不认可我们所阐明的特定语法规则："红与绿之间没有其他颜色"——这是维特根斯坦在《字条集》中探讨的关于我们颜色语言的例子。这个人可能采取要求做出辩护的形式而做出反应："是什么让你们认为这两种颜色之间没有其他颜色？你能给出没有其他颜色的理由吗？"那么，我们可能对他做出的这个辩护——如果可以这样称之的话——通过举例的手段阐明如下事项：辩护所牵涉的他所使用的语言的方式。这不是给他理由去接受不情愿接受的事情，而是让他认为自己确实接受了。因为这个原因，维特根斯坦并不把这个过程叫做辩护。维特根斯坦举了一个不同的例子：

> 人们试图用"但是真正有四种基本颜色"这样的句子来为语法规则的正确性做辩护。这种辩护是按照指出怎样证实一个句子来为这个句子做辩护这样一种模式建造出来的，语法规则是任意的这种说法就在于反对这种辩护的可能性。（《字条集》§331）

维特根斯坦从关乎逻辑的角度对此发表了看法：

> 如果逻辑推断遵守一个特定的范式，且其正确性不依赖于任何其他的东西，那么它就是一种合理的变换。（《数学基础评论》，第五章§45）

范式或规范本身对一切更根本的事物都不负责，尽管它牵涉我们做很多事情的方式。维特根斯坦指出，正是在这里，我们将发现属于我们语言的语法的东西尽管是"自主的"但并非任意的那种意义。因此，在谈到纯数学命题的时候，他强调了它们在日常生活中的应用，亦即，在我们生活的诸多活动中我们都使用数学——例如，做各种各样的演算并计算其结果。他指出，这种方式中的数学并不是游戏，我们在演算中观察的规则与诸如象棋的游戏规则是截然不同的。后一种规则是任意的，但相较而言，我们在演算数学命题的过程中遵守的规则并非任意的。

其他语法规则以及我们的其他语言游戏规则也是一样。维特根斯坦指出这一点并举了许多例子进行探讨：与我们用颜色语词所做的语言游戏相关的活动在多大程度上使其如其所是地进行，赋予其对于我们的意义。他指出了那项语言游戏的语法与关于我们的某些事实——关于我们一旦接受某种训练后的自然反应，关于我们很容易记住、认

32

出的东西等等——之间的联系。这样一来，我们可以从我们新的关注点上理解这些如何能影响我们将要谈论颜色及其混合物的方式，理解如何能影响我们比较它们和颜色语言之语法的方式。因此，我们开始欣赏我们思考颜色的方式，颜色对我们所具有的那种实在因而不再是任意的，尽管这种实在并不建基于以语言实在论者主张的方式独立于我们语言的实在。放弃我们在带有颜色语词的语言游戏中的运行方式，会干扰我们在生活中执行并感觉便捷的许多程序。

事实上，如果我们是富有想象力的，那么我们便可以像维特根斯坦那样想象这些语言游戏的变化。但是，我们偏离它们越远，若想要我们想象的语言游戏对我们有意义，我们不得不想象它们之外的可能变化就会越大。这些语言游戏迟早会失去意义。我们现在无法（正如维特根斯坦所说）把这些语词用想象它们"带有个人内容"而得以使用的方式加以填充。我们发现，我们自身无法理解我们想象的人说这些话。我们撞击的是我们自身的语言和生活的界限。维特根斯坦在《数学基础评论》中对这些进行了简单的总结：

> 我们的思维和推理（就像演算一样）当然受到限制，不是受限于任意的定义，而是受限于对应于我们生活中可以称之为思维和推理作用的总体的自然界限。（《数学基础评论》，第一章§116）

这些界限也不是一成不变、一劳永逸的。它们的形成是一套与我们相关的复杂事实的结果，而且还受到生活环境和各种偶然的历史事件的影响。无论就个人还是就整个社会而言——这些界限还可以通过与其他生活方式和文化的接触向各个方向扩展。

四　如果语言与实在的关系是内在的，那么这是否意味着，语言产生之前实在不存在呢？

对于语言与实在的关系的整个讨论，亦即对于如何理解维特根斯坦拒斥实在论的做法而言，重要的是要弄明白两个方面的区别——相同硬币的两面。正面有如下区别：一是人类语言的存在以及语言的存在所预先假定的一切；二是人类用他们所使用的语言思考和说出的不同事情的存在。他们在用他们所使用的语言所过的生活的特定场合中说出这些事情。反面有如下区别：一是我们自身需要面对的，甚至有时可能会质疑的各种事物的实在——"房子里真的有一个小偷？还是我梦到或想象到房间里有小偷呢？"二是物理世界的实在，或关于过去的实在，或关于善的实在。前一个区别独立于我们所说的东西，使得我们在所说或所想的东西中会犯错误；后一个区别并非独立于我们所使用的语言。

我们所面对的事物的实在或存在预先假定了一个世界，亦即一个言谈宇宙，在这个世界当中，实在或存在得以确立或得以实现。这个世界的实在以及它的诸多维度均来自我们的语言。该实在内在于其言谈模式的语法。如前所述，语言给了我们这样一个世界。我们发现这样一个世界，我们接近它，同时我们学着参与那种我们周围的人用语言所过的生活，我们成为那种生活的一部分。在我们还没有学会说话时学着采取的那些步骤中，我们开始成为那种生活的一部分。

因此，我们到达并获得的世界，在我们学会打交道的生活和语言中，已经先于我们而存在。但在人类、人类生活和语言出现之前，该世界是否存在呢？显然，在人类出现之前是不可能存在人类世界的。那时地球上没有国家也没有边界，没有权利也没有义务，没有道德价值。我觉得不会有人反对这一观点。但地球、岩石、山脉、恐龙、上帝，这些都存在吗？我举一个安斯康姆教授提到的例子。一匹狼能在七天内吃掉三只羊吗？答案是肯定的，否定的答案简直是荒谬的。当然，维特根斯坦不会否认这一点。他说，地球已经存在了千百万年，这是我们的牢固信念之一。

"在有人和言说之前，地球上就有岩石、山脉和史前生物。"我们不仅都相信这一点，而且还有关于史前生物残骸的化石来证明这一点。如果我们对之进行否认，那么我们就会接受一种怀疑论形式，而这种怀疑论几乎会把罗素的下述假定当成真的：我们都知道，世界本可以完全存在于我们的记忆和记录出现之前的五分钟内。但是，如果注意到这种关于史前岩石和动物存在的信念预先假定了我们的语言，这对我们的目的来说是重要的；这使得物理对象语言和过去时态也能具备这一信念。我们不怀疑的是这一信念的真；正是我们在语言中所想、所说的东西才会为真或为假。正是在我们的语言用其多重维度给我们的世界中，史前动物才存在着，这些维度包括延伸到无穷的过去，人类出现在地球上而且逐渐具有语言的那个过去。这同样适用于宗教语言中构想的上帝，也适用于安斯康姆的被大坏狼在七天内吃掉的三只羊。

我们无法在语言之外思考；但这并不意味着，我们既无法思考独立于语言存在的东西，也无法思考任何语言产生之前可能存在的东西。在这种言论中，不存在任何唯我论或唯心论的东西。

我说的是家里真来了小偷，尽管没有人听到他或见到他，这个事实是独立于任何人或想或说的东西之外的。但是，物理世界或过去的实在——哲学怀疑论者所怀疑的东西——是内在于语言的。我们在实在与非实在之间做出的，而且在特定生活环境中使用的各种各样的区分，属于我们的语言。然而，如果物理世界的实在内在于语言的话，那么一个特定物理对象的实在——在沙漠中的远处类似于水的实在——如何才能独立于我们所想和所说的东西呢？难道我没有说，离开语言我就无法想或说任何事情吗？

我们在这里再一次把我们思想的对象与思想本身、语言与我们在语言中所说的东西混淆了。如果我可以这样说的话，这种思想就在我身上，这是我的思想，但是我所想的东西存在于我的思想之外。在我的思想中，我到达我思想之外以及我本人之外的事物，并且与之交往。相类似的是，语言有很多允许或者能够让语言使用者谈论诸多不同事物的语法维度。这些维度描画出了语言的特征，并且给使用者一个多维世界，事物在那里可以独立于他而存在——独立于他的思想和他所说的东西。在我们在其中所说的东西是假的那种意义上，语言用来指称、谈论、描述或者陈述的东西，独立于语言而存在；说一种语言并不是使之为真。但是，我们在其中讲话、说某个事物为真或为假的语法维度是内在于语言的。这样说并不矛盾。

我所指的是那些我们在其中说某个事物可能为假的维度。这些是实在的维度，亦即，在这些维度当中，我们可能面对真实的事物、它们骗人的外表，具有真实感情或虚假情感，发现其真实的美德及虚假的外表。当有人怀疑的时候，我们可以陈述到，所论及的东西是真实的，正像我们能够否认这的确如此一样。然而，正像情况本身一样，这些维度属于语言，在其中我们所谈论或所指的东西既可以是实在的，也可以是非实在的。它们无法在语言中陈述，尽管哲学家们常常想这样做："存在一个物理世界——物理对象""存在一个外在于我们的世界""过去的是真实的""我不是独一无二的；除了我之外还有别人"。我的生活在不同方面重复着，我们不说"过去是存在的"，或者"过去的是真实的""物理对象存在着"。这就像我用跺脚来告诉我自己我站在哪儿，或者就像说"我在这儿"来告诉别人我的位置。

不，我们说诸如"他有一个黑暗的过去"的话，我们用过去时陈述，我们说"我几年前住的房子仍然在——或存在""这个星球上人类出现很早以前就有动物存在"，我们这些话中的每一句可能对也可能错，我们所说的东西可能为真也可能为假。但是，如果没有物理对象，或者（像伯特兰·罗素所说的那样）过去完全是不真实的，这将会怎样呢？

正是在这些点上我们的语言才"触及"实在，亦即，使我们能说可为真或为假的东西，指称、命名并且分辨事物，从而我们具有能对其说或为真或为假的话的那些事物。正是在这些点上哲学家才被引诱

35

去说：存在着物理对象、他人心灵、时间和空间、自然的齐一性，它们使我们能够得出归纳结论，存在着反复出现的特征或者客观相似性，它们能使我们具有一般名词，等等。因此，实在论关于这些事物的主张同时也是实在论关于语言的立场的表达：语词的用法必须以独立于语言而存在的东西为基础，它们的意义的一般性必须与自然中的东西相一致，等等。要拒斥实在，便似乎会使物理对象等等存在于我们心灵而非存在于实在中，使我们使用语词的方式以及在许多场合使用同一个词的方式必须是不受束缚的，使我们的推断和推理模式必须是任意的。这又把我们抛回实在论。

五　结论：维特根斯坦的反实在论　　　并非一种唯心论形式

维特根斯坦在许多方面反对并消解实在论。他通过批判和拒斥那些强迫我们去接受实在论的假定来这样做。另外，拒斥实在论会使我们承担某个令人厌恶的实在论反题。因此，维特根斯坦是一个反实在论者，亦即，在不接受其任何反题的情况下，拒斥实在论。他打破实在论对我们思维的禁锢，把我们从实在论的引力场中解救出来。他从实在论及其卫星那里逃了出来。

这是他对语言与实在的关系问题的贡献。用一个词来说，这种关系就是：内在的。但这并不使"实在"成为人类建构物，也不使独立于我们任何人而存在而且与实在内在地相关联的语言成为任意的东西。

维特根斯坦不是克里普克声称的那种怀疑论者（参见：迪尔曼，1998 年，第三章），也不是斯特劳森（Peter Strawson）认为的自然主义者（参见：迪尔曼，1998 年，第四章）。维特根斯坦不是伯纳德·威廉斯说的那个语言唯心论者，也不是达米特（Michael Dummett）宣称的正宗的约定主义者（参见：迪尔曼，1973 年，第十一章§iii）。

维特根斯坦也没给语言一种罗素所说的迄今无人享受的不受限制的自由。如果维特根斯坦看起来和这些哲学家一样，那是因为——正像我在别处所说的那样——他们自身已经陷入实在论的引力场中。这种引力是一种哲学引力，一种哲学立场的引力。其源泉可以在所暗藏的假定中找到。它来自想正当地保留我们在它们不是虚假的时认为它们是实在的东西的独立存在，但同时又不承认实在与幻象之间的区别在许多形式上属于语言。这种区分是在语言的使用中、在同语言密不可分的人类生活环境中做出的。实在论把某个事物相对于幻象或虚构而为真实的这个主张与做出这一区分的可能性弄混淆了。

我们在哲学中总是倾向于"老生常谈地"说，例如，物理对象存在，或者过去是真实的。但是所有这些都只是说，指称物理对象并区分开纯粹表象或幻象与实在，是有意义的。如果真的说出了什么的话，那么第二个例子中所说的只是，我们具有可借以区分真假的过去时态。我们正在做的事，就是肯定属于我们语言的区别，肯定暗含真正的可能性的区别。这些区别属于我们的语言，这些可能性植根于我们用那种语言所过的生活。我们自身塑造自己——在我们能思考、能设想的东西中，在我们的存在中——凭借我们出生并成长于其中并找到自己的存在的生活，凭借我们学会说的语言。若称这种观点为"语言唯心论"，那是不适当的。

37

康德的"先验唯心论"完全不同于贝克莱的唯心论；但它是一种唯心论，因为它主张使我们知识与经验的区分、真与假的区分、实在与幻象的区分成为可能的结构植根于心灵——人的心灵。康德正确地认为这些结构以及它们所支撑的可能性不可能是经验对象。企图将它们建立在经验对象的基础上，导致了一个恶性循环：我们想拽着鞋襻把自己拎起来。

在这一点上，维特根斯坦和康德完全一致，但他通过把这些结构从心灵转移到我们的自然语言中，抛弃了康德立场中最后的唯心论残余。维特根斯坦据理论证，我们的自然语言，是从人类历史进程中以及世界的不同区域中，通过人类一起生活并参与他们构想的环境，而逐渐发展起来的。这不含任何唯心论的痕迹；也不会让我们所居住的世界依赖于我们。我们才是那个世界——人类世界——的造物。那个世界绝不是人类的建构物。

第二章

拒斥实在论的危险：语言唯心论

一　何为语言唯心论？

伯纳德·威廉斯把维特根斯坦描画为"语言唯心论者"。由于类似原因，克里普克称维特根斯坦为"怀疑论者"，而罗素说维特根斯坦给了语言一种它迄今未享有的不受限制的自由。这些主张相互联结，因为它们都指向维特根斯坦所否定的东西。这里所说的否定是对实在的否定，这个实在外在并独立于语言，而我们使用语词本来是要以之为基础的。

事实上，我们很容易发现这种否定是可反驳的，又是令人烦恼的，正如许多哲学家都已经发现的："当然必须存在独立于语言的实在，该语言的概念必须符合那种实在的特征！否定这一点会使语言悬置在半空中并将其逻辑性转化为某种任意的东西！我们是否要说在人类和人类的语言出现之前无物存在——没有山脉，没有岩石，没有水，没有河流？我们是否当真认为我们与之打交道的实在乃是语言的产物，正如按照贝克莱的观点，物理实在乃是我们心灵即观念的产物——当不同心灵中的观念以某些方式达成一致时？"

那么，经验唯心论者是不是否认山脉与河流的存在？语言唯心论者是不是否认史前动物的存在？贝克莱说："我用眼睛看到的东西与用手摸到的东西确实存在，真的存在，对此我无丝毫存疑。"（1950

年，§35）尽管如此，他还是非常危险地趋近否认山脉与河流的"持续且独立的存在"。他只是通过使这些观念存在于上帝的心灵中而避免它。因此，它们依然只是精神实在，即心灵的产物。

39　　　同样，语言唯心论者非常危险地趋近否认在人类语言产生之前存在岩石、山脉与恐龙。那么，地球以及地球上的万物是和语言一起产生的吗？这一点会使人惊讶。把语言唯心论者引入这一方向的是其避免恶性循环的渴望，语言实在论在每一条战线上都不可避免地会遇到这种恶性循环：逻辑与数学的根源、不同言谈模式语法的根源、我们语词意义的一般性以及语词用法中的内在一致性的种类。

　　因此，休谟认为全部归纳推理都预先假定了自然齐一性："未来与过去之间的相似性。"然而，他认为这是一个非常一般的事实陈述，从而也是我们可以弄对或弄错的东西。因此，他认为这需要辩护。他随后认识到，其辩护只能是归纳的，而这意味着，如果不在循环中运转，归纳结论最终都无法得到辩护。

　　休谟对他描述为"物理对象的连续且独立的存在"的东西也得出了相同的结论。例如，我们如何着手证明我们不在场时桌子并未消失，而且还是在我们关掉灯、锁上门之前看见的那张，在不"假定"物理世界的持续且独立的存在——亦即门和门上的锁、书房的墙和地板以及我们作为血肉之躯所生活的地球的连续且独立的存在——的情况下？这样，我们便面临着跟归纳情形一样的循环。于是，休谟得出结论："问是否有物理对象存在是徒劳的。这是我们在全部推理中必须视为当然的一点。"

　　就内在于我们的语词意义的一般性而言，实在论者也同样面对相同的循环。因此，普赖斯在《思维与经验》一书中说，"我们情不自禁地注意到在我们周围的世界中存在着大量重现或重复"，而且"这种知觉重复……使概念认知成为可能"。他继续说道："在一个充满连续新奇的世界中……人们无法获得什么概念，而且思维也从不会开始。"（1953年，第7—8页）换言之，普赖斯是说，我们随处能感觉

到这些相同特征的重复，使作为思维（我加上言说和语言）的必要
方面的一般性成为可能。麻烦在于，普赖斯没有认识到，所谈论的
"相同特征的重复"是我们作为人注意到的东西，我们已然通过生活
在用语言生活的世界中掌握了语言。换言之，作为实在论者，普赖斯
所指的一般性预先假定了我们已经掌握的弥漫于我们生活中的语言的
存在，他想把这种一般性建立在我们在周围观察到的"相同特征的重
复"上。普赖斯欲把内在于我们语词意义的一般性建基在独立于语言
的东西上，他的这一企图因而失败了。他陷入了无穷倒退当中，他就
像一个人企图拽着鞋襻把自己拎起来。

　　我在最后一章将把这样一些点视作语言"触及"实在的点，在这
些点上，实在论者在下面这种企图中陷入了恶性循环，亦即，他尝试
把带着自身结构的语言建基于带着其最一般特征的独立实在上。我的
意思是，正是在这样一些点上，产生了语言与实在的关系问题。它们
就是语言实在论、唯心论和怀疑论相互征战的火力点。它们是不同的
战线，在此，恶行循环折磨着实在论者把带着自身结构的语言建基于
带着其最一般特征的实在之上的企图，而语言唯心论者则对其不加理
睬。然而，这样做使语言唯心论者颠倒了由实在论者游说的那种关系
而走错了路，让实在依赖于人们的旨趣。因此，语言实在论者认为物
理世界、精神生活、数字、过去、被视作相似性和差异性的东西等
等，必须先于且独立于我们的语言以及用语言所过的生活而存在：
"语言镜现实在的最一般特征"。语言唯心论者与语言实在论者分享
一种存在于语言与实在的关系中的过分简单化的构想，这种构想包含
我将在下一章考察的混淆问题。结果，语言唯心论者在拒斥语言实在
论时发现自己已经被迫采纳其相反的极端："带着最一般特征的实在
镜现带着自身结构的语言。"

　　简言之，贝克莱的"语言唯心论"主张，物理对象以观念的形式
作为我们心灵（或至少上帝的心灵）的产物。在这条战线上，语言
唯心论主张，描画着物理对象的实在之特征的独立存在，乃是语言的

40

产物。因此有了二者的平行关系。

二　拒斥实在论：赞赏其意蕴

"经验唯心论"是康德给贝克莱的唯心论起的名字，以便与他自己的唯心论进行对比。康德称自己的唯心论为"先验唯心论"。"先验"指的是知道或经历某事——即任何事情——的可能性所预先假定的条件，亦即知识和经验的可能性所预先假定的东西。知识是知道事情确实如此的知识，经验是经历某事的经验——例如，当我听到与我在乎的人相关的消息而表现出来的高兴或沮丧。康德认为使知识和经验指向一个对象的是我们的"直观"内在组织的方式，这种"直观"由感觉发送。反之，使这种组织可能的是我们心灵的结构——一种为所有有认识能力的生物所分享的结构。这种结构在康德称之为"形式"与"范畴"的东西那里得到了阐明——我们的直观形式以及我们的知性范畴。因为这种结构属于心灵，康德把先验的东西描画为观念的。由此便有了"先验唯心论"。

因此，对于康德来说，观念性的东西亦即我们知识与经验的形式。相反，在贝克莱看来，构成我们所知道与经验到的东西的是我们经验的内容，他称之为"观念"。换言之，他使我们的经验对象萎陷至其内容。这是康德与贝克莱的巨大差异，而且这是一种根本区别。因为对于贝克莱而言，由观念构成的经验内容是经验的，所以康德把贝克莱的唯心论描画为"经验唯心论"。

我们发现，语言唯心论者主张带有其最本质特征的实在乃是人类语言的产物，从而引发了如下问题，亦即，地球以及地球上的一切是否与人类的语言一起产生，以至于诸如在人类产生之前根本就没有恐龙存在。因此，所建议的这幅漫像没有区分开通名与所命名的事物的类——唯名论。在这幅漫像的背后，还掩藏着这么一件事儿：没有区分开有关我们的言说模式的语法问题与我们用那种语法所说之事的真假问题。我们所说的东西中包含的是这样一些关于事物的存在与实在的主张，我们在用语言所过的生活中的特定环境中以那些言说模式提到或说到这些事物。我指的是下面这些情况：恐龙存在于史前时期但如今（在地球上）不存在了；在商场中的人工光线下，蓝色并不是我所查看的材料的真实颜色。

　　我所见的是否为材料的真实颜色的问题，以及在此行星上人类产生之前是否有恐龙存在的问题，都是我们用所使用的语言提出的问题。回答这些问题的方式与所问的东西是相匹配的。这种方式属于每一个问题的同一性，以及这些问题所指称或指向的事实与对象的范畴：物理对象、语言、情感或态度、过去、现在或将来等。因此，在第一个例子中，在知道我们如何可能被照射光线所欺骗的情况下，我们想知道某种材料的颜色。在这里，假定我们的眼睛功能良好，那么我们在太阳光下看见的颜色就是我们称之为该材料的"真实颜色"。因此，这种情形中，我们称之为"真实的"东西，以与"仅仅表面的"东西相对照，这乃是与我们的语言有关的事情。假如我们在这里称之为"真实的"，那么蓝色尽管似乎是，但并不是所说物体的真实颜色这一点却是事实。由此，蓝色独立于我们而存在，独立于我们可以思考、相信和说的东西而存在。在这种情形中，我们称之为"真实的"东西与我们看见的颜色在它们所见的光线中改变的方式有关，与我们居住的地方和感兴趣的东西有关，这一点是真的。但这些东西并不以如下方式决定我们这里称之为"真实的"东西：在给定我们的语言的情况下，我们必须说的是，这种物质的真实颜色是由某些事实为我们确定下来的，如果它确实是真的话。

　　在另一个例子中也同样如此：我们想知道我们可以从现在发现的称为"化石"的东西中推断出遥远的过去的事情。它们是化石吗？它们告诉了我们关于过去的什么事情？如此等等。为了回答上述问题，我们视如下这些东西为理所当然的："物理对象的存在""存在之物的持续且独立的本质""已经存在千百万年而且并不是最近才产

42

生的地球"以及"过去的实在"。我们没有通过调查研究确立起这些事情。它们并没有按照我们在语言中所说的东西——我指的是使之为真的事实——的存在方式而独立于我们的语言而存在。然而，人类语言本身并不脱离所有使人类生活如其所是的东西而存在。

我在此重申：我这里看到的颜色是我正在看的材料的真实颜色，麦克白的匕首是"心灵的匕首"——这些都是事实，而且就其本身而言独立于我们所想所说的东西。然而，实在与非实在的区别进入我们说话和思考的不同领域并出现在我们的问题中，便属于我们的语言并随语言在其不同的语法——其言谈宇宙——中捕获或包含的东西不同而发生变化。我们说真实的某物的实在的维度——例如一块材料的颜色——内在于言谈模式的语法——即颜色语言。我们甚至可以说该维度描画了该语言的言谈宇宙的特征。

我们当前讨论的目的对于清楚地区分语言中所说的东西与语法是非常重要的。前者包括关于我们在那种语言中所指称和谈论的存在与实在的论断；我们用后者来谈论和指称这种存在与实在。我们谈论的东西可能是一个特定动物，例如恐龙，或者一块材料的颜色。当我们说恐龙时，我们是指一类动物，而且我们可以描绘这是哪种动物。的确，我们依然可以说恐龙灭绝，已经不再存在，正如我们可以说独角兽不存在一样。在通名意指的东西与由通名命名的东西之间存在区别，以至于在语言中，例如独角兽等名词的存在并不暗指独角兽的存在。正如罗素很久以前指出的那样，这就是我们可以清晰地说独角兽不存在的原因。然而，关于某个语法范畴的概念——康德的先验概念或范畴以及维特根斯坦称作"形式的"或"逻辑的"概念——则不是这样。

因此，一方面，我们问独角兽是否存在，或者，在地球上我们不知道的某个无人区是否可能仍有独角兽存在，是完全有意义的，而另一方面，问物理对象或数字是否存在，或者过去是否真实的问题，却是没有意义的。维特根斯坦在《逻辑哲学论》中对此明确说道："例

如，我们无法如同说"（书架上）有些书那样说"有些对象"（或
"有些物理对象"）（§4.1272）。他进一步说："不可能用一个命题来
表达某个事物之归属于一个形式概念而为其对象。但是在这个对象本
身的指号中却显示了这一点。一个名字（例如'桌子'）表示它标示
一个对象……"（§4.126）因此，我们无法清楚明白地说"桌子是
物理对象"——正如我们可以说"鲸是哺乳动物"——因为为了理解
所说的是什么，我们不得不知道"桌子"一词意指它所属的语法中
的意思，那种意思无法脱离开所说的语词在其中具有意思的语法。

　　维特根斯坦在《哲学研究》中说："为了能够询问一件东西的名
称，必须已经知道（或能够做到）某些事情。"（§30）某人问道：
"那是什么？"别人回答他："那是桌子；不是凳子。"问问题的人和
回答问题的人很清楚它们在其中起作用的语法。在我们的言说中存在
这种语法，与我们生活环境中的共同行为密切相关。用维特根斯坦的
话来说，这种共同行为提供了"语词（例如'桌子'）所驻的岗位"
（§257）。世界同语言相互规定、同生共长、无法分开，前者具有我
称之为特定"实在的维度"的东西，后者具有这种语法。按我的理
解，这是维特根斯坦所构想的语言与实在的关系的核心观点，这种关
系是内在的。

　　现在我们来看维特根斯坦在《哲学研究》的开头所举的实指定义
的例子："这是褐墨色。"然而，我的注意力指向了哪里呢？"这"指
称什么：花瓶，其颜色，还是其形状？有人可能会说：花瓶的颜色。
然而，对于我来说，"褐墨色"这个语词在语言里扮演何种角色必须
弄清楚（参见：§30）。这在指物动作当中已经预先假定了。所以，
除非我已经知道这一点，指物动作并无法使我理解我是如何接受这一
点的。亦即，肯定存在一种像作为我们所使用的语言的一部分的颜色
语言那样的东西，因为任何人指着任何东西的颜色都是可能的。此
外，作为一个说那种语言的人，我必须熟悉它；否则的话，实指定义
就无法教会我对于我是新的颜色语词的意思。

44

有人可能会说：要想能够指着一物的颜色，必须有颜色——颜色必须存在。但这并不像说：要想能够数存钱罐里的硬币，存钱罐里必须有硬币。说颜色必须存在是什么意思呢？存钱罐里可能有也可能没有硬币。颜色可以在哪里存在呢？存在于物理世界的每个地方？但是"每个地方"需要完善，"这个行星上的每个地方""太阳照耀的每个地方"——为了给"每个地方"赋予意义，"物理世界"也不指称一个地方。显然，这里所说的并不是一个事物种类的存在，而毋宁说是由颜色语言的可能性预先假定的条件。

哲学家们一边问"有数字存在吗"，一边问"有物理对象存在吗"？不管这是什么意思，如果有什么区别的话，这与问下面的问题不同，亦即，"如此这般的数字与如此这般的数字之间有没有一个素数？"后一个问题是一个数学问题，一个数学内的问题。它预先假定数学语言、其可理解性以及在那个意义上"数字的实在"。数学程序才可以回答该问题。另一方面，"有数字存在吗"是一个哲学问题；它不是一个数学内的问题。它是一个关于数学中所说东西的可理解性预先假定了什么的问题。康德会把它描画为"先验"问题，亦即关乎数学可能性的问题。然而，以存在问题的形式问该问题，其真实的特点没有得到承认或至少遭到混淆。

"有物理对象存在吗"这个问题也同样如此。维特根斯坦说，"'物理对象'是一个逻辑概念——同'颜色''数量'一样……这是为什么无法形成'有物理对象存在'这种命题的原因。不过，我们会遇到无法命中目标的情形……这种断言或者其反面是试图表达某种不可表达事物的失败尝试。它的失败是可以显示出来的；但是这并不是问题的终结。"（《论确实性》§36-37）这是在表达一个问题。当我们使用语言（颜色语言、数学、涉及物理事物的谈话）在实践中知道的某事不再受到关注时，这一问题便产生了。这里的语言是"空转"的。我们需要的并不仅仅是提醒自己我们在实践中知道的事情，还需要自我有意识地澄清这些事情。因此，当我们演算或计数时，我们"知道""有数字存在"。从这个角度讲，我们正在使用量词。所以，如果我们"知道有数字存在"在任何情况下都有道理的话，这意味着我们能够运用数字——能够数数、加、减、除等等，换言之，我们已经掌握了算术的技巧。因此，哲学家在这里关心的是实践。那么，实践对所有事情来说是可靠的吗？把实践与游戏、单纯的消遣区分开来的又是什么呢？

类似地，摩尔不清楚实践的特征，便从表面价值看待关于物理对象存在的哲学问题。他把它看成了一个关于对象的某个种或某个类的存在问题，没有通过其完整的一般性而使人注意到这个问题。所以，摩尔举起了双手并认为他已展示了物理事物的存在：手是物理对象，因此，世界上至少存在两个物理对象——或者，正如他所说的"外在对象"。他意指他视为"内在于我们"的东西外在于我们的思想和感知。他通过展示一页纸上存在的三个印刷错误来比对他的校样。

然而，当我们展示一页纸上存在的三个印刷错误时，我们正在物理对象语言内进行操作，亦即，我们因而预先假定了物理对象的实在，即物理对象语言的言谈宇宙。我们正在使用内在于物理对象语言的、属于那种言说形式的程序。印刷错误在一页纸上，它们本身是打好的字，我们用手指或钢笔指着这些字。但是，我们无法团团转瞎忙而以这种指物的方式展示物理对象本身的存在，因为我们的程序认为本该展示的东西是理所当然的。正是这个程序属于或者构成了它本该展示的实在的那个维度。

我说过，这三个印刷错误在一页纸上；这页纸在桌子上；桌子在屋子里；屋子在房子里；房子在城镇里的一个特定区域等等。它们处在我们生活的物理和地理环境之内，是其一部分。然而，在这个意义上，物理对象根本不"在世界中"。因为世界不是人类生活的地方，从这个角度来讲斯旺西是我生活的地方。"世界"永远不回答"在哪里"的问题。正如"在空间中"也不是那个问题的答案。该问题并没有告诉我们一个对象在哪里，但是在"广义"对象的意义上却告

46

诉了我们所关心的是哪种"对象"——例如它是物理的东西，但并不是感觉或思想。在后一种情况下，我们可能会说它可以在"一个人的心灵中"找到；在"对象"的不同意义上，我们能够说感觉或思想并不是一个物体，也不像空间物体处于特定位置那样是人的心灵中的东西。感觉或思想是在人生活的特定环境中随着时间的持续能够在人的语词和行为中找到表达的东西。因此，"在空间中""在心灵中"并不是"在哪里"这个经验问题的答案。它们表明了我们关心的对象的语法位置，或更简单地说，它们表明了语法。因此，"物理对象是空间对象"是语法表达，正如休谟所说的"物理对象具有连续且独立的存在"一样。

我们会说，世界就是我与其他人类分享的生活环境的总体，在那种环境中我遇见的东西具有实在、含义与意义。正是我在其中拥有那种生活的那些生活环境构成了我的存在，亦即作为一个人的实存。物理实在是其实在之一，尽管它相对于其他形式的存在来说是非常重要的。其他形式的实在与之有不可分割的密切关系——从这个意义上来说，例如，人的身体和人的心灵不可分割地联系起来并构成概念上的统一体。二者构成有感觉力和想象力的生物统一体，我们人类以这种方式成为血肉之躯。

我正在据理论证，物理世界并不是岩石与地球、大山与河流、城市与房屋等等的总和。物理世界是世界的一个维度，我的生活在同物理世界打交道和行为中发展起来。对于人类而言，这些交往和语言相互缠结。从这方面来看，我们所打交道的几乎一切作为我们打交道的对象对于我们都有意义。反过来，这个意义是它们的同一性不可分割的构成部分。因此，这个意义在我们用语言所过的生活中有其来源。物理世界就是实在的维度。在这个维度中，特定事物是否存在，或者我们所面对的东西是实在还是非实在，这样的问题就有了上述维度所具有的含义："水在远处还是在海市蜃楼当中？"要提出这种问题并尝试做出回答就是那些交往的一部分，而那些交往使物理实在成为我们世界的一个维度。

我们发现，哲学怀疑论者在不同战线上怀疑或质问的实在，恰恰就是语言实在论者主张独立于语言的实在。语言唯心论者正想否认这一点并走到相反的极端。他把那种实在描绘为依赖于语言的——实在与我们的生活都是语言的产物。

我指出这里至少有两种危险。第一种危险是指语言脱离其所植根于的我们的生活全部而存在的观点。正如我所提到的，这一点的一个恰当例子是唯名论者，他主张所有我们用相同的名字称呼的事物的共同点是它们的名字。我们在下一章即将发现，维特根斯坦远没有接受这一观点，他对之进行批评并据理论证，如果我们的语言存在于这种引人注目的脱离的话，那么说话和推理不过就是游戏，而如果人们在日常生活中不使用语言的话，数学就会是一种墙纸的样式。我们的语言植根于我们的生活，反过来，我们的生活是用语言所过的生活："想象一种语言就叫做想象一种生活形式"（《哲学研究》§19）、"一种文化"（《蓝皮书与褐皮书》，第134页）。

第二种危险存在于哲学中"实在"一词用法的系统模糊性中。因此，我将我们言说对象之间的实在——例如，与海市蜃楼情形中的非实在形成对比的、我在远方的沙漠中看到的水的实在——同物理对象本身的实在、物理世界的实在以及任何情况下都作为物理对象而存在的实在区分开来。这就是笛卡尔通过想象我们被恶魔——诡计多端的妖怪——欺骗的可能性而质疑的实在。在这第二种危险的意义上，主张实在依赖于语言令人烦恼，因为很容易将其同第一种危险意义上的实在相混淆。那样的话，看起来好像人们主张一大种类的对象的实在都依赖于语言，而这自然是荒谬的。我据理论证，主张依赖于或者更好地内在于语言及其语法的东西，并不是我们主张在特定的场合使用语言时的存在之物或实在之物，而是实在的维度和语法的空间，我们在这个空间内区分实在与非实在、肯定或否认对象或对象种类的存在——例如，"尽管不大常见，但国家中依然有一些诚实的左翼政治家"，"独角兽并不存在"。我据理表明，这种实在的维度描画了我们生活的世界、属于我们过的那种生活的世界，以及我们过那种生活所用语言的言谈宇宙。

三 语言与人类世界

有人可能会说："我同意我们所使用的语言的言谈宇宙内在于那种语言"，他可能补充到，"因为那是一个重言式论断"。他可能说："然而，当然我们并无法说出我们所生活的世界。"他可能会把语言比作投影仪："它在黑暗中能够照亮并因此使我们看到的东西依赖于其长度和其光束延伸的角度。所以，显然投影仪能够照亮的距离由这些关于它的事实决定。该距离内在于这些特征或它的属性，并且能够通过演算而先天地得到确定。但是，投影仪能够照射的东西和要照射的东西是两种不同的东西。语言及其言谈宇宙和我们生活的世界也同样如此。当然，语言的言谈宇宙依赖于所使用的语言、其语词及其语法，还依赖于其使我们能够谈论的不同的事物。然而我们生活的世界、世界作为其部分以及我们继续有新发现的宇宙却是另外一回事。如何使其内在于语言呢？如何使它所包含的东西依赖于语言呢？"

这种反面观点包含了我在前一部分指出的相同的混淆。在下面二者之间存在着区别，亦即，我们在语言中说的无论真假的不同东西，与在语言中具有意义的东西：其意义的跨度。后者乃是其言谈宇宙。我们用语言生活，我们在语言内找到我们行动和判断的不同的区别——真假之物的区别、实在之物与非实在之物的区别、纯粹之物与败坏之物的区别等等。这个言谈宇宙和我们生活的世界是一个硬币的两面。但是我们无法混淆这个言谈宇宙和宇航员发现新事实的那个宇宙。后一种意义上的宇宙包括地球、太阳系以及更加遥远的恒星和星系。

当我们说现代天文学宇宙在地球上有人类之前很久就存在时，我们不可避免地在我们语言之内说话——就是这么尴尬。只要过去的人们、很多很多世纪以前的人们都多少具有与我们相同的语言并因而具有一种他们的天文学中类似的宇宙观——就像古希腊人可能具有的那样——那么，如果他们当中的一个人能够活到今天，我们就可以说他那个时代的人们不了解那些关于我们在今天的天文学中发现的宇宙的事实。我强调下面这一点：容许他能这样说的，是在他们与我们的语言以及在天文学中的构想之间的可通约性。

然而，当但丁（Dante）在他的书中谈到天球并把地球置于宇宙的中心时，他并没有谈论同一个宇宙，亦即现代天文学中的宇宙。让我们假定这就是中世纪所设想的那个宇宙。如果这样的话，那个时代的人们生活在与我们不同的宇宙当中。这并不是简单无知的情况。真实情况是，他们还没有发现地球围绕太阳转；然而他们对发现这个事实毫无兴趣。他们的宇宙观无法容纳此事实。在他们的世界中所设想的宇宙并不是天文学中的宇宙，而是他们宗教中的宇宙。

我的观点是，在这里我们用"宇宙"一词支撑两种不同的东西，亦即并不属于同一个言谈宇宙的东西。因此，但丁《神曲》中的天空与天文学中的星空属于两个不同的言谈宇宙。我已经想象到，对于中世纪的宇宙来说也有类似之处。所以，我们今日把那个时代指称为"黑暗的时代"并且同情那个时候由于其世界之贫乏而活着的人们，亦即，因为他们丧失了由更早时代的早期希腊人开发的科学研究的兴趣。我们甚至说在那个时代流行的宗教信念阻止了在更早的时代奠定了的探究方式的发展，但是我们无法用天文学的标准测量属于那些宗教信念的宇宙观，而在那种解释上对之进行批评。

同"宇宙"一词一样，"世界"一词有两种不同的用法和两种不同的意思。第一种意思用来指称我们生活的行星——地球。凡尔纳（Jules Verne）的小说《环游地球八十天》的标题便是如此。如果有来自另一个行星的异族存在，我们可能会说他们来自另一个世界。然而，还有第二种"世界"一词的意思或系列意思。正如我前面所说，

49

世界在这一种意思中并不是一个地方。因此，当我们说某人生活在另一个世界，"世界"并不指称他生活的地方——不过，当我们说某人陷入沉思而暂时接触不到周围发生的事情时，他好像并没有和我们一样在这里，"这里"一词是指他所处在的地方。如果这对于他是一个永久的状态的话，我们说他生活在另一个世界中。

这里的"世界"指的是他从各种各样的交往中隔绝开来的先行占有，而他周围的事情在那些交往中连在一起并相互联系。因此，他生活在一个世界中而不是如下所指的那个世界中，亦即他的邻居生活于其中并与他共同分享的世界。那个世界中到处都渗入了语言和来源于那种语言的意义的形式。当然，他，即这个人，脱离开那个世界而生活的世界也同样如此。那个世界在一定程度上正是已经从它分离开的那个公共世界的一块。我冒险来说，这对于疯子的世界来说也是真的——例如，弗洛伊德在他的一个病例史中告诉我们的关于施雷伯博士的病例——"偏执狂的病例（痴呆的偏执狂患者）"（《弗洛伊德文集》，第三卷）。尽管他的偏执狂恐惧症古怪荒诞，然而在我们的日常恐惧中却得到模仿并转移到想象的文本中，我们在熟悉的恐怖故事中发现的这些对象造成了这种症状。

我在前面讲到，物理对象的独立存在描画了我们谈及我们摸、看、推、拉等各种各样事情的语法的特征。同样，彼得·温奇（Peter Winch）说道："上帝的实在独立于任何人想要思考的东西而存在。然而，正是语言的宗教用法才使得有关上帝的实在的构想有其自身的位置。"（《理解原始社会》，载《伦理学与行为》，第12页）换言之，如果语言的宗教用法在人们之间并没有发展起来，如果人们完全是实践性的生物，稍微像蚂蚁那样活，连续不停地工作以便获得食品并生存下来，本能地合作，但是不欣赏任何东西，不感激任何他们所受惠的事情，等等——简言之，如果他们没有高尚精神地生存——那么不管他们发展的是什么语言，该语言都不会具有宗教用法。这些人会公认地与我们不同，他们会缺乏我们具有的许多行为和感情。他们的世界，亦即他们生活的世界，会不同于我们的世界。那个世界中没有温奇所说的那种上帝的立足之地。这些人不会有关于基督教上帝的构想。然而，就像基督徒可能会说非信徒不了解这个上帝那样，这些人并不了解这个上帝，而动物也不了解这个上帝。

　　无知的人乃是对于要理解的东西或要意识到的东西缺乏理解力或意识的人。他与那些理解他不理解的东西的人分享一个共同的世界和一种共同的语言。因此，讲他的语言的人可能对他说："瞧！你觉得你说的东西没有冒犯他；但是他已经遭到冒犯了。"这里的冒犯和遭到冒犯存在于我们正在说话的人的世界中；他没能构想冒犯，只有他在这个特定的情况中错过了冒犯。如果她完全感觉迟钝的话会怎样呢？总错过冒犯吗？好吧，这也正是我要说的东西：他感觉迟钝。这是他的一种"杂乱无章"，类似于失明一样。难道我们无法说他完全不能构想别人受伤时的感觉吗？是的，也许他完全是以自我为中心的：他完全不能构想在生活中和在与他一起生活的人们的文化中对他有用的是什么。他对在他的语言和文化中存在或具有实在的东西感觉平淡无奇。至少，存在某种含义使他理解语词"如此这般已经遭到冒犯"的意思。当然他自己也能遭到冒犯。冒犯和遭到冒犯属于他的语言的世界，属于他的言谈宇宙，但是他受限于他对他者的敏感性。

　　当然不是全部有生命的地方都有生活。树有生命，但树并不具有生活。正因如此，我们需要某种行动：追逐某事并对之做出反应。当然这种生活可能会丰富多彩或受到限制。在这种含义上，生活给一个活着的生物一个世界。所以，我们能够谈及例如猫的世界和家猫的世界。在人类世界中存在的很多东西并不存在于猫的世界中。猫可以由于你对待它的方式而恼怒，但是他无法被冒犯。猫竖着坐在洞边数小时，和老鼠玩耍后吃掉老鼠，悄悄追捕鸟儿，吃食，和自己抢东西并期待想要的东西，被抚摸时咕噜轱辘叫，以及交配。这些是处在猫的生活中心的事情，猫知道、所做以及想要的事情。这些事情构成猫的世界。不管怎样，从很大程度上来讲——猫并没有生活在与我们相同

51

的世界中。因此，我们参与的许多事情以及对于我们为实在的事物对于猫都不具有实在性。这些事情不存在于猫的世界中，也不成为猫的世界的一部分。猫不仅仅是感觉平淡。因为，如果是那样的话，这些事情对猫的理解力必须有用，而且必须存在于猫生活的世界中。

这并不像谈及猫没有住在我的房子或花园里。不管怎样，在与我住的那个房子完全相同的含义上，猫甚至都没有住在我的房子里。在该短语减弱了的含义上猫住在那里。我的房子是猫睡觉和来觅食的地方，是猫领地的一部分。存在于我房子里的东西可能会移动；房子里可能会有新家具。然而无法移动的是我的世界中存在的东西，我与别人分享的世界以及构成世界的东西。猫在繁衍后代的过程中可能会死去；然而就那而言，我的世界，即我与那些我的后代分享的世界，会发生变化。

那是否意味着曾几何时上帝不存在？这是否意味着上帝没有创造基督教徒相信的那个世界？第二个问题所遗忘的是，所说的基督教信条归属的世界像多数世界尤其是人类世界一样，是多维的世界。该世界的维度之一是时间和过去，亦即该世界包括在两个方向无限延展的时间：过去和将来。所以，把创造置于远超你想象的过去是没有问题的——亦即置于我们的世界中。至于世界的创造本身就是另外一件事了。显然，这不像手艺人创造工艺品那样或者艺术家创造艺术作品那样。那是世界中的一个事件。因此，世界的创造无法像那一样。当然，他的意思的一部分是我们处在一个上帝的生物关系中，而且我们生活中所面对的一切都是上帝的意愿。这进一步提出了下面这个问题，亦即，我们处在一个上帝的生物关系中意味着什么——从那种角度来看信徒发现他与他人的关系意味着什么。把生活中的事件视作上帝的意愿意味着什么？这个问题也随之产生。然而，尽管这些进一步的问题很难，但是对于我们的生活与语言和我们的世界及其实在的维度的关系来说，它们并没有提出任何新的问题。

现在，我把我这一部分的讨论都拉在一起。我已经论证的是，人类世界及其实在的多重维度属于我们的生活和语言，我们作为人的生存方式也属于生活和语言。这个世界、我们的生活和语言以及我们的生存方式必须一起发展、不可分离。我用自己的方式表达了这一点，然而，随着我阅读维特根斯坦，我认为我的理解全部来自他。维特根斯坦在《字条集》中让我们想象一个愚蠢的社会，而且批评我们倾向于把该社会的人们视作"基本上不健全的"——亦即，视作生活在许多方面都是一本密闭的书的世界中。他说，我们倾向于把这些人们想象为"处于一种杂乱无章的而不是比较原始的秩序的图像"，然而后者"会是一种更加有成果地观察他们的方式"（§372）。

因为不像狗一样，猫对于照看它的人很冷淡，那么猫是"基本上不健全的"吗？猫的主人会说："为什么猫无法更像一条狗呢！""猫为什么无法表示赞赏和感激之情；为什么猫无法付出；为什么猫必须完全为了自己！"我们用这种言语无法辨认的乃是猫就是猫，猫生活在其自己的世界里。那个世界仅仅与狗的世界部分相吻合，甚至与人的世界几乎不大吻合。"人的世界"一词本身就是属名，包含很多区别在内。维特根斯坦要求我的设想的蠢人社会的成员外所生活于其中的世界，也是一样的情况。把这个世界视作"处于一种杂乱无章的而不是比较原始的秩序的图像"就像把猫视作忘恩负义且自恋的生物。那就会是"拟人论"。

四　结论：逻辑范畴与使用中的概念

我已经考察了语言唯心论和贝克莱的唯心论之间存在的平行关系，康德称后者为"经验唯心论"来与他自己提出的"先验唯心论"——即与我们经验的内容相关而与其形式相反的唯心论——加以对比。我们已经发现贝克莱把物理实在还原为观念，与此同时，他不想否认物理事物的连续且独立的存在。休谟当然把这视作物理实在的非常显著的标志。我据理表明，所谈的东西描画了语法范畴的特征，而没有描画我们命名的对象相当一般的类的特征，人们也能清晰地谈论这些东西。

我们能够考察对象的类并尝试找到对象的显著属性——例如鲸是哺乳动物而不是鱼。但我们如何可能证明我不在场时，我书房里的桌子并没有消失，而且我每次回到书房所发现的那张桌子都是同一张桌子，而没有"设想"（我经过考虑加上了引号）物理世界的连续且独立的存在。我们可以想象桌子真的消失在稀薄的空气中——然而，我们可能说明这一点——然后在我们进屋时又重新出现。但是那时我们假定桌子重新出现的地方，即屋子，持续存在下去。我们无法弄明白具有物理实在的一切在我们背后或睡觉时消失，而当我们翻身或睁眼时又回到存在。亦即，除非我们认为物理事物的连续且独立的存在是理所当然的，我们在特定的情况下无法区分持续的与中断的存在，无法区分幻象与实在。甚至笛卡尔的恶魔妖怪都无法欺骗我们。

因此，看起来像与在一般或物理实在中的物理对象相关的假定的东西乃是表达我们言说的语法特征的方式。我们关于物理实在的构想内在于这种语法而且无法脱离语法。当我说到我们关于物理实在的构想时，我是指语言中的形式概念或逻辑范畴。我们具有这种构想不过是掌握那种言谈模式，而且除此之外什么也不是。就语言的普通概念而言，我们可以说一个人关于某物的构想，由于这个东西我们拥有名字，他可以用语言把这个东西表达为错误。我们可以说他在错误观念下费力前进。例如，因为鲸在海洋里游泳，他可能把鲸看成鱼。然而，就语法范畴而言，所谈的构想以及该构想是关于何物的构想都无法分离开来。该构想内在于语言；他无法既说又理解所谈的言说形式，并且有一个关于居住于其宇宙的对象的系统的错误观念。

54　　正如维特根斯坦在《逻辑哲学论》中提出的那样，就形式概念而言，在概念与对象之间没有区别。因此，例如石头等任何被视作物理对象的东西，都会必然地具有特征，即形式概念的特点——连续且独立的存在以及一次多于一种感觉的可理解性，等等。发现或确立下面这一点没有问题，亦即，物理对象本身正好符合我们的形式概念，或者我们的语言与物理实在一致而且没有歪曲语言。发现石头具有我们的语言归属于物理对象的特征也没有问题。当有疑问存在时，唯一一件我们可以清晰确定的事情是，正像似乎有石头存在那样确实有一个石头存在，而且我们没有被欺骗——例如没有幻象。然而，我们区分何为实在与何为仅仅显现以及用在这种情况中的标准，来自我们的语言。该标准内在于那种语言而且在那种意义上是依赖于语言的。

因此，物理对象的独立存在依赖于人的语言，而且依赖于那种语言延伸的行为和反应——在动物中也会发现许多类似情况。这里不涉及任何矛盾。从这也无法得出如下说法：在人类和人的语言产生之前不会有物理对象——岩石、大山、恐龙。恐龙的史前存在是言说的对象，亦即，我们可以肯定或否定的东西，我们主张的东西可能为真也可能为假。因此，不管在地球上的人类产生之前恐龙是否存在，这都外在于我们的语言。说语言的人可以公开考察语言，这是一个问题。语言要求的考察方式，即使在史前时期有恐龙存在为真或为假的标准——标准的逻辑参数——内在于我们的语言。因为相关考察假定了这种动物与我们在化石中的发现的同一性，而反过来，后者则是物理对象的持续且独立存在的延伸。

我据理论证，在"物理对象的存在"标签下哲学家们所指并且争辩的并不是任何事情的存在或一类对象的存在。引起争论的是只要我们关注下列问题就已经预先假定了一种实在的形式：在如此这般的地方是否存在地下河流作为已经观察了一段时间的沉降的原因？在人类出现之前地球上是否有如此这般的动物存在？这种形式并不公开质疑其本身，而且当哲学家们已经开始对之进行怀疑时，这种形式用下面的方式则无法得到确立，亦即我现在所见是实在还是幻想，这一点则得以确立——正像摩尔所尝试做的那样。尝试这样做要求助于一种程序的形式，这种形式预先假定了下面二者的区别，亦即，实在及内在于这种言说形式的幻象与我们因此糊里糊涂尝试确立并循环往复的那

55

种实在之间的区别。

洛克的"经验实在论"主张，因为物理实在独立于知觉，所以物理实在是我们知觉之上的东西，贝克莱想拒斥这种思想。因此，洛克把他自己称为物理实在的"物质"转换为"不可知的东西"。然而，贝克莱恰好想离开这种立场，他使"物质"或物理实在依赖于心灵——至少依赖于上帝的心灵。另外，洛克分开了我们的知觉与其对象——物理对象，洛克恰好同样想从我们的知觉与思想中保留"物质"的独立性。这是洛克的实在论不可避免的特征。

同样，语言实在论者分开了我们的语言与其对象，亦即我们用那种语言所指称和言说的东西。我已经据理表明，这种混淆之后的一个重要部分是没有区分我们在语言中指称和言说的东西与我们这样做时认为理所应当的东西——把它视作归入其言谈宇宙的内容并因此外在于我们的语言。我据理论证，我们因此认为理所应当的实在与"存在"（我经过考虑加上了引号）内在于我们的语言并构成了世界的维度，我们在这个世界中生活、行动并参与内在于这个世界的东西。相比之下，我们可能怀疑、试图否认或在我们生活的特定环境中确立的实在和存在外在于我们的语言。引起争论的是，我们能够做对或做错的东西以及我们所说的可能为真或为假的东西。语言唯心论者分享这种混淆，他们恰好厌恶语言实在论并且使我们所说之物的真依赖于语言，至少朝那个方向移动或者处在陷入那个圈套的危险当中："在人的语言产生并且人们说这种语言之前不可能有恐龙存在。"

或许，如果这种混淆对语言唯心论者是公开的话，他可能求助于一种永恒的语言——带有大写 L 的语言——归因于一个贝克莱式的上帝，在这种语言中谈论人类出现之前的史前时期的存在——独立于人的语言但内在于这个上帝语言的逻辑空间的存在——会是有意义的。然而，像维特根斯坦在《逻辑哲学论》中所做的那样，这会通过后门陷入一种语言实在论。这会是"柏拉图式的"实在论，因为相对于带有大写 L 的语言，这种实在论衡量自然语言，而带有大写 L 的语言独立于自然语言以及使用自然语言的人类生活环境而存在。

再重复一遍，我们在生活的特定情况中所指称所说的东西必须外在于我们的语言。内在于语言的东西是成为指称和说我们指称和说的事物的可能性的原因。此外，内在于语言的东西使这成为可能，而语言本身并不脱离我们说这些事情的情况所属于的那种生活。这也就是语言唯心论者不欣赏的东西——不是在任何情况下都完全欣赏的东西。正像我所说的，我们在唯名论的情况中可以看到这一点，而唯名论是语言唯心论的一种形式，它主张："我们用相同的名字称呼的事物的一切所共同拥有的是它们的名字。"这完全错过了在给一类事物起名时预先假定的语言中的背景布局（《哲学研究》§257）。

因此，语言实在论和语言唯心论互为反题并分享共同的假定，以至于拒斥其中一个便把它推向另一个的怀抱。然而，人们可以清晰地表达这些假定，批判性地考察它们并拒斥之，随后人们便可以找到一条出路来逃出这些矛盾的论题为我们的思维设定的圈套。我们在下一章将要看到维特根斯坦如何在三个不同的关联中这样做的。

第三章

维特根斯坦与语言唯心论

一　维特根斯坦是语言唯心论者吗？

我在上一章中说过，如果归给维特根斯坦的语言唯心论是在与贝克莱唯心论相似的意义上来被设想的，那么就得说实在是我们语言的产物。维特根斯坦从来没有这么说过，但是我们很容易以这样的方式来概括他在语言、逻辑和数学的讨论中所表露出来的蛛丝马迹。这仍然是对维特根斯坦相关思想的歪曲。在这里我想到的是他谈论"所予"（《哲学研究》，第二部分，第 226 页），他拒斥如下信念："确定的概念是绝对正确的概念"（《哲学研究》，第二部分，第 230 页），他断言我们以"简单的""确切的""实在的""客观的""任意的"等所意指的语言相对性。我更多地指他关于语法命题和语法概念的讨论，对数学基础及其形成概念的方式的论述，以及对他将其重新描述为"发明"的数学发现的讨论。我指的是他对于含义的讨论（在此意义中一种规则决定与其保持一致的步骤）、他对于辩护及其完成的讨论（这些辩护包括对特殊的归纳结论和演绎推理的证明）以及指他关于"相信的无根基性"、"世界图像"的冲突、理由与"劝说"的讨论。

从这些出发，我们很容易认为维特根斯坦持有这样一种观点：存在之物因为语言之故而存在，当我们说某个事物为实在的时，是指该物由语言使然。我们可能会认为，维特根斯坦的这些谈论暗示着语言创造了存在着的不同事物的实在性，实在不在语言之外，实在并未脱离语言。

当然，维特根斯坦拒斥作为形而上学立场的实在论，并且他在对之进行批判的过程中确实是顶风而行。因为他要穿越的是一个窄门，语言唯心论和语言实在论的暗礁隐匿在狭窄的海峡中。而且，维特根斯坦本人的很多说辞都指向了语言实在论者。因而，他批判性地拒斥这种实在论又会使我们认为他击碎了遍布在海峡另一头的暗礁。这不仅仅是由于他要穿越的海峡之窄，而且还因为他的批评者们的哲学观点并没有完全摆脱实在论的引力场。维特根斯坦对此心知肚明，在他与对话者的交谈中，他持续地检讨自己的立场："这样我就成了一个伪装的行为主义者了吗？""你是在说人们的同意决定着真假吗？"

顶风而行，向前行进，既需要勇气，也需要稳健的步伐，而维特根斯坦展现出这些素质。让我进一步考虑他顶风而行的两个事例。我将展示他在与对话者的交谈形式中所谈论的内容，并讨论他的贡献。我将尽量阐明，他的批判深刻而彻底，且并没有致使他去拥抱语言唯心论。就像实在论者所做的那样，语言唯心论者对语言与实在的关系的解释过于简单了。与此相反，维特根斯坦并没有给出一种直白的解释。他关注的是导致人们做出这种直白的解释的背景，在这种直白的解释中我们对事物采取了一种过于简单的观点。在我的第三个案例中我将比较维特根斯坦和康德两人对经验论的批判，维特根斯坦将经验论视为实在论的一种形式，因为它将经验性实在视为独立于它在其中得以显现的语言而存在的。它声称我们所有的概念最终都是从被如此设想的经验性实在中抽绎出来的，我们所有的知识最终也是在这样的实在中得到奠基的。

在这些情况中维特根斯坦对实在论的批评是相互关联的。他认为，作为哲学中的一个认识论问题，经验论僭越了逻辑界限，越过这些界限它将以相同的方式陷入恶性循环，为推理的任何形式寻找终极辩护以此方式陷于相同的窠臼。我把他对这三种实在论的批评总结如下：

> 第一，作为语言使用者，为我们的归纳推理和结论给出辩护的过程中，我们所指向和加以比较的事况是全部进入我们的知觉、评价和判断的。
>
> 第二，作为语言使用者，描画我们以相同的名称所称呼的事物的相似性是我们意识到和加以考虑过的相似性。
>
> 第三，作为语言使用者，我们形成新的概念，就像洛克指出的那样，我们通过抽象形成的概念之所从出的经验性实在，是吸引着我们或刺激着我们的实在。

59

在所有这三种情况中，我们作为语言使用者所具有的实践知识，我们对我们所使用的语言的掌握，无法奠基于一些独立于这些语言之外的实在，宛若一个假说同确证或证实它的东西之间的关系，或者，一个经验信念与为持有它做辩护的东西之间的关系。

二 维特根斯坦和休谟论归纳问题

在我的第一个例子中我将休谟视为维特根斯坦的对话者，然而休谟是一个思想丰富且具有多方面洞见的哲学家，因而在我将他视为对话者时我考虑的只是他的一个方面。

> 休谟：我想要知道"那种根据之本质"，这种根据为我们保证任一归纳结论。可以确定的是，我们所有的归纳结论都建基于"将来会与过去保持一致这一预先假定"。然而这本身就是一个归纳结论；因而我们难道不是掉进了循环之中吗？
>
> 维特根斯坦：如果有人说关于过去的信息无法使其确信某事

将在未来发生，我不理解他。(《哲学研究》§481)

休谟：自然他会被确信，信息也自然会组建我们称之为"好的根据"的东西。我想要知道的是：是什么使得它成为好的根据。

维特根斯坦："如此你想要被告知什么呢？如果你说这些不是根据，那么你就定然能够说出对于我们的假定而言我们有权利将其视为根据时所依据的背景是什么。"(《哲学研究》§481)如果它们自身不是充足的，那么你需要更多的什么？此时是否错失了什么东西？

休谟：如果事情是这样：类似结果的东西经常跟随类似原因的东西，自然是齐一的，将来与过去是保持一致的，那么，我们过去的经验能够证明一个归纳结论并使我们有权利来相信它。然而像我说过的，问题在于：我们需要能够信赖归纳以便能够建立我们能够信赖归纳所需要的东西。

维特根斯坦：困扰你的恶性循环是你作茧自缚。"自然是齐一的"这一说法并没有真正道出什么真的或假的东西。就像你猜测的，它们并不是对事实——无限一般性的表达。只有在自然之内，一些事件才是一致的，而一些则不一致。语言是你称为"自然齐一性"的东西的基础。[1]

休谟：那么我们能否说，本性——我们的本性——赋予我们一种相信那些我们在我们的行动和反应中总结出来的归纳结论的倾向——就像在孩子的这种情况中：他一旦被火烧灼，就本能地避免接触火焰：难道他想被再次烫伤吗？但是这是本能而不是推理。确定的是这不是辩护，所以对我们的问题的解决是怀疑论式的。

维特根斯坦：确实这不是辩护；它是我们的辩护终止的地方。所有的辩护都会在某处终结，然后我们就会不依推理而行动。对作为一个整体的归纳法寻求辩护是无意义的；当我们说一

60

个被辩护的归纳推论或结论不同于没有得到辩护的归纳推论或结论时，为我们此时做出这种区分所求助的标准寻求一种辩护同样是无意义的。我们按照我们做事的方式来总结出归纳结论，我们区分被很好奠基的和没有被很好奠基的，我们在与满足确定条件的东西的联系中来谈论确实性，我们凭借这样的结论毫不犹豫地行动，我们根据这些区分来调整我们的行为——凡此种种，都是关于我们生活和行为方式的事实。像"确定的"和"被辩护的"诸如此类的语词以及我们在这些关联中所使用的它们的对立词，是对我们将一种事况与另一种事况进行比较并进行区分的方式的回应。我们以这种方式对它们进行比较和分类时我们被辩护了吗？事实是我们确实被辩护了。如果你想知道这种比较与区分对于我们来讲实现什么，那么请考虑在做出这种比较与区分的过程中的行为以及二者做出的差异到二者进行的方式——例如科学研究中的数据评估。我们需要做的是考虑这些比较所系之的语词的实际使用和围绕着它们的应用的行动。"这里被称为辩护的是什么？'辩护'这一语词是如何被使用的？描述一下语言游戏。从它们出发你也能够发现得到辩护的重要性。"（《哲学研究》§486）

维特根斯坦在最后的这条引用中意在表明，以这种方式我们有望看到得到辩护的概念的"关键之处"——亦即它在我们的生活中为我们所做的事情。但是无论这一概念的日常用法还是它的生活根基，都不是得到辩护的或未得到辩护的。

61　　　　问题不在于通过我们的经验来解释一种语言游戏，而在于确认一种语言游戏。（《哲学研究》§655）

我们的错误在于本来该将其视为一个"元现象"的东西我们反而要寻求一种对其的解释。在元现象那里我们应该这样说：这

个语言游戏被执行了。(《哲学研究》§656)

我认为，这里的危险在于在一个根本没有像辩护这样的东西的地方我们偏要为我们的行动寻求一个辩护，我们应该仅仅说：这就是我们做它的方式。(《数学基础评论》，第二篇§74)

这些评论使罗素认为，维特根斯坦已经摆脱了辩护问题的困扰，并为语言寻获了一种迄今未曾享有的不受约束的自由。我们不难发现罗素持有这种观点的原因。因为不像维特根斯坦，罗素从来没有区分过表象模式和依此模式的被表象物。罗素没有发现，在语言中被说之物向其看齐的以及对我们想要提出的假定进行限制的辩护标准并未构造一种唯一方式，属于一种语言的东西在此方式中能够具有规定并被限制。如果一个画家想描画一个特殊的场景，那么他所画的将受他所想象的场景的约束。他无法仅仅想到什么就画什么。但是他的画法不会受到他想以那种方式所画之物的约束。然而，这不意味着他的画法不对任何事情负责，亦即，不受任何事物约束的，而且是任意的。只是说他的画法不是以绘画内容受约束的相同方式而受到约束。当然这只是一个类比，而且正是维特根斯坦要求我们去思考的：

用一个概念来和一种画法作比较：因为，我们的画法难道就是任意的吗？我们可以高兴选哪种就选哪种吗？(例如埃及人的画法。)抑或这里关系到的只是可爱和丑陋？(《哲学研究》，第二部分§xii-3)

前面我引用《哲学研究》§486并说过要想看到我们的概念的"关键之处"我们就得考察它在我们的生活中为我们做了什么。维特根斯坦将语言视为工具，将它的概念视为工具(《哲学研究》§569)。一个工具自然是我们使用的东西。它不言说什么东西；我们用它来言说某个事物。但是，不是我们想要言说的东西决定我们对它的使用，因为我们想要言说的东西以我们使用语言的方式来显现。一个诗人或演说家想要在其言说中命中的东西不是独立于他使用的语言之外的，在诗人的情况下，则是不独立于他的书写所归属的传统的。这些是他能够且想要说的东西的来源。一个人能够且想要言说的东西是由他使用的语言所决定的，由他想在其中获得思想的澄清和表达的丰富与准确的语法所决定的，由他在其中开展"与语词和意义的争斗"的诗之传统所决定的（T. S. 艾略特，《四重奏》）。

维特根斯坦在说了"概念是工具"之后补充道："概念致使我们进行研究；它们是我们的兴趣的表达并指导我们的兴趣。"（《哲学研究》§570）它们是我们作为语言使用者的兴趣的表达，这些兴趣是我们带着语言所过的生活中所具有的。这一点是重要的。我们在语言的生活中发展并具有兴趣；而不是先于或独立于语言。我曾说过，我们的存在方式、我们作为人类的本性以及我们带着语言所过的生活，它们是无法彼此分开的，它们之间的内在联系是复杂的和直接的。维特根斯坦同样说道："概念帮助我们理解事物。它们对应着处理情境的特殊方式。"（《数学基础评论》，第五篇§46）维特根斯坦在这里提到的"事物"和"情境"在广义上指我们作为语言使用者在我们的生活中遇见的东西，作为语言使用者指的是只要是人类就已然是禀赋语言者。情境是语言生活中的情境，概念所对应的处理情境的方式属于各种各样的言谈方式中的某一种的语法。

如果我们无法理解维特根斯坦对作为工具的语言及其概念的描画，那么我们就会倾向于认为他是一个实用主义者，或至少是偏向实用主义的。如果我们用蒯因把语言视为工具的方式来对照维特根斯坦，在蒯因那里作为工具的语言被用来整理"经验之流"或"刺激模式"，那么我们就会发现这样的理解是如何地偏离事实。蒯因把这样的整理目的看作被科学加之于语言身上的，并把等待整理的经验之流或刺激模式看作独立于语言而存在的（参见：迪尔曼，1984 年 a）。

我前面说过，在罗素看来，后期维特根斯坦——罗素指的是作为

《蓝皮书和褐皮书》和后期著作作者的维特根斯坦——不再受辩护问题困扰并赋予语言一种不受约束的自由。但是在这里罗素在两个方面误解了维特根斯坦——第一，维特根斯坦并没有赋予语言一种不受约束的自由；他揭示了语言是如何嵌入其使用者所分享的生活之中的；第二，维特根斯坦并没有不再受辩护困扰——例如我们的归纳推理的辩护问题。他质疑这样的归纳推理是否能够得到合理的辩护——所谈的推理形式。他质疑我们的特定归纳推理是否会在脱离上述归纳推理的情况下成为未得到辩护的，特定归纳推理在每一特定情况中的辩护是否依赖于作为所有这些推理基础的辩护。

63

在罗素之前，休谟也像他那样认为，特殊情况中的归纳推理以及依此推理所得的结论都最终要依赖这个宇宙的一个非常一般的事实，亦即，在过去与将来之间的相似性，换言之，即自然中超越时间和空间的齐一性。因而，如果我们想要信赖归纳推理，我们就需要能够确定自然事实上是独立于归纳推理而齐一的，否则我们就会进入一种循环。但是我们没有办法做到这一点。因而没有归纳推论或推理是能够得到信赖的。

这是一个怀疑论的结论：通过推理对在我们出自经验的推理中由心灵采取的步骤进行证明是无用的，因为我们无法信任归纳推论。休谟转向一种怀疑论的解决：尽管在归纳推理中由心灵采取的步骤无法被证明，但是这并不妨碍心灵采取那一步骤的本能倾向——"所有出自经验的推论都是习惯的结果。"这一解决方案被描画成一种自然主义形式。但是因为这里有待追问的本性是"人类本性"，心灵的本能倾向，所以它也可以被看作一种形式的语言唯心论：关联着归纳推论的唯心论。

像斯特劳森这样的哲学家在休谟和维特根斯坦之间发现了一种紧密的亲缘关系。但是我却认为他们之间的不同是重要的（参见：迪尔曼，1998年，第四章第一节，第57—78页）。在休谟谈论习惯的地方，维特根斯坦谈及了由语言中被扩展的方式结合成的一组前逻辑反应构成的"态度"，他以此与可真可假的信念和意见相比对。因而我们可以说我们有"一种对于一个心灵或人类的态度""一种在具体的没有怀疑余地的情境中对于物理实在的态度""对一个原因的一种反应""一种对于违反某人价值——人们借此来衡量自己的行为——的东西的态度"。休谟将"习惯"设想为对怀疑的终止。但是休谟认为这就使人们的信赖转移到了非理性的东西那里。这就是为什么他认为自己的解决是"怀疑论的"之原因：在需要一个辩护的地方我们只是未经辩护地去相信。

然而，维特根斯坦将其称为"态度"的东西设想为概念构造：它塑造了在生活形式中至关重要的概念——形式概念或逻辑概念。在一个社群的文化和自然语言中这些生活形式本身被整合进一个有机整体，在社群中人们过着他们的生活——这些生活形式就被整合进这个生活。因而，维特根斯坦将语言直喻为一座城市（《哲学研究》§18）。由此，维特根斯坦论述道，推理依靠前逻辑的东西，并且这样并不会使得推理的有效性打折扣，我们根据这些有效性来相信我们根据推理而相信的东西。

维特根斯坦所拒斥的外在于言语形式或推理模式的基础的观念，以这种方式被活动及"语言游戏"的网络所代替，这些活动及语言游戏被整合进一个有机整体，每一部分的位置在这个有机整体中都是由其他部分确定的——通过我们对其他部分的把握。在这种情况中，假定的被拒斥的推理模式之基础是一般的自然齐一性，这种齐一性随着时间的推移被设想为关于宇宙的一般事实——非常类似于摩尔认为可以与打印纸上一个打印错误的存在相比肩来设想"物理对象的存在"时类似的方式。我在其他地方（参见：迪尔曼，1998 年，第一章第七节，第 9—11 页）讨论过，如此被设想的关于自然齐一性的主张是一个假想，并且它必然是一个没有效力的假想——亦即说它不会排除任何东西。然而事实上它根本就不是一个假定，不是一个关于宇宙一般特征的主张，而是关于一种推理形式更确切地说关于科学程序的特征的评论。该评论认为，在其语法之内没有非齐一性会被视为最终的，因而科学家会一直寻找一个在其之内非齐一性可以得到说明的分类系统。因此，非齐一性就可以被视为更一般的齐一性的一部分。正如史蒂芬·图尔敏所指出：

> 我们在日常生活中所遇见的构成物理科学之起点的不同种类的规则，很少是固定的，因而日常语言中的系统的程度也是有限制的。人们很少能够从对一个现象的环境的日常描述中推断出它所采取的形式。
>
> 有一些少量的系统，它们反映儿童可以很快就知道的相似性规则。这一点在我们对类——法律性的陈述的使用中可以被明显地看到："别撞击窗户：玻璃是易碎的（亦即，如果撞击就会碎掉）。"但是这一系统并不是唯一可被信赖的。日常语言中的所有类似的推论都是朝向限制敞开的："它由木料制成因而必然可以漂浮——除非它是铁梨木或者进水的"，"你可以看到这条路是笔直的，因而它必定是最短的路程——除非我们遇到了一些视觉幻景"。这些推论依赖物理规律性或自然历史规律性，对这样的规律性的范围我们仅只有一个模糊的理念，因而它们是易于撞见例外情况的。我们不应该过度惊讶，举例来说，除了铁梨木我们还可以找到其他的无法漂浮的木头。（图尔敏，1955年，第47—48页）

这种情况表明，我们在自然中所发现的规则和齐一性是多么依赖于我们采取的分类。例如，如果我们已然把鲸类、海豚和海豹划定为鱼类，那么关于鱼类以卵生来繁衍自身的一般化就不再是正确的；我们将不得不对于我们惯例性地来思考鱼之为鱼的根据提出一个例外情况。因而我们可以说，语言是我们在自然中发现的系统的可能性来源，我们在物理事件中发现的齐一性是对应于我们所使用的语言的。事实上，谈论自然自身具有的齐一性，就像谈论物理对象如其自身之

65

所是的存在那样，都是没什么意义的。但是当遇见这种情况时：自然之内具体的齐一性或者规则和具体的对象或对象类别的存在，情况就会完全不同。

当我们提起休谟的"自然齐一性"时，我们中的大部分人就像休谟一样会倾向于认为，正是因为自然中具有齐一性，科学家才能够对自然现象给出一个融贯的图式和解释，并且在这个框架里对它们做出成功的推论。这一想法一旦被挑战，我们就倾向于设想一些情境，这些情境使我们所有的企图破灭：企图给出一个这样的融贯的解释，企图预测下一步发生的事情，企图对所发生的事情给出理由来。但是，除了科学家没能为发生的事情提供一个融贯的图式来以现有的理论说明它之外，这种非规则或偶然性的程度到底有多大呢？我认为真理是它的彼岸，这种情况是我们倾向于去维护的哲学实在论的一种形式。这里不是因为绝对的偶然性致使科学理论失败，而是我们称之为情境的、"非规则"的东西，在这一情境中这样的失败"偶然地"发生。

我们无法根据发生之事的偶然性来说明这样的失败，因为失败是我们判断偶然性的标准；而不是其结果。因为所说的事件是偶然的，所以如果说这里不必进行说明，则会陷入循环。因为如果想象的事件的偶然性能够用来说明科学家的失败，就必须能够把偶然性从失败中分离出来加以辨识。如果我们提出"自然齐一性"，这是一个关乎信心的表达：我们相信我们能够修正我们的分类或者能够提出新的分类，在这个新的分类里我们能够把我们遇到的例外情况整合进一个更宽大的系统里面。它表达了我们拒绝放弃、拒绝被打败、拒绝把一些自然现象中的非齐一性视为终极之物。这也是维特根斯坦称为"态度"的例子，这种态度描画着科学程序的特征——一种朝向所研究的现象的态度。[2]

因此，困扰科学家的具体的非齐一性在某种程度上以与具体的感觉幻象和幻象遵守物质世界或物理世界存在的同样方式遵守"自然齐一性"。正像我们对于物质世界存在的"信念"——所谓信念——并不告知我们一个感性知觉什么时候是真实的以及什么时候是虚幻的那样，我们对于自然齐一性的"信念"也不会告知我们具体的齐一性何时可欲，何时不可欲。如果我们并不"相信"自然齐一性，那么我们甚至根本不应该区分具体的齐一性是什么以及不是什么。当然我们可以思考具体的感觉幻象和幻象。但是我们将无法理解这对于不具有齐一性的自然而言意味着什么，就像我们也无法说物质世界和我们所有的感性知觉幻象可能是不真实的一样。

　　我的观点是，当休谟说到"在过去与将来之间的相似性"或者"自然齐一性"时，正如他所思考的那样，他想要我们注意的并不是一个关于宇宙本质的非常一般的事实。在这样的语言中，被表达出来的不是我们都相信为真的东西，就像对盐块溶于水的信念那样，不，关键的是在我们的日常归纳推理和行动中我们所习以为常的东西、科学家在他的程序中所习以为常的东西。不管多么普遍，这种东西都不描画语言的对象，亦即，任何言说形式的主题——我们所谈论的东西。不，这种东西所描画的是，我们不管在言说中，还是在思想或行动中，进行归纳推论时所采取的程序的模式。

　　正是以这种方式，我们全都含蓄地相信如此这般而且必须独立于语言而存在的某种事物——在如下意义上，亦即我们所说、所想、所相信的东西真的独立于我们说、想并相信这些东西为真——描画了语言的特征，我们在这种语言中说、想并相信我们误认为是上述事物的具体事例的东西：具体的齐一性与规则性。因此，我们在其中区分的自然现象的规则性与非规则性、齐一性与非齐一性的实在维度，内在于归纳推论和推理的语法。这意味着，该实在维度与作为我们共有的生活整体一部分的行动和程序的普通形式是无法分离的。这意味着该实在维度与我们之间相互谈论时所使用的、讨论与我们有关的事情时所使用的以及借此我们使我们在生活中遇见的事物富有意义的语言是无法分离的——这个意义内在于我们因而遇见的同一性。

67

三 维特根斯坦和班波罗夫论共相问题

我关于维特根斯坦顶风而行所举的第二个事例关切哲学中的共相问题。传统上认为，"一与多"的问题表现为一般名词（general nouns）或普通名称（common names）和这些名称所命名的东西：这些名称所共有的东西是什么，我们根据这个共有的东西用相同的词来命名它们？唯名论者认为除了它们会被相同的名称来称谓之外，它们之间没有共同性。这是拒斥语言实在论者的回答。然而，虽然它摆脱了实在论的恶性循环，但是它使得对语词和语言的使用变得完全任意。表面地和断章取义地来看，在维特根斯坦的著作中有很多各式的讨论暗示着这样的回答，因而很多哲学家认为他是一个唯名论者。

伦福德·班波罗夫正确地想要否定维特根斯坦是个唯名论者，但他却使维特根斯坦变成了一个实在论者：我们并不是平白无故地将我们用"游戏"来称谓的事物都称为游戏的。这些事物经由"重叠交叉的相似性所组成的复杂网络而相互联系：有时是整体上的相似性，有时是细节地方的相似性"（《哲学研究》§66）。然而，维特根斯坦这里关心的乃是拒斥他前期哲学中关于命题的一般形式的观点，并且使用游戏的例子——我们将很多不同的东西称为游戏——来做类比。他说："看，是否存在对所有情况来说的共同性。——因为如果你看它们，你将不会发现对所有情况都是共同的东西，而是相似性，联系，一整串的相似性和联系。"我们看这些东西并将它们看成语言的使用者。这与当我们以哲学家的身份来思考时和受一幅关于共同本质的观念的图像所控制时而倾向于说的东西形成对照。当语言成了"一台空转的机器"时，我们作为语言使用者所知道的东西就不再被关注了，我们需要有人提醒我们这一点。

如我所说，相似性抨击了我们作为语言使用者以及在特定环境中的身份，正如维特根斯坦在讨论使友好的面容变得友好的东西时所出色地阐释的那些突出特征（参见：《蓝皮书与褐皮书》，第145—146页）。这些是我们在证明它的应用时所要考虑的。然而哲学家在这里，就像在其他的情况下——例如在休谟那里，他为归纳本身寻找辩护，寻找任何归纳结论的终极辩护——想要知道掌管任意一个一般术语的用法所必须考虑的因素。休谟认为如果这些条件随着事况而变动，那么在其背后就一定会有某种普遍的东西，这个普遍的东西在所有我们使用一个一般术语的情况中都在场支持着它们——洋葱的内核。他认为，只有因为隐藏在所有事况背后的东西——亦即在我们使用一般术语而习以为常的东西，在任一特定事况中我们所求助的必须考虑的因素，才能构成辩护。他认为，我们在一个特定事况中所正常称之为辩护的东西并不是辩护，除非我们习以为常的东西本身得到了辩护：一般术语用法的终极辩护。

　　关于实在论和唯名论的哲学议题与对于终极辩护的要求相关。表面看来，它们是对问题"一般术语的用法的终极辩护是什么"的回答。我已经指出过，它们激起了不容忽视的反对观点——在实在论事况中是恶性循环，在唯名论事况中就是我们使用一般术语而出现任意性的表象以及所有术语的那种手段。维特根斯坦对于此问题并没有止于表面；他反对实在论并回应了对任意性的责难。他在对这一责难的回应中拒斥了唯名论，并拒斥了由唯名论所建构的那种唯心论。

　　班波罗夫同意维特根斯坦不是唯名论者，但是他无法清楚地理解维特根斯坦避免任意使用语言而采用的方式。他在这里将维特根斯坦视为实在论者，他赞赏维特根斯坦所做贡献的微妙之处，认为其所流露出的正是维特根斯坦本人的实在论。基于维特根斯坦关于"游戏与家族相似"的论述［《亚里士多德协会论文集（1960—1961）》］，班波罗夫主张所有的分类最终都会依赖于自然独立于我们的分类系统之外而向我们呈现的相似性与差异性。他称之为"客观的相似性和差异性"（第221页）。他说，最终"只有相似性与差异性可供我们根据自己的目的和兴趣来加以选择"（第222页）。

然而，在我们辨识的此类物与彼类物之间只存在相似性和差异性。换言之，有相似性的地方就已然先有了分类。这就是说，相似性与差异性无法逻辑地先于类别，因而二者无法对所有分类——种类的存在以及我们对种类的命名——提供一个终极基础。可以看到这一主张牵涉一个恶性循环，就像休谟在为所有归纳结论寻求终极辩护时所发现的那样。维特根斯坦通过实指定义指明这一点，实指定义在奥古斯丁看来是语言发展的基础。维特根斯坦指出，给出一个实指定义便预先假定了一种语言的存在，要想理解实指定义需要很久的训练。他说："要是一个词在语言里一般应扮演何种角色已经清楚了，实指定义就能解释它的用法——它的含义。"（《哲学研究》§30）

正如我在其他地方（迪尔曼，1981年，第182—183页）所说，分类必然预先假定如下事项：我们指称、命名及描画的先于分类并因而独立于分类的对象、情境、行动等。分类所利用的相似性与差异性与此类同；二者属于我们命名或描画我们分类的东西。在一定程度上，我们不对纯粹的殊相进行分类；我们不是在一个语法的真空中开始的。并且，在我们有对象去区分的地方我们同时已然就有了对它们的命名，在对事物以不同的方式进行分类时我们所能从中进行选择的相似性与差异性的整个系列同样是已然先行被预先假定了。这指的就是在我们能够区分事物之前我们必须已经经过了长久的训练；我们必须先行就有了可供分类的事物。如果我们想要说明当我们说"榆树"时我们指的是什么，那么我们就得指出在我们用这个称呼称谓的树和用其他称呼称谓的树之间的相似性与差异性。而且随后我们还得继续说明什么使一个植物成为树，而非灌木或其他事物。在一定程度上，我们最终可归结为的不是纯粹的殊相——我们由于它们彼此相似的方式而用相同的名称来称呼它们——而是我们在其中得以开展比较的语法。因此，我们最终可归结为的不是，也的确无法是自然所展现的相似性与差异性。

因此，我们最终可归结为的不是自然所展现的相似性与差异性。

维特根斯坦正是在这一点上提出了如下问题：自然是否无关乎在与我们生活的多样联系中我们用"相同物""类似的""不同的"所称呼的东西？（《字条集》§364）他并没有否认自然与此相关；维特根斯坦只是说自然以一种不同于班波罗夫所设想的方式而与此相关。因而维特根斯坦不是一个实在论者，同时也不是一个唯名论者——这里指语言唯心论者。

正是在这一点上，我们可以设想维特根斯坦与班波罗夫之间的如下对话。

70

  班波罗夫：我们难道不是因为颜色之间的类似性而把这些基础色聚合在一起吗？

  维特根斯坦："如果我说'在基本色中有一种特殊的相似性'——那么我是从什么地方获得关于此相似性观念的？就像'基本色'这一观念无非就是'或蓝或红或绿或黄'——难道那种相似性观念也不只是来自这四种颜色吗？实际上，难道相似性观念与'基本色'观念不相同吗？"（《字条集》§331）

  班波罗夫：那样的话我们关于基本色的概念不就成了任意的吗——就像我关于 alphas① 的概念不同于南太平洋群岛居民关于树的分类那样？"那样的话我们还能否将红色、绿色和圆圈聚合在一起吗？"

  维特根斯坦："为什么不能呢？"

维特根斯坦关于"相似性"所说的东西——"我们在一个庞大的事况家族里来使用'相似的'这个词"（《蓝皮书与褐皮书》，第133页），"语词'相似的'是一个相对语词，该词与维特根斯坦关于简单性的论述相近：'在绝对的意义上来说"一把椅子的简单部分"根

---

  ① α，读作 alpha，为希腊字母表的第一个字母，复数为 alphas。——译者注

本没有意义——这样的谈论外在于具体的语言游戏。'"（《哲学研究》
§47）就像我已经论述过的，这对于实在的任意性而言也是成立的。
对于我们而言，将红色、绿色和圆圈聚合在一起乃是做了任意的收
集。然而，难道我们无法设想出一个特殊的文化背景来吗？对于此文
化背景而言，这种情况不再作为背景中的异类而对我们造成冲
击？——就像维特根斯坦在《蓝皮书与褐皮书》中关于某种人类的例
子中做的那样：人类对于红和绿有一种普遍名称，而对黄和蓝又有另
外一种普遍名称。因而我们可以看出，使这样的分类不陷于任意性的
东西不是其将自己植根于任何相似性和差异性之中。当然我们可以观
察到或者会观察到很多相似性和差异性。但不存在一个相似性与差异
性都归属的共同集散地，不同文化出于这样的集散地而进行不同的选
择。归属于不同文化的人们可以用一种不同于我们所熟悉的方式来很
好地使用"相似的"这一语词。这并不意味着这些人关注的是与我
们所关注及在我们的语言中突显的不同的相似性——在这些人的语言
而非我们的语言中获得标记的，独立于我们所有语言之外而存在的相
似性。

　　维特根斯坦要求我们要像当我们说物理的过度紧张或心理的过度
紧张时我们是如何使用"过度紧张"一词那样来考察语词"过度紧
张"。我们可以想到其他类似的例子——对于一口井而言的"深"，
对于一个声音而言的"深"，对于悲伤而言的"深"，对于一棵树和
对于一个音调而言的"高"。在物理的过度紧张与心理的过度紧张之
间有什么相似性？如果我们说"有"，那么难道它不是很值得注意的
吗？为什么我们会说一个音调与其第七阶是同一个音调？他指出，我
们称浅蓝和深蓝为蓝色并不是那么引人注意。为什么我们要这样做？
是因为在它们之间有一种相似性吗？"如果你被问及'为什么你也称
"此为蓝色"'，你可以说'因为这也是蓝色啊'。"（《蓝皮书与褐皮
书》，第133—134页）"在它们之间有一种相似性"与"它们都是蓝
色"是同义的。如果被问及"什么使你说这是蓝色？"，十分自然的

回答就是"因为我说英语"（参见：《哲学研究》§381）。

如果有人认为"在它们之间有一种相似性"这一回应是不同的，那么我们在一口深井和深深的悲伤之间所发现的相似性又该是何种情况呢？维特根斯坦说，这种相似性是不明显的。如果不是对于我们的语言而言，我们就不会在这里发现一种相似性，难道这不是更加清楚吗？我们在一个音调和另外一个更高的或更低的八度音之间所发现的"同一"，其情景又该如何呢？我对《蓝皮书与褐皮书》的引用如下：

> 当我们倾听一个音阶时，我们说，在每七个音之后，相同的音会再次出现。如果问某人，为什么他把那个音称为"相同的"音，那他可能回答说："它又是 C。"可是，这个音不是我所听见的音，因为我问："为什么你把这个音又称为 C？"——对此的回答也许是："难道你没有听见它是一个相同的音，只是高了八度?!"——在这里，我们也可以设想，某人像在事例（125）中那样学会"相同的"一词的用法，现在向他演奏 C 大调音阶，他问是否"相同的音"会在这个音阶中总是反复出现。对于这个问题，我们可以容易地想象出不同的回答。（《蓝皮书与褐皮书》，第 140—141 页）

维特根斯坦在这里指出的要点与他在《哲学研究》第 143 节和第 185 节中指出的要点相同，他在那两节中举的是我们教某个学生进行数列（例如：+2）演算的例子。该学生在许多次练习都得到更正之后开始自己演算，于是得出数列"1000，1004，1008，等"。他的反应不同于我们的反应。但是，如果这些反应得到分享和接受，那么它们便成为不同语言的基础——一种不同的算术，一种不同的音乐传统。

我们或许会说维特根斯坦在第 185 节用来举例的学生比较笨。我们谈及的人听不见我们在音调间听见的差异，我们谈及的人无法唱歌

72

或吹调子，他们是音盲——"盲于韵律""面盲"，亦即盲于我们听成音乐韵律的声音的面相。然而，这个面相的实在（同样在物理的或心理的过度紧张以及其他例子等事况中）依赖于这个被分享和接受的反应，并且非常依赖于我们生活中的其他部分，这些部分围绕着创作音乐和听音乐的活动。因而，如果我们可以把像维特根斯坦用来举例的学生描述为"笨的"，或者在其他情况中描述为"音盲"——存在着某些东西对于他而言他是看不见或听不到的，那么这仅仅是因为他与他所脱离的反应之间具有压倒性的一致性。[3]

然而，如果有这么一个社会，在这里我们所称为"音盲""笨的"或"迟钝的"的反应是显著的反应，亦即，这些反应是被分享和接受的，那么在我们的生活中对于我们而言是重要的那些方面对于他们而言就是不存在的，亦即说，那些方面不会成为他们的实在的一部分，或者就像我指出的，他们的语言不会有我们的语言所占有的那种实在的维度。因此，维特根斯坦所举的迟钝社会的例子（《字条集》§372），他们不会有音乐，不会有算术，以及不会有这些东西给我们的生活所带来的东西，不会有这些可以用来丰富我们生活的东西。

我说的是"我们的世界""我们的实在"。这听起来比较奇怪，因为在对我们的语言的使用中，在对任何语言的使用中，这里的所有格代词是完全多余的。因为我们对之说话之人是分享我们的语言之人。但是，当我们做哲学思考时，当我们的问题引导我们去思考"使用语言指的是什么"并因此超出我们的语言——关注在我们语言使用中我们所习以为常的东西并因此想象其他不同种类的语言——时，这一情况就发生了改变。如果在这种新的情况下我们能随随便便，我们会发现没有什么实在是独立于被分享的反应、约定、生活和语言之外而存在的。如果我确实可以这样说的话，那么实在就是我们对之做出回应的东西，是我们所打交道的东西，是我们在这些打交道中所生活的东西，是我们用我们的语言意指之物和描述之物所归属的维度——

我们的回应、参与和言说的内在之对象或"意向"之对象。

因而，我们就可以像萨特谈论"情感的世界"那样说"音乐的世界"——因而可以谈论恐怖之物的实在，卑鄙之物的实在，基本之物的实在，可羞之物的实在，可笑之物的实在，怪异之物的实在，萦绕之物的实在，可怕之物的实在。我们也同样可以说"艺术世界""善与恶的世界""宗教世界""爱的世界"。这些是我们的世界的方面，是有关与维度分离的、不管其变化如何都属于世界而非我们的实在的维度。它们对于我们的世界中的某些"居民"而言当然是不可通达的——这些居民是缺乏音律的，无羞耻之心的，木然的以及缺乏幽默的等等。

四　维特根斯坦和康德论经验论的界限

通常情况下，我们会说物理学和天文学是经验学科，而与此相反，数学和形式逻辑不是经验学科，而是先天的、形式的或反思性的学科。在物理学的情况下这意味着，不管我们如何在物理学中发展理论，通过实验——我们根据这些理论来设想和设计出的——所获得的结果在我们对这些理论的可接受性进行考察时起着关键作用。更简洁的表达就是物理学最终处理的是可观察的现象，它最终奠基于我们对这些现象的观察——不管我们如何获得这些观察。

在哲学中，经验论天真地从考虑我们在我们所观察的东西——即经常说的"经验"——中所做出的陈述的基础这样一个关注点出发，从而前进到如下问题：如果这些陈述是奠基于"经验"的，那么它们必须意味着什么。在这里有一个从真理到意义的运动。我们都熟悉洛克和休谟尝试从"经验"中导出我们语言中的词汇——包括那些他们称为"普遍词项"的词汇，将它们分析为"理念"——的意义的方式。后来的经验论者对陈述或"命题"——就像他们经常称呼的那样——的意义的做法与此一致。最近蒯因，或者说早期蒯因，将他的注意力转移到了在被考虑为命题系统的语言之整体与"经验"之间的关系上。甚至在他的实用主义中他都对经验论保持忠诚:"物理对象的神话是一个为了将一个可操作的结构置入经验的混沌之中而设置的装置。"

在所有这些情况中,亦即在哲学中的经验论(empiricism in philosophy)或哲学的经验论(philosophical empiricism)那里,语言——亦即它的词汇和共相的意义,它的命题的意义——被认为是建基于我们独立于语言之外而经验的东西之上的。我们如此设想的关于经验的东西被认为是"经验性实在",所有的实在或者大写的实在与此等同,我们与此实在的沟通被认为是不需要经由语言的中介的。亦即,经常被称为"感性知觉"这种沟通,以镜像的方式被认为是一个自然的或准自然的过程。我们不得不学着去辨别我们所看到的东西,对其进行命名,但是我们看到我们的所看独立于我们的所学。或者说,不管情况如何,对于构造我们所看的材料——所谓我们的"理念"或"感觉材料"——来说都是如此。

74　　　因此,哲学中的经验论是一种语言实在论形式。只要它把所有的实在都等同于经验实在,亦即等同于我们经验到的东西,人类经验的客体,那么它就面临着这个问题:在我们经验到的东西中是否有一个部分超出了我们的经验。在这里形成了我们可以在洛克和贝克莱那里发现的分裂。

康德指出,无概念时,也就是说在与语言分离时——还可以补充说,与语言所扩展和生长于其中的行为形式相分离时,"直观"[被认为是经由感觉方式而被给予或提供的]是"盲的"。他也指出:"直观无概念则盲。"换言之,人类经验,当然包括"知觉经验",无法与人类语言相分离,相应地人类语言也无法与人类经验相分离。就像维特根斯坦愿意指出的,与数学作比,他将其称为"表达方式",它无法与它在"日常生活"中的应用分离开,并且也无法与纯粹数学研究之外的它在这里有很多不同的应用的生活相分离。

康德在其《纯粹理性批判》中详细地针对经验论而据理论证：人类经验不是由"观念"或"感觉材料"——由一种独立存在的实在或我们的大脑臆想所产生的——所组成的，如果那是真的话，那么我们认为是真实的所有东西可能是一个梦。它本质性地指向对象。这就根除了哲学怀疑论。因为当我有一个幻象时我的意识是对象指向的；我的所见是关于某个事物，例如说关于匕首的幻象。在幻象这种情况中的具有对象指向性的经验是依赖于真实的知觉经验的。因而除非我知道一把匕首是什么，否则我无法有一个关于匕首的幻象；不管我有什么样的幻象，它都无法是一把匕首的。因此，除非我是能够感知事物的，否则我根本就无法有幻象。这就是康德在写给海因里希·赫茨（Heinrich Hertz）的信中指明的：

> 我将永远不会知道，我享有这些材料，从而对于作为能认识的存在物的我来说，它们完全是乌有。在这种情况下，（如果我把自己想象成动物）它们作为按照一个经验的联想律结合起来的表象，仍然影响着我的情感和欲望能力，并且尽管没有意识到我的规定存在（假定我能意识每一个个别的表象，但无法借助它们的统觉的综合统一，去意识它们与它们客体的表象统一的关系），但它们照样在我自身之内有规律地活动着，我由此一点也无法认识我自己的状况（转自贝内特，1966年，第104—105页）。

当康德说"它们可能仍然在我之中存在并对感情和欲望施加影响"时，我认为他指的是：例如说我是一条狗，我会寻找一块骨头，想要吃这块骨头，还可能把它埋掉并记着它，于第二天到那儿把它挖出来开始咀嚼它。显然作为一条狗我能够在我看到和嗅到一块骨头时把它辨识出来。我能够把一块真正的骨头与一块用皮革或塑料制成的模仿品区别开来。这是在我的行为中得到表露的东西。我无法做的是自动地把我的思想对准骨头，把它带入心灵，在其不在场的情况下考

75

虑它。然而，即使具备"次人类动物的精神力"使得我能够做这些，我要说的是，物理实在确实出现在带有这种精神力的生物的生活和行为之中。这样的生物行为很明显是指向物理实在的；它无疑是与物理事物打交道。当然在人类生活之中，这样的行为和参与物理事物是在语言使用中在不同的方面得以扩展了；它们进入了狗根本不具有的行为的形式，例如——与使用语言相交织的行为形式，换言之，亦即维特根斯坦所谓的"语言游戏"。

回到经验论，使一个经验命题或正确或错误的东西是我们借由观察和实验而建立的事实。那么使其正确到底指的是什么意思呢？是我们所观察之物。经验论者在这里提到的是与经验对应的命题，提到我们将命题与其所对应之物进行比较。但是其所对应之物不是经验，而是我们在生活的特殊情境中经验到的东西，观察到的东西。这种生活是与语言同生共长的生活，并且比较是在一个具体的语法之中发生的。我们在比较中所采用的标准属于和出于我们的语言。我们将命题与之进行比较之物，使命题或真或假之物，不可能在不重复这个命题或一些与此命题等值的其他命题的情况下而得到描述或辨识。如果这个命题是一个物理学假说的话，那么就该假说是由物理学语言所促成而言，我们的大部分经验之物或观察之物，亦即我们的实验结果，则是由我们使用的语言所促成的。这是经验论哲学无法认识到的东西。康德将这一东西挑明了出来。

我认为，当维特根斯坦说到"经验论的界限"时，他指的是：经验论哲学家采用的是我们在物理学和常识中发现的经验论的类型，亦即在证实命题、检验其真假以及超越其所应用的界限之外时所发现的经验论。他们通过混淆使命题为真的东西与我们理所当然地指称使命题为真的东西的实在未达到目的。因而，在哲学经验论的精神中，人们倾向于认为使一个陈述例如"我童年记忆中的泰迪熊仍然存在"为真的终极根据是物理实在。因为泰迪熊是物理实在的一部分：它是一个物理对象。因而一个哲学家会说：如果这个泰迪熊存在，那么物理对象就存在——非常类似摩尔的论述。但是，究竟什么是"物理对象"或"物理实在"？哲学家会再一次回答道：如果我的泰迪熊是一个物理对象，物理对象独立于我们及我们在语言中的判断而存在，那么物理实在就一定是独立于我们的语言而存在。

这再一次见证了在哲学家对终极辩护的期许背后所隐藏的理念。经验论哲学家在对这样的终极辩护的寻求中超出了非哲学的经验论的界限。他错置了物理实在的概念——一个形式概念——将其视为一个普通的经验的概念，标示着一系列的对象，诸如树、山、房屋等等。鲸鱼是哺乳动物，哺乳动物是动物，动物是生物，生物是有机物，有机物是物理事物或对象：一个无限的系列。这正是罗素的辩护方式。但是在能够被经验性地确定、证实和辩护的东西的之外，是语法，或说是属于语法的东西，它是无法被经验性地证明的。

我们可以将此概括为：我们的语言不是建基于一种经验实在之上的，我们通过感性知觉而与此经验实在发生沟通。毋宁说，我们的语言决定我们与这样的实在的接触方式以及我们关于这种实在的构想。这就是维特根斯坦的哥白尼革命。我没有区分实在的形式与我们关于它的构想。它们之间没有分别就像说在一张桌子和我们关于桌子的概念之间没有分别一样。不是我们经验之物决定我们所使用的语言的种类；而是我们发展出的语言的种类，或者更准确地说在一个社会或团体里面得到发展的语言类型决定了作为那个团体成员的我们所能具有的经验种类，因而也决定了这些经验的内在对象——这些经验指向的对象的形式。

因此，经验论哲学家需要被引导着认识到感觉中首要东西的大部分预先假定了我们日常语言中的范畴。因为他持有与此相反的观点，亦即，语言与思维中之物都是首先出现在感觉中的。然而，感觉以一种非常不同的方式，亦即，通过它们在使用我们的语言的人的生活中所起到的独特作用的方式进入了人类语言和知识的根基。使用感觉和使用语言都是我们的自然历史的一部分，它们是相互作用的。一方面，我们使用我们的感觉的方式以及感觉在其中起重要作用的活动如果脱离语言的话是不可设想的；另一方面，我们所使用的语言是在行为活动的语境里面得到发展的，而在行为活动中对感觉的使用又起着非常重要的作用。

经验论的软肋在于它赋予感觉以认识论的和逻辑的在先性。当康德对此进行批评而说"直观无概念则盲"（康德，1961 年，93 - A. 51/B. 75）时，他意指没有概念的直观或感性无法指向对象，它们无法等同为知觉。可以这么说，我们的感觉器官并不是"朝向外界的窗户"。我们用我们的眼睛去看，这是我们学到的东西。使用感觉和使用语言是相互支撑的。特定的自然反应是被这两者编织过的——以动物的视看为例。一只狗会以特定的方式对所见（sights）和所闻做出反应。一种这样的反应是：它会嗅来到它眼前的东西——就像儿童会用手去抓取它那样。如果没有这样的反应我们就无法将视看——客体指向性的视看——归于狗或儿童。眼睛让光线进入，形象在视网膜上形成，视觉神经将如此被产生的电脉冲传递给大脑。在这些反应缺失的情况下狗和儿童就会看不到任何东西；它们没有东西可以看到。它们是活的有机体，但是单纯考虑到视觉，它们与一架相机并无多大区别，相机拍摄的是它所指向的客体的图片。

我强调我们使用我们的感觉——就像我们作为看和思考的生物使用照相机那样。这是我们在与很多其他事情的关联中所习得的东西。在不同的生活情境中和在不同的结构框架里我们使用我们的感觉。我们看一个花瓶并观察它，亦即观察它所由以制成的材料，观察它的外形、它的颜色等等。这些东西中的每一个都预先假定了我们在其中学会操作的不同的结构框架。正如维特根斯坦指出的："别以为你掌握了颜色概念是因为你看了一眼有颜色的物体——不论你怎样看。"（《字条集》§332）

五　总结

我的主要论点有二：第一，语言唯心论是语言实在论的反题；第二，维特根斯坦在拒斥语言实在论的同时并没有接受语言唯心论。我考察了三个例子，尽管这三个例子对于维特根斯坦而言是颇费精力的，但他在不陷于语言唯心论窠臼的情况下成功地拒斥了实在论。我在前三章中谈到了哲学实在论的不同样例，来指明有关语言与实在的关系的哲学问题得以产生的"导火索"（flashpoints）的多样性。在所有这些关联中，问题是一样的，困难是一样的，诱惑是一样的，对于这些关联的哲学反应也是一样的，这些关联在这里走向了困境。在当前这一节里，我从前面提到的例子中选取三个，并考察维特根斯坦对这些例子的处理以及他在这里——哲学家认为他走向语言唯心论的地方——是如何拒斥实在论而不陷于语言唯心论的。

在有关归纳和归纳推理的情况中，我们的印象是：在拒斥对一般的归纳推论和推理的辩护中，在拒斥对任何归纳结论的终极辩护中，维特根斯坦似乎是说没有归纳推论因而也没有归纳结论是可以被辩护的。我已经讨论过这是一个严重的误解。维特根斯坦指明的是：那些寻求对如此这般的归纳进行辩护的人所寻求的其实是对推理形式的一种辩护，是对一种非常普通的我们在生活中的大量关联中所打交道的行进方式的辩护。他指出，这与寻找一个特殊归纳结论的辩护是完全不同的。例如说阿司匹林对大多数的头痛是有效的，这一点是经过在可控制的环境中将阿司匹林用于患头痛病人的试验而得到检验的。得自这些试验的正面结果证明了关于阿司匹林的普遍主张。试验本身是运用归纳的一个辩护。它们会引起的唯一疑问或问题就是考虑这些试验是否被正确地指导。

我们如何知道，归纳——当我们正当地指导这些试验时我们在这些试验中所行事的方式——是值得信赖的？这与问我们如何知道阿司匹林对于缓解头痛是有利的这一问题非常不同。当我们问第二个问题时我们其实是预先假定了归纳的可信性。在任何形式的程序中我们都信赖某个事物，我们习得所信赖的东西——在那些实践中我们分享和接受的信赖。它支持着实践本书的可能性。正如维特根斯坦指出的：如果门想要转动那么枢轴就得保持不动（《论确实性》§343）。使枢轴保持不动的是围绕门转动的我们生活中的一切。归纳是生活的整全形式的一个内在部分，并从它与生活形式的其他部分之间的联系中取得它的可理解性。我们发现它是可理解的因而我们并不会认为它是任意的。任意的东西是缺少这样的联系的东西——例如舞蹈中的运动，游戏中的活动，甚至在一个被完备编导的舞蹈中，或者在其敏感的自发的运动中，这些运动在与音乐的关联中取得意义，因而不是任意的。

79 　　实在论者将哲学家在这里为其寻找辩护的东西误解为仅仅是一个非常一般的归纳推论——我们可以想到的最一般的归纳推论，它具有绝对一般性。他同样地把可以为其辩护的东西误解成了一个同样一般的事实，即自然齐一性。在哲学中这是一个流传甚广的概念上的误解，维特根斯坦早在《逻辑哲学论》中就指出了这一点，这主要是罗素的观点。维特根斯坦把我们发现的那种与逻辑相关的一般性——其命题以及其概念——与一般化的一般性及类别的一般性相比较（6.123 – 6.1232）。就像过去的真实性或者物理对象的存在并不是绝对一般的事实一样，像罗素认为的，我出生的时日或者森林大火之后遗留的少之又少的树木仅仅是样例，自然齐一性也不是关于自然的一个一般的事实，平常的精盐能溶于水所遵循的规则性是这种齐一性的样本。因而这个所谓的"自然齐一性"仅仅是我们为自然制作的一个假定，就像物理对象的"连续且独立的存在"是关于一般物理对象或"物理实在"的假定——像我前面论述过的——那样。是的，它们是我们的言谈之语法特征的表露。

　　对于班波罗夫称为自然中的"客观相似性"的东西而言情况是一

样的，他说，当我们用相同的名称来称呼特定的事物时我们就是从这样的相似性出发而做出选择，或者就像普赖斯所指出的，我们禁不住会注意"这个世界中的再现与重复"，这种再现与重复使得概念得以形成，因而也使得言说与思想得以可能。这是一种形而上学形式的实在论。该实在论主张，我们语词意义中的一般性必须对应着现实中的某些事物——自然中的"客观相似性""大量的再现与重复"，这些事物是独立于它们所归属的语言而存在的。维特根斯坦拒斥这种观点，但并不会认同此观点的反题，亦即，主张我们的分类是由对语言的任意使用来决定的唯名论观点。

　　哲学中的经验论是这样的实在论的更一般的版本。它将"经验实在"——班波罗夫的"自然中的客观相似性"与普赖斯的"世界中的再现与重复"构成此经验实在的部分——设想为外在于语言的，在语言之中我们指称和谈论我们通过不同形式的经验观察所知道的事物。我讨论过康德和维特根斯坦两人均对此经验论划定了界限——就像我们看到的，我们的一般化立场和辩护是有限度的。所论及的限度是语言或它有意义地言说某个事物的语法的限度。因此，在指称使我们所说为真的东西与谈论这种东西时——在我们在其中操作的意义上——在使我们所说为真的东西与我们习以为常的实在的形式这二者之间，我们做出了区分。

　　因而，"经验论的限度"是这样的限度，超出此限度一般的、非哲学的经验论就转向认识论中的经验论——一种就像我们在经验论哲学家那里发现的形而上学立场。它是通过在经验实在中寻找一个对我们的经验命题而言是终极的确证、证实或证明而走到这一地步的，这一经验实在以证实我们在普通的意义上提出的经验命题的事实独立存在于我们的所说或断言的方式独立于经验语言。它因而忽略了我前面解释的在事实与语法之间的区分。哲学经验论因而是一种形而上学立场，一种实在论形式，在这种立场中它为了寻找这样一个对经验上可能获得的东西的终极证明而超出非哲学经验论的界线，僭越了这些界线。解释这一点的另一种方式是指明：它将经验实在视为一个普通的、经验的概念——就像摩尔在"物理实在的存在"、书页上印刷错误的存在以及把"物理对象"视为一个普通的经验如"手"那样的概念之间没有看到区别那样。

我们如果对此表示批评，则可以说：在能够被经验地确定、证实和辩护的东西之边界上是语法，或者说是属于语法的东西，属于我们的思想与谈论之形式的东西，这些东西无法被经验地证明，它也不需要被证明。正是在这语法之内我们所断言的经验命题是被证实的，正是在这语法之内对我们的经验信念的证明得以发生。并且，这一语法是内在于言说形式的，我们的断言就属于言说形式，在言说形式之中我们的信念得以表达。但是再一次要申明，言谈是我们生活的一部分并且并不是独立于生活而存在。

简言之，语法并不奠基于实在——拒斥实在论。但是语法又不是隔离于或分离于我们的生活及其决定实在的活动而存在——拒斥语言唯心论。因此，维特根斯坦所做的工作就是避开实在论，实在论想要把语言植根于一种外在于语言的实在之中，并指明我们所使用的语言是我们的生活的部分，而我们的生活也是无法离开我们语言的生活。我们的实在观无法与我们用语言所过的生活相分离，而且在我们作为语言使用者的实在观与作为其对象的实在之间，不存在区别。我们的实在观以一种类似于先有鸡还是先有蛋的方式同我们的生活相关联，我们无法把形式概念或逻辑概念同对象分离开。维特根斯坦在《逻辑哲学论》中做出过后面这个主张：但是他后来以不同方式勾勒出该主张所涉及的东西，而并未在《逻辑哲学论》中呈现出该主张的框架内容。他对这一主张的勾勒是细节的而非体系性的，这一主张曾被罗素、克里普克、伯纳德·威廉斯、斯特劳森误解，在某种程度上也被班波罗夫误解。

我已经揭示出维特根斯坦确实倒转了实在论却未接受任何形式的语言唯心论。我将此描画为维特根斯坦的"哥白尼革命"，因而将其与康德作比，当然要排除康德的唯心论——"先验唯心论"。康德主张他所称为"现象实在"的东西依赖于心灵中特定的人际间结构。而借用康德的话，维特根斯坦主张，实在以语言作为进入我们生活的方式而得以可能。换言之，我们在语言的不同领域中所制造的实在与非实在之间的区分，内在于我们在这些领域运用语言时的语法。

在康德那里，我们心灵的人际间结构是无时间性地稳固的，在一定程度上是上帝给予的，而且它们在我们的生活之外，处于一个拔高的位置——这让人容易联想到柏拉图的形式和维特根斯坦在《逻辑哲学论》中带有大写 L 的逻辑（Logic）观。与此相反，在维特根斯坦的《哲学研究》中，我们言说形式的语法镶嵌在生活形式之中，因为这些语法在人类的行动、反应和活动中得以表达出来。言说形式的语法或像维特根斯坦说的"语言游戏"，并不是什么高悬于行动的形式之上的东西，根据此行动形式在问题中对语词的用法是相互影响的（《哲学研究》§7）。它并不掌管或决定问题中对语词的用法和行动形式；而是它在这些当中显现，离开这些东西它就无法存在。在一种自然语言中带着它特殊语法的"语言游戏"形成一个"有机整体"（我自己的表述），这样它们属于我们的富有特殊文化的生活，就像我们的生活同时也属于我们的语言那样。我用"有机整体"来反对《逻辑哲学论》中的逻辑系统。因此，自然语言的统一植根于历史之中，并不对一种逻辑——一种理想语言的逻辑，在时间和空间之外因而也在说着语言的人们的历史之外的逻辑——负责并由其裁夺。

只有这样我们的语言才给予我们一个带有不同的但又扭结在一起的实在维度的世界——一个富有意义的世界，它进入我们遇见和参与的不同事物的身份辨识之中，进入我们在生活中所面对、命名和描述的情境之中。这对于我们感知到的东西而言也是成立的——例如我们看到的对象。我重申，这些对象、事件和情境无法脱离我们语言中的概念而得到辨识。这就是我们在生活中遇到的大部分事情不会存在于动物世界中的原因。具备一种语言——这种语言拥有与我们语言中的

82

概念不同的概念——的人类在他们的生活中无法遭遇一些或者很多我们在我们的生活中所遭遇过的情境。他们与他们带着语言所过的生活不会提供出我们生活中的这些情境所能存在于其中的逻辑空间。如此看来，我们所生活于其中的世界与他们生活于其中的世界是彼此不同的，不管在其他方面它们是如何相似。就这些其他的方面而言，当然可以很恰当地说我们和他们生活在同一个世界中。

第四章

伯纳德·威廉斯：维特根斯坦与唯心论

一 《逻辑哲学论》与先验唯我论

1972 年，伯纳德·威廉斯向皇家哲学研究所提交了一篇论文作为以"理解维特根斯坦"为题的系列讲演的一部分。他的讲演名为"维特根斯坦与唯心论"，后来以《理解维特根斯坦》为题发表在年刊《皇家研究所讲演》的第 7 卷上。威廉斯在那篇论文中对维特根斯坦在晚期作品（主要指《哲学研究》《字条集》和《论确实性》）中关于语言与实在的关系的哲学思考表示出了焦虑。他的焦虑可表达如下：

> 维特根斯坦构想这种关系的方式使语言使用者把实在称作与语言有关并依赖于语言。因此，他否认人们所说并赖以生存的语言之外的实在的存在及事实上的可能性——及独立于语言的实在。亦即，他拒斥绝对实在观。结果是，构成终极实在之物的对象被否定具有独立于语言使用者的存在。

威廉斯认为这可以看成是一种唯心论形式，一种语言唯心论形式。在这种意义上，我们把语言的观念或概念视作进入语言使用者生活的那种实在的来源，而在那种意义上，它们改变了语言。相反，正像贝克莱所提出的那样，在通常的语言唯心论中，正是心灵中的观念才有这种作用。

84　　威廉斯从维特根斯坦的《逻辑哲学论》中开始论述："世界是我的世界：这表现在语言（我所唯一理解的语言）的界限就意味着我的世界的界限"（§5.62），"逻辑充满世界：世界的界限也就是逻辑的界限。所以在逻辑上我们无法说：世界上有这个和这个，而没有那个"（§5.61）。威廉斯指出，维特根斯坦在那部早期作品中是唯我论者。

然而，这种唯我论的自我并不位于世界当中，即并不位于世界的中心，却位于其界限或边界上。他也不位于哲学家维特根斯坦本人现在或曾经以某种方式存在的世界当中。如果在回答一个问题"说如此这般的那个人到底是谁？"时，维特根斯坦说："是我说的"，我们可能会说正是"他，他本人"说的如此这般。"他本人"（himself）中的"自我"（self）可以描画为一个经验的自我，意思是它可以在世界中被指到，它是一个言说对象：我们可以指称他，我们可以谈论他。相反，维特根斯坦把处于世界边界的"我"描画为"先验的"——在康德之后。他说，它是关于世界存在的一种预先假定[《战时笔记（1914—1916）》，第79页]，关于作为我的世界的世界的预先假定——当我死去时将要到达末日的世界——正像路德维希·维特根斯坦所说的那样。因此，威廉斯指出，哈克把《逻辑哲学论》中维特根斯坦的唯我论描画为"先验唯我论"（威廉斯，1974年，第79页）。

维特根斯坦本人在《逻辑哲学论》中对此做出了阐明：

> 主体不属于世界，然而它是世界的一个界限。（§5.632）
> 在世界上哪里可以找到一个形而上主体呢？
> 你会说这就正好像眼睛和视域的情形一样。但是事实上你看不见眼睛。

而且在视野里没有任何东西使得你能推论出那是被一只眼睛看到的。(§5.633)

所有这些我理解如下。我构想的世界无法脱离我所使用的语言——我所唯一理解的语言——给我的视角而受到珍视。我的构想属于那个视角；正是在那个视角中我们发现了世界。在世界与我对其构想之间不存在区别——在很大程度上形式概念与其对象之间不存在区别。就那个世界中的东西是言说对象的意义而言，世界本身并不是言说对象。这也正是为什么我们无法说"世界上有这个和这个，而没有那个"的原因所在——以至于例如正如我们可以说"书架上有书"(§4.1272)那样，无法说"有一些对象"。对象和物理对象就是维特根斯坦所说的形式概念。因此，例如，"与观念相比，物理对象有一种连续且独立的存在"这个句子表达出维特根斯坦后来称之为"语法命题"的东西。他并不描画一个言说对象，诸如"草是绿的"的东西——我们可以弄清、确定的东西，我们可能会弄错的东西。

维特根斯坦随后会说，它描画了一个渗透我们语言大部分的语法，这种语法进入属于我们语言的大多数语言游戏，并通过语言进入实在的一个维度，而这一维度乃是人类与其他生物共享的世界的核心。因此，它是这种世界存在的一种预先假定，在那种意义上，正像康德所称的"先验真理"。关于这一点，维特根斯坦并不谈及"真理"。他常常把因此所形成的东西称为"语法规则"。

威廉斯说我们从《逻辑哲学论》中关于自我和唯我论的讨论中至少能找到三个观点：第一，我的语言的界限就是我的世界的界限；第二，没有什么办法可以从双方标出那些界限；第三，维特根斯坦的评论中出现的"我"和"我的"在此与世界中的"我"并无关联（第78页）。威廉斯说维特根斯坦恰好承认在其后期作品中向唯我论开战；但维特根斯坦没有承认的是他并没有放弃这种早期的先验唯心论（第79页）。"从'我'到'我们'的转移"，（他写到）"发生在先

85

验观念本身之内"（同上）。他说这种转变是："本身包含重要唯心论成分的东西"——尽管它并不是看得见的（同上）。

二　《哲学研究》与先验唯心论

　　威廉斯主张，从《逻辑哲学论》到《哲学研究》，存在着一种从"我的语言界限意味着我的世界的界限"到"我们语言的界限意味着我们世界的界限"的过渡，前者指向先验唯我论，后者指向先验唯心论（第82页）。"（他说）这种观点在维特根斯坦的后期著作中是含蓄的"，而且这并不意味着经验论断或例如在沃尔夫作品中发现的假说。因此，该论断是"先验的"。我接受那种说法。"但是（威廉斯问）为什么仍然是唯心论呢？"

　　首先，让我指出"我们语言的界限意味着我们世界的界限"足以用"一个语言的界限——任何自然语言——意味其使用者的世界的界限"这样的词汇表达的意思。语言使用者自己就在他们所使用的语言的世界当中。此外，他们通过在其中的参与模式拥有他们自身的存在和身份。

　　然而，我必须承认，我不把我这里所拥有的东西看成是一种唯心论形式。如前所说，真实的情况是我这里所拥有的东西可以看成某种唯心论，在这种意义上主张一种语言的观念或概念是进入语言使用者生活的那种实在的来源。但这几乎不是一种唯心论形式。康德的先验唯心论是一种唯心论形式，因为康德在所有理性心灵共享的某种结构中发现了我们知识和经验的可能性的来源。换言之，他的观点是，正是我们的心灵凭借它们所分享的某种固定结构成为我们知道并体验任何东西的可能性的条件。那就是康德意义上所说的"先验的"东西要在我们心灵中找到。但对维特根斯坦来说却要在语言中找到，亦即，康德的心灵结构的作用转移到了属于自然语言的语言游戏的不同语法那里。这是康德和维特根斯坦的区别之一。

其次，另一个很大的区别是，在康德那里，心灵的先验结构是固定的并且对于所有知识和经验的可能性是必要的。但在维特根斯坦那里，不存在什么固定的、不可改变的东西，也不存在关于我们说话和思想的语法结构的必不可少的东西。最后，维特根斯坦称之为"语言游戏"的语法结构并不是超出语言使用者所做的事情之上的任何东西，也不是超出他们如何从所说的东西进行下去的任何东西。与此同时，这构成了维特根斯坦的思想从《逻辑哲学论》到《哲学研究》的巨大变化。他在《逻辑哲学论》中谈及语言（Language）和逻辑（Logic）这两个都以大写字母 L 开头的语词的方式，使人联想起康德构想以大写字母 R 开头的理性（Rationality）的方式。因此，他对语言的反思是抽象且纯先天的。在《哲学研究》中，他对这种反思感到厌恶，并说道："不要想，而要看！"（§66）

确实，他的研究仍然不是经验的。我同意威廉斯的说法。但这些研究是指向事例的——既包括现实的事例，又包括想象的事例。而且，他所感兴趣的是自然语言。它们随文化的不同而不同，而且，它们的语法乃是随时间而变化的结构。事实上，它们的变化与发展属于使用这些语言的人的历史，以及它们所归属的社会与文化的历史。因此，这些变化并没有超越某种历史性的说明。当我们在哲学中对语言进行反思时，这种说明是可能的——例如关于允许接受新概念形成的文化转移的说明——其本身就对我们所感兴趣的东西做出了阐明。在此，我认为，我们显然离唯心论很远。

威廉斯对于"为什么是唯心论？"的回答如下：

> 我们的语言……展现给我们一切，同时它出现在我们的兴趣、关注点、活动中……以这种方式，仅仅通过人类的兴趣和关心就可以表达一切，表达心灵的事物以及事物自身最终无法进一步用任何术语来说明：这种事实为称这种观点为一种唯心论……提供了基础。（第 85 页）

我不知道怎么来理解这一陈述；我发现它不太清楚。或许威廉斯正把我们的兴趣和关切影响概念形成的观点归属于维特根斯坦。如果是这样的话，那就把维特根斯坦所讲的东西过度简单化了。然而，在任何情况下，这种观点几乎不为唯心论的称谓做辩护——无论是哪一种。我们的兴趣嵌入生活和活动当中，而这些都以一种鸡—和—蛋的方式与语言相关联。

正像我说过的，如果维特根斯坦所说的某些东西诱导着我们把我们想描画为语言唯心论的观点归属于他的话，我们所谈论的唯心论就无法是一种关于心灵或心灵之观念的唯心论，而是一种关于语言或语言之观念的唯心论，换言之，关于语言之概念的唯心论——简言之，就是主张我们的实在观依赖于我们的语言：依赖于其言谈形式的语法以及它们形成概念的方式。

三 《论确实性》与相对主义

我们的实在观是内在于、依赖于我们的语言和文化并因此与之相关吗？如果是这样的话，是否意味着自然语言之外没有实在？人们的自然语言完全不同——像它们会与人们的世界观和整体文化不同——的那种情况会怎么样？关于这些问题维特根斯坦的立场是什么？这是威廉斯论文的中心问题。他被这些问题所困扰。他对归属于维特根斯坦的东西十分小心谨慎："我不打算像维特根斯坦所认为的那样坚决主张任何东西"——被认为是一种唯心论的东西（第85页）。然而，他在维特根斯坦那里发现了一种令他感到焦虑的相对主义形式。

88 威廉斯从《字条集》中引用了一些段落并将注意力引向《论确实性》中的另外一些段落，在这些段落里，维特根斯坦想象不同于我们的概念形成方式，以及我们的语言游戏受制于变化的方式。到此为止，他赞同维特根斯坦的观点。"因此，无论在时间中还是在空间中，样式与变化都是可能的。就此而言，我们或可对这类样式与变化做出说明。其他看世界的方式并不如想象中那样是我们难以接近的；相反，维特根斯坦的目的之一是鼓励这种想象。我们可以考虑各种选项……而且，他（维特根斯坦）在指出具有不同兴趣和关切的人如何以和我们不同的方式描画、分类和看待世界时，提供了更多的选项。"（第 87 页）他很高兴，因为正像他所表达的那样，"至此所引入的不同世界图像，并非无法彼此接近：持有某个图像的人可能会看到另一个图像的意蕴（兴趣点，等等），并且可能会理解为什么持有该图像的人会这样做"（同上）。

我认为他至此很高兴，是因为他想象到在分类不一致背后存在着一个基础的概念一致——如果不是事实的那也至少是可能的——正像在植物学家把西红柿归类为水果，我们这些吃西红柿的人却把它当成蔬菜。亦即，要是最终可以为彼此分歧的分类法找到一个共同基础的话，那么，关于独立于我们的语言及其概念形成的实在的观念便有了保障。我们可以继续认为，肯定存在一种独立于语言的实在，我们对其有不同归类方法——不同的人可能把雪分成不同种类的方式，比如因纽特人，或者，画家可能比我们有更多的名字来称呼颜色。

如果维特根斯坦所说的仅是对此的延展，那么到此为止他只是一个实在论者，对于我们的思考不造成任何威胁。就此而言，用威廉斯的话说："肯定存在某种客观基础，'我们'可以从中认识到由另一个'我们'相信的更大的真理。"（第 88 页）

然而，遗憾的是，"众所周知，维特根斯坦倾向于谈论给予那种可能性极大怀疑的东西，而且尤其是在其最后的著作中，他倾向于谈论那种给予'客观基础'的可能性以极大怀疑的东西（同上）"。我的意思是，"这对于威廉斯来说很遗憾"。威廉斯在此引用了《论确实性》中的话：

> 但是我得到我的世界图景并不是由于我曾确信其正确性，也不是由于我现在确信其正确性。（§94）

这幅世界图景的命题也许是一种神话的一部分。(§95)

89 　　然后，威廉斯援引了关于"不去请教物理学家，而去询问神谕"的人的三个段落——§§609 - 612。维特根斯坦问："询问神谕并受其指导对他们来说是错了吗？——如果我说这'错了'，难道我们不是在用我们的语言游戏为出发点来反对他们的语言游戏吗？而我们反对他们的语言游戏是对还是错？"他说道："当然有各种口号可以用来支持我们的做法。"他补充道，我们也会给它们讲出理由；但是这些理由不久就会穷尽，之后我们便使用"说服"——采用传教士让土著人改信宗教的手段。

　　威廉斯指出，这每一个都不会从早先的例子中合理地得出——"人类群体（在更早的非含混的意义上）与彼此互相接近的世界图景经验地共存。"（第89页）我们已经发现为什么不行：人类群体有一个所诉诸的共同实在基础。哪怕用为断言辩护的条件的观念取代或阐释真理观念，这也无法合理地得出。这不会合理地得出，是因为：毋宁说我们拥有两个群体的每一个做出的断言为真时不得不与之相符合的实在的共同基础，不如说我们拥有分别内在于两个群体的每一个不同语言的不同断言条件。

　　威廉斯认为这种真理观属于维特根斯坦，并称之为"维特根斯坦的建构主义"。按照这种观点，正像威廉斯所看到的，当语言使用者把在自然语言中做出的陈述视作真的情况下而做出陈述时，他们便把这种陈述视作真的。也就是，威廉斯认为，按照这种观点，正是语言而非实在决定了何为真。毫无疑问，正是维特根斯坦对"神话""口号""说服""对话"的提及，使他确信了这种观点。

　　当然，令人震惊的是，认为语言而非实在可以决定真——一个陈述的真。当我说猫在席上时，使我说的为真的东西一定是猫正在席上，而这独立于我所使用的语言。猫正在席上或不在席上，同语言有什么关系吗？答案是，毫无关系。然而，由于我在这一语言中说出的这些语词的意义，我所说的东西抓住或陈述这一事实。我的陈述意指，在做出陈述的语言中，陈述所意指的东西；正是在陈述所归属的语言中，陈述才意指它所意指的东西。正是由于陈述所意指的东西，它在其中所断言的某些事实或特定环境才使陈述为真。你可以说，当陈述为真时，某些事实与它一致。但这是什么事实呢？你不得不重复这个陈述或一个对等物来确认这些事实，正像当你的强调辨别出一个语词的指称，该强调预先假定了某种语言和言谈模式，而语词以这种方式指称其指称的东西。以这种方式使指称为真的东西，也同样使符合为真。

　　因此，我们可以说不存在对象的指称，也不存在与外在于语言的事实一致的东西。但这并不是说我们所指称的东西不独立于我们的指称而存在，也不是说我们所陈述的东西不独立于我们的陈述而存在。

　　我在下一章将要详细说明威廉斯的如下观点，他说道："已经［由维特根斯坦］增加到这里的相对主义因素是多余的，它们并不是从其他因素得来的。"（第89页）换言之，威廉斯认为，它们是维特根斯坦哲学的产物：它们是虚构的、诡辩的、可反驳的。不管可能存在多少不同的语言、不同的观点、不同的世界观，最终只存在一个实在来衡量所有这些——衡量在它们当中做出的主张的真假，衡量语言使用者持有的信念：独立于所有语言的事实。当然，维特根斯坦拒斥这种实在论：哲学实在论。这正是威廉斯反对的东西。似乎对于他来说，留给维特根斯坦的是相对主义，其本身是唯心论形式——"语言唯心论"。

四　维特根斯坦真正在想什么？

　　人们认为维特根斯坦的相对主义是什么？按照威廉斯的说法，为什么它是一种语言唯心论形式？所论及的相对主义应该有如下的观点：真是相对于不同语言和不同概念系统的，因此，在一种语言中为真的东西在另一种语言中可能为假。我们把这视作一种语言唯心论形式，因为按照这种观点，真依赖于语言并由语言决定。威廉斯并不把这一突出的观点归于维特根斯坦，但在他身上发现想要朝这个方向推进的思维形式。

这样的话，威廉斯理解的维特根斯坦真正想要的是什么呢？他认为：第一，实在的观念——例如简单性、精确性、充分性等等其他相似观念——是相对的观念。这一观念达到的结果无法从它归属的语言中分离出来，而且要在用那种语言生活的人们的交往中看到。第二，实在不是一种东西；存在不同的实在观念——例如物理实在、精神实在、道德价值实在、上帝具有的那种实在、在特定的宗教诸如基督教中信仰者的死后生活、天堂和地狱。我们这里所拥有的，是不同的语法、不同的标准，亦即，在那种言说形式的范围内评价何为实在以及何为非实在的不同方式。这是我们实际上都知道的东西：远处是否真有水或只是一个幻象？他是真生气还是仅仅装生气？我是真恋爱抑或仅仅是转瞬即逝的迷恋？我们可以举出很多例子。在这个意义上，"实在"所意味的东西内在于言谈模式，亦即实在依赖于我们所论及的东西。

有人可能会说："'实在'所意指的东西可能内在于语言，但实在本身却无法内在于语言。实在独立于语言、独立于我们所想所说的东西而存在。"然而，我们是在一种语言之中思考和言说我们所思想和言说的东西。例如，独立于我所思所想的东西而存在的是我花园里的树。那是树具有的那种实在：物理实在。例如，当我不在这看它们的时候，它们并不停止存在。如果我突然停止看我曾专注看的东西，我会说我肯定一直有一种幻象。这就是我们通过物理实在所意味和理解的部分，是物理实在的语法部分。这不是我们通过经验发现的东西；在我们考察其是否真实或是否真实存在时，我们认为它是理所当然的。任何一种研究都在进行过程中预先假定了一种特定的语法。不是实在独立于语言而存在，而是具有物理实在的事物独立于语言而存在——独立于我们的所说所想而存在。这是在阐明一个语法命题，阐明属于我们语言的东西，因此，阐明我们在言说和思想中认为理所当然的事情，而在我们有理由怀疑的特定情境中，那时我们追问某个事物是否是真实的，某个事物是否真实地存在。

第三，维特根斯坦也认为，在不同的语言和文化中还存在着不同的实在观以及与之相关联的属于这些实在观的不同的行为模式。他认为这种实在观和行为模式很可能是不可通约的。说这种我们不熟悉的实在观是错误的、不充分的或虚幻的，会是无意义的——例如，说这样那样的人询问神谕是错。我们知道或理解他们询问神谕时在干什么吗？在我们自身的文化中也许有些惯例——某些传统习俗——可以与之相比较，我们更容易保持开放的心态面对这种可能性，亦即这样的惯例对参与其中的人或许有意义。如果用我们试图衡量这种惯例的东西来对之进行衡量的话，那么其是不可能得以衡量的。下面是维特根斯坦对弗雷泽的谈论：

> 作为清洗的洗礼——只有当从科学上来解释巫术时，才会出现错误。　　　　　　　　　　　　　　　　　　　　　　92
>
> 弗雷泽的灵魂是多么的狭隘！结果是，对他们来说想象一种不同于他那个时代的英国人的生活是多么不可能！
>
> 弗雷泽比他所说的那些野蛮人更不开化，因为至少他们不会像 20 世纪的英国人那样远离对灵魂之物的领悟。（《弗雷泽的〈金枝〉评论》，载《人类世界》，1971 年，第 31—34 页）

维特根斯坦并不拒斥在一个不同性质的惯例中想象性地进入从而看到含义的可能性。可能会对我们有帮助的是发现与文化中我们熟悉并且明白的东西相类似的东西。因此，我们可以理解那种对于参与其中的人都有意义的东西。这拓展了我们的心灵，延展了我们的理解力：它打开了我们的头脑，使我们更容易接受那种外在于我们的理解形成的可能性。

这便是哲学在这里对我们所要求的一切。这是维特根斯坦想让我们把握的东西。因此，与威廉斯所主张的相反，他在《哲学研究》和《论确实性》中的哲学思考是反唯我论的。

威廉斯写道："**无论是**假定拥有不同世界观的文化上不同的群体的存在，**还是**主张我们对它们的任何把握都不可避免地而且并非无足轻重地由我们世界观所构成……两种情况都面临着严重的困难。因为正是不同世界观的存在和相对可接近性的问题本身成为某种世界观的一个功能。实际上，我们这里所具有的是社会层面上的聚合唯我论的类似物。"（第 90 页，黑体是我加的）他补充道，按照这种观点，"只有两种选择：要么其中一个沉浸于……另一个的社会体系中……要么另一个必须把其自身的概念图景带给它"（同上）。亦即，如果我可以再一次完全强调，**要么**一个人"是土著人"或"成为土著人"，**要么**就像弗雷泽那样——"无法想象一个基本不是我们时代英国人的牧师。"（维特根斯坦，1971 年，第 31—32 页）

不，这不是对于维特根斯坦来说仅有的两个选项。第一，我们可以逐步领会到，一种我们在其中感觉不到意义的异己的实践，能对参与其中的人产生意义。在个体的层面上，存在着类似的情形：一个人理解不了另外一个人，却并不把他看作疯子或傻子。第二，我们可以在无法进入某个异己实践的情况下，逐步看清一个民族所赋予它的意义。同样，在个体层面，也存在着类似的情形：我们可以看到一个人的宗教对于他意味着什么，宗教信仰对于他有什么意义，甚至对他的信仰表示尊重，却无法分享它们。第三，我们或许能通过与属于异族文化的人共同生活来及时分享异国文化。我们可以被他们接受。在不丢失我们本族文化的身份的情况下，我们可以对我们在他们的活动中和在他们全神贯注地投入活动时所认识的那些个体做出回应。我们在这里不仅拓展了心灵，还拓展了情感和个性。这就像那种情况，某人欣赏一种宗教，对其信仰感到怜悯甚至产生共鸣，而没有分享这些信仰——没有自己相信，没有参与仪式。

我重申一下，"我们语言的界限意味着我们世界的界限"这种说法并不是说我们是语言的囚徒，或没有什么东西可以在其界限之外存在。我们正是把自身的存在归于语言及其生活的。然而，仍存在其他语言和其他生活形式，就我们可以进入它们而言，我们的世界会变大。以这种方式与其他生活和语言形式相联系可以丰富我们的世界，帮助我们成长。这并不意味着，我们可以把我们所接触的东西当成我们自身的，尽管它们并不相互排斥。因为我们可以进入它，也可以被它所吓倒。我们发现心灵和情感的增长的方式，不是也存在着类似的情形吗：因为我们学会了新的言说形式，随后同时也学会了新的言说主题以及新的理解、思想和感受性。我想到的是，在我们自身的文化中于我们的教育和参与过程中的个体成长，以及随着这种成长我们的世界得以拓展的方式。

威廉斯把维特根斯坦和沃尔夫进行比较，并且说维特根斯坦对说明语言如何限制其使用者的世界观不感兴趣（第86页）。他又指出，与此相关，维特根斯坦也对说明一个民族的语言和世界观如何可能随环境的不同而变化不感兴趣（第87页）。当然真实情况是，维特根斯坦并没有进行社会学研究；他在进行哲学研究。威廉斯继续说："［在维特根斯坦的作品中］我们以前注意到的貌似功能主义的评论并不是某种说明的梗概，而是有助于我们做如下想象的东西：让我们更熟悉异己实践，从而让我们更加意识到我们所拥有的实践……考虑他们［不同于我们的实践］的做法，乃是弄明白我们自身观点的一部分……"（第91页）

我要说的是：第一，维特根斯坦所感兴趣的是，阐明诸如用数学计数，或通过称重计算买煤卖煤等行事方式，以及我们的说话方式等等，都不是唯一可能的行事方式、说话方式、评价方式、推理方式。换言之，关于这些事情不存在什么神圣不可侵犯的或必不可少的东西，不存在独立于我们语言的逻辑，亦即，不存在这么一种实在，它处于我们用

94

某些方法进行评价的东西之外，而这些方法是我们在使用语词并做出行动时连同我们的生活方式、说话方式、推理方式一起发展出来的。并不存在一个以大写字母 L 开头的逻辑，它不仅使上述方法对于我们是必要的，而且是绝对必要的。这正是那种他反对并拒斥的哲学实在论——我们在他的《逻辑哲学论》中发现的实在论形式。

第二，这既不是一种唯心论形式——"第一人称复数的先验唯心论"（第 92 页）——也不是"聚合唯我论"（第 90 页）。像威廉斯主张的那样，"我们语言的界限意味着我们世界的界限"中的"我们"（we）不是那个唯心论者"我"（I）的复数后代，我也不是世界中的一个项，而是另一个项（第 92 页）。维特根斯坦用"我"指称一种自然语言的使用者，亦即用这种自然语言参与生活的人，他们的思想和实在观属于自然语言和文化。这种自然语言和文化有一个历史，亦即，自然语言和文化在如下情况中通过其历史发展并采取了其所具有的形式，这种情况在自然语言和文化采取这一形式中发挥作用。显然，只有在我们的语言中，我们才能指称这些情况并谈论我们的语言——或任何其他语言——及其变化。但这里并不存在任何恶性的、循环的或理想主义的东西。

我们在自己的语言世界中生活并行事。完全不同的语言和文化的使用者在他们的语言世界中生活并行事。但这并不排除我们与他们的语言和文化会有重叠。在所有情况下，这也不排除意识到异族文化和世界观的存在，或者像我以前所说的，不排除进入异己文化的可能性——尽管对此可能会存在某些限制，这些限制会随所论及的文化以及与异己文化相接触的人的变化而变化。就维特根斯坦在其哲学中试图公开并加以提升的那种意识而言，显然，他所说的东西指向的是使用他的语言——欧洲文化的语言——的人们。维特根斯坦同来自异己文化的人讨论的哲学可能会受到极大的限制。提出并讨论哲学问题（或者，在此意义上的科学问题）的可能性，预先假定了参与其中的人之间具有共同基础，并且受到公共的教育。在这任一种情况中，我

并未发现任何"唯心论"或"唯我论"——尽管是复数性的——的 　95
东西。

　　所论及的这些限制，属于时空和历史中的自然语言，而且，没有
什么是不可改变的。因此，无法拿它们同维特根斯坦在《逻辑哲学
论》中所理解的"我的语言的界限"相比拟，而只能拿它与之相
对照。

五　结论

　　伯纳德·威廉斯是一位极其聪明又特立独行的思想家。尽管他极
力避免把任何不在他著述中的观点归于维特根斯坦，但他那抽象思想
的能力有时也使他把维特根斯坦的思维特征描画得太过一般了。结
果，他有时会得出维特根斯坦并不想要的结论。但是，他会发现他由
之得出这些结论的那种东西令人不安的原因，乃是他的哲学实在论。
在这一点上，他的观点和他的研究路径，同维特根斯坦大为不同。他
的哲学实在论正是我在下一章要转而谈论的问题。

第五章

伯纳德·威廉斯：一种精致实在论

一 实在论：语言、知识与实在——威廉斯观点概要

现在我转而谈论伯纳德·威廉斯的哲学实在论，这是一种形而上学立场。在1979年出版的关于笛卡尔的书中，当他探讨被他称为笛卡尔的"纯粹探究之谋划"时，他发展了这一立场并为之做论证和辩护。所说到的计划是威廉斯对笛卡尔怀疑方法——笛卡尔用他的系统的怀疑方法建立了确定的知识基础——的有趣解读。威廉斯在解读过程中带来的，是他所主张的笛卡尔在知识和"绝对实在观"之间预先假定的联系，亦即，（正像他表达的）"无论如何"都有一个实在，不管是否存在有意识的人类和拥有文化与语言的社会。这里所论及的，是与任何特定语言不相关的实在观。

威廉斯写道：

> 人们把［笛卡尔的］纯粹探究之谋划看成回答知识是否可能的问题，如果成功的话，会通过产生绝对［实在］观来回答这一问题。在笛卡尔手中已经这样做了，但却采取必定涉及诉诸上帝的方式。如果关于这一点的那些论证失败了（它们确实失败了），那么，我们便再一次失去了绝对实在观。

放弃笛卡尔对确实性的追寻似乎是一个相当简单的选择，但是，如果根本不存在任何知识的话，我们是否能轻易地放弃绝对实在观的观念呢？（第 211—212 页）

威廉斯说，并不容易接受"如下反思：像任何其他这种关于世界的一般表象一样，我们的整个世界观可能是一个局部的表现手法，而不存在任何关于能否评价这种表象的客观立场"（第 212 页）。威廉斯说：面对这个问题时，对于我们存在着三种可能性：第一，我们能"放弃知识和绝对实在观的可能性之间假定的联系"；第二，我们可以保护这种联系并且否认知识的可能性；第三，"我们可以保护这种联系，并寻求从确实性的考虑中分离绝对观的观念"。威廉斯说道："对于我来说，看起来正确的正是这第三条路径，尽管它包含极大困难。"（同上）维特根斯坦会支持第一个选项。

威廉斯早先写道，知识"是关于独立于那种知识而存在的实在的知识，而这种实在实际上也独立于任何思想或经验。知识是关于无论如何都存在的东西的。"（第 64 页）他用"无论如何"意指"无论我们是否喜欢它"或"我们会思考或希望的任何东西"。我不会吹毛求疵而会准备赞同这一主张。但是，我们在我们说的语言中思考我们所思考的东西，而且，我们在生活的特定环境中所体验到的可能性，是对语言及其所归属的文化的表达。而"我们能思考和希望的任何东西"都是由我们的生活和语言所框定的。所以，正是在我们的语言框架及其概念结构或其言谈模式的语法之内，我们才有"对象"，无论我们是否在特定环境之内意识到它们，它们都存在或具有实在——亦即独立于我们思想和经验的东西。正是在我们语言的框架之内，我们才有这样一些"对象"：我们可以在我们用这一语言所过的生活的特定情境中知道它们，或者对它们一无所知，或者就它们犯下各式各样的错误。在实在的东西与我们否认其具有实在性的东西之间，不存在一种单一的区分，因为我们是用不同的术语表达这种否认的，而且这种否认是内在于从而相对于属于自然语言的不同言谈区域的。

威廉斯发现这一点很难接受。他谈到关于事物的见解的表象、关于世界观的表象，而且他很乐意承认这些表象会随着人的变化而变化，随着社会的变化而变化——我们已经发现，班波罗夫在很大程度上承认，人们会以不同方式对事物进行分类，而且语言可能会按照使用者在他们所过的那种生活中发展出来的分类体系而变化。正像班波罗夫那样，威廉斯说，在两种不同语言的使用者之间存在这些区别的情况下，"如果他们都拥有的东西是知识的话，那么……肯定存在某些融贯的方式来理解为什么这些表象会不同，他们彼此之间是怎样联系的"（第64页）。

"如果他们都拥有的东西是知识的话"：然而，是关于什么的知识呢？是关于所说到的东西的，并在每一个当中所表象出来的东西吗？然而，为什么假定在一种语言中清楚地表达的东西可以在另一种语言中也能清楚地表达？难道不可能是这样吗：在对我们陌生的一种语言中作为一个共同言说主题的东西无法在我们语言中加以设想，我们的语言并不包含可借以清晰表达它的对等概念？如果这种情况可能存在或事实上确实如此，我们就得说我们的语言并不完美，而且我们不知道说另一种语言的人所知道的东西，要么就说他们都处在幻象之下？这就是威廉斯想说的东西（参见：第64页）。

也就是说，他作出如下假定，当被视作表象模式的两种语言彼此不同时，那么它们必定是可通约的，要是用二者都有可能说出真理的话。他给出两个非常简单的例子来说明他所想的东西。在第一个例子当中，A与B每一个都从不同视角或位置描画同一对象。他们的表象模式是相同的，然而，要使他们描画的东西成为精确表象的形状和影子是不同的。当两种描画都准确时，这些区别要由透视规律来说明，假定A与B的位置与描画的对象相关联的话。如果我们把描画看成对说话的类比，那么A与B在用同一种语言描画所论及的对象。由此，上述例子对我们特定的目的来说关系不大。

　　在第二个例子中，A 与 B 每一个都在采用不同的投影方式来描画或表象同一对象。在这里，我们可以想到用两种不同的投影模式画出的地理地图。肯定可能的是接受用一种模式投影且用另一种模式重新投影的东西——亦即从一种语言到另一种语言进行"翻译"。然而，在这种情况下预先假定的东西是对所表象的对象形式的共同构想，并且是一个由两种投影模式分享的同一性标准——相同的地域、大山、河流、国家、大陆。如果我们能够比较它们，例如有关准确性，不同的表象必须分享这一标准。威廉斯是这样表达这一点的：

　　　　看起来这个过程可以继续进行。因为如果 A 或 B 或其他方以这种方式来理解这些表象和它们与世界的关系［亦即通过翻译它们并掌握它们同它们自身表象的关系］的话，由于他在一些更广泛的表象［亦即成为它们基础的表象形式］当中使它们占有一席之地，这个过程将会继续进行。然而，这本身仍是一种表象，包含其自身的信念、概念化、感性经验及关于自然律的假定。如果这是知识的话，我们必须能够再一次形成构想，亦即，这个世界如何会与一些其他可以同样主张为知识的表象相关联；实际上我们能够形成那个构想，它与每一个可能做出那种主张的其他表象相关。如果我们无法形成那个构想，那么我们好像对"无论如何"都存在的实在及作为知识的任何表象对象都没有足够的构想……（第 65 页）

99

　　这一倒退是形而上的倒退，而且如果要避免成为恶性倒退，就必须在由实在本身——一种绝对的、独立于且逻辑上优先于任何语言形式、投影模式及辨认标准的实在——口授的语言中结束。但是，由实在强加给我们的这种语言的构想是不融贯的。除非在因果术语中，我们如何可以被迫了解其他东西呢？因此，以镜子中映像的类比为例，我们会有一种在其基本结构中镜现独立实在的语言。然而，正是我们

把在镜中看到的映像辨认为我们知道且当直接看到它们时可以辨认的
对象的镜像。能够看到我们直接看到的东西，我们需要能够辨认它
们，而当我们再次见到它们时，能把它们辨别为同一事物。这预先假
定了很多学识，一种出现在与我们获得我们说的语言近在咫尺的学
识。紧接着它的是，因果关系无法给由绝对实在口授的语言观以可理
解性。因此，因果关系无法给实在本身口授的语言观念可理解性。另
一方面，任何试图弄明白它的其他方式都会参照语言。因此，如果我
们坚持让我们语言的结构或语法最终依赖于独立于语言的实体的结构
的话，我们将会求助于一种恶性倒退。

　　在我引用的那个段落中，威廉斯的论争是一种非常形而上的论
争，远远超出了我所评论的那个有限事例。在那个例子当中，两种表
象和地图运用了不同的投影模式。然而，它们"在同一语言当中，在
相同的语法当中"，因为它们都是地理区域的投影。它们投影和表象
的东西的"相同性"虽然不一样，但都是来自那个语法——正像威廉
斯所说的"相同的实在"。[4]正是这一点使这里应用的不同投影模式的
两种表象和地图是可以通约的。我们正在谈论同一个地理区域——例
如巴塔哥尼亚（Patagonia）①。"相同的实在"只能意味着那个区域，
而且到此为止。把在两个投影模式即两张地图的地区识别为同一个地
区，这预先假定了所论及的语法，而那种语法本身并不是对更基础的
实在的投影方式。

　　一幅地图是某一地理区域的表象，而关于某个地理区域的观念属
于我们的语言，而且毫无疑问，这是一种语法中由多数语言分享的一
个观念。用维特根斯坦的话来说："地理区域"这个表达式所驻的岗
位存在于多数语言当中（参见：《哲学研究》§29），而这在语言中
预先假定了大量的舞台背景（参见：《哲学研究》§257）。最终，正
是在构成这一舞台背景的东西当中，属于两种不同语言的某些言说形

---

　　①　巴塔哥尼亚（西班牙语：Patagonia）一般是指南美洲安第斯山脉以东、科罗拉多河以
南（或以南纬40度为界）的地区，主要位于阿根廷境内，小部分属于智利。——译者注

式会成为可通约的。它们由于分享相同的语法而可以通约。两种不同的自然语言是否部分或全部可通约是一种历史和地理事件，而语言的可理解性——亦即，表达在它们中什么为真的可能性以及语言使用者的信念构成知识的可能性——并不依赖于它们是否与任何其他语言相称，是否与威廉斯认为的衡量它们全部的某种特定语言相称。

由此得不出任何相对主义，亦即，在一种语言中为真的东西在另一种语言中可以为假的观点。所能得出的只是，属于一种自然语言的可理解性、真理、知识及实在的形式，在另一种在某些方面与之完全不同的语言中可能不存在。这听起来让人不安，因为我们把实在视作语言以某种方式描述、描画、镜现或表象的"就在那儿"的东西。然而，语言并不表象任何东西；正是在语言的使用中、在我们在那种语言中所说的东西当中，我们才表象、描述或描画事物。正是在语言之内，我们所说的东西才可以为真或者为假，我们可以描述某个事物在实在中像什么或无法这样描述——把它归于一种它并不具有的实在或把实在归因于仅仅是某种真实东西的表象的东西，归因于在其他地方确实真实存在或在其他时候已经存在的某个事物。

威廉斯为说明作为表象形式的语言如何既能表达知识又各不相同而选择的那些"原始事例"，是很能说明问题的。因为表象是某个事物的表象，而且在威廉斯提到的例子中，我们所拥有的是相同事物的不同表象。因此，他将不同的语言视作表象相同实在的各种方式。如果它们所表象的不是这种实在，不是它的某个或别的方面，那么它们所表象的东西就是一种幻象，而且相信它们所表象的东西是真实的人都处于误解当中，并因此缺乏某种知识。因为威廉斯把这一实在视作外在于且独立于任何语言的：作为"无论如何"都存在于那里的东西，他把这一实在的特征描画为"客观的"[5]。威廉斯据理论证，这就是我们如何看待实在的，于是，他将其称作"绝对实在观"：我们并不把实在视作相对于语言的。因此，他说："如果知识从根本上来说是可能的……那么绝对实在观就必定是可能的。"（第65页）

101

确实，我们并不把实在视作相对于语言的。但这意味着什么呢？好吧，如果远处真有水，如果实际上那里有水——在看似有水的地方——那么，那里有水便独立于任何其他东西，独立于我所说和所想的东西，独立于我具有的视觉经验。但是，物理实在是一个语言范畴，对于任何我们视作具有物理实在的东西而言，我们区分实在之物与虚幻的表象之物的方式属于语言。我们把一种持续的表象称为"实在的"，这种表象可为我们的不止一个感官所接近，在某些情况下也可以为他人所接近。当我们这样做时，我们是在谈论一个物理事物。这就是我们用"一个物理事物"所意指的东西。

我们并不说"物理对象是如此这般的一种事物"（当无人看到或摸到它们的时候它们并不消失——换言之，与思想和心灵意象不同，它们有独立的存在），因为我们已经发现事实上确实如此。更确切地说，例如，当一个醉汉发现缠住他的老鼠这次并没有消失，其他人说也看见了，那么醉汉就必须说："毕竟在我面前有（或曾经有）一只老鼠。"我们把并未消失的东西，以及诸如此类的东西，称作"物理对象"。我们会说，"物理对象就是一种持续存在的幻象，并且由他人分享"——除非这是将物理对象倒转。因为幻象的概念预先假定了相关种类实在的概念——这一情形中指的是物理实在。

"我们把未消失的东西，以及诸如此类的东西，称作'物理对象'。"我们这里所说的——亦即在某些情况下正确地说出的东西：赋予我们的语词以意义的东西——是一个关于语言而不是关于事实的问题。所以便回到"我们不把实在——例如物理实在——视作相对于语言的"。我们不这样做，因为它乃是通过独立于语言而存在的物理实在所意指的东西的中心部分。这本身并不是一个关于事实的问题，而是一个关于语法的问题。正如维特根斯坦所说的，"物理对象"或"物理实在"是一个逻辑概念——或者，像我所说的，是一个语言范畴：

"A 是一个物理对象" 是我们给出的一种指令，只针对某个尚未理解 "A" 为何意或者 "物理对象" 为何意的人。因此这是一种关于语词用法的指令，而且 "物理对象" 是一个逻辑概念（例如颜色、数量……）。这就是为什么无法形成诸如 "存在物理对象" 的命题了。（《论确实性》§ 36）

威廉斯不满意于这种说法，并将其视同为已被称作 "现代主义" 的东西：

　　许多人会主张，眼下我们对于满足于某种不成其为绝对实在观的情境已经习以为常了，像现代人而不像早先世纪中自鸣得意的思想家的抱负那样，我们用这样的世界图景进行运作：在反身的层面上，我们可以认出这幅世界图景是完全相对于我们的语言、我们的概念图式的——最一般地说，是完全相对于我们的情境的。（第 68 页）

威廉斯常持怀疑态度："令人怀疑的是，在何种程度上我们可以用这一图景进行运作，而且，就其自我理解而言，令人怀疑的是，这些观点是否含蓄地依赖于某种假定的绝对观……"（同上）他转回到该章（即第二章）结尾提到的那个问题：

　　难道纯粹探究不是一项集体事业吗？对于笛卡尔来说当然不是，尽管他作为我们的代表进行探究，但他却是单打独斗的。但或许并不必要这么做；也许，对第一人（the first person）的偏爱，完全可以用第一人称复数（in the first person pural）来表达。当然，在关于寻找 "绝对观" 的观念中，似乎没有任何东西可以用别的方式来确定：把 "我们的" 表象视作在一个社会和文化群体中由个体分享的集体表象和社会产物——这是再自然不过的事

102

情。（第70页）

他回应道：

> 对这些建议很明显的答复是，群体的知识或信念不可能是终
> 极的或不可还原的。（同上）

为什么是不可能的呢？我们得通过考虑威廉斯如何给出"绝对实
在观"，来弄明白他为什么认为这是不可能的。不过，在下一节开始
这样的讨论之前，我想在如下二者之间做个比较：一是威廉斯反对任
何拒斥独立于语言的实在观，二是笛卡尔反对任何拒斥存在于我们的
知觉之外的关于物理对象的构想（贝克莱所称的与粗俗的实体观相对
立的哲学实体观——物理实在）。

> 物理对象是持续存在并由他人分享的幻象。
> 然而，这种幻象可能由一个恶毒的魔鬼制造出来以欺骗
> 我们。
> 我们的实在观与我们的语言相关——像我们关于简单性
> （《哲学研究》§47）、相似性、相同性、融贯性、符合性、任意
> 性、精确性以及一致性的构想那样。我们在使用语言的语词上是
> 一致的。这种一致性"属于我们的语言赖以发挥作用的构架"。
> （《哲学研究》§240）
> 然而，难道这种（在我们的反应中、生活形式中、我们语词
> 的用法中的）一致性不会是由一个恶毒的魔鬼为了欺骗我们而特
> 意安排的群舞或滑稽动作吗？

这似乎是威廉斯所想到的东西："一个群体的知识……无法是终
极的"（第70页）；"如果知识在根本上是可能的……绝对观也必定

是可能的"（第65页），并不"容易接受……我们的整个世界观……可能是……一个局部的特征，而并不存在可据以对这些表象做出评价的客观立场"（第212页）。

二　威廉斯的绝对实在观

从笛卡尔对于第一性质和第二性质之间的区分出发，威廉斯离开了我们所熟知和经验到的世界——生活世界——而走向一个被剥光了我们在这个世界里所经验到的那些性质的世界：

> 这个世界可能恰好包含的是广延属性的变化——在形状、质地和运动等方面的不同——这些不同对应于可感知颜色的不同，但是它并无法令人信服地包括颜色本身的不同……这仅仅是一个可以如此设想的世界，以至于我们可以……断言是存在的。（第237页）

我们所论及的是通过哲学反思——也就是威廉斯所说的"纯粹探究"——所得出的世界观。在这种世界观中，世界包含"大量不是我们最初假定下来的东西"（同上）。他说，我们拿来构成我们生活于其中的世界的许多东西"都只是在形状和运动上客观存在的差异对我们心灵所造成的影响……世界本身只有第一性质；在第一性质中的一些变化……同第二性质中的变化一样（例如颜色），可以被我们所感知"（同上）。因此，"一种通常被视作存在'于世界中'的性质，可以通过非常简单的反思被视作不存在于世界中的"（第237—238页）。

我们以为周围环境中的不同对象是有色的，而且具有不同的颜色。但威廉斯据理论证，它们实际上并没有颜色。只是由于它们是什么样子的——它们的分子结构——以及我们是什么样子的——例如，我们眼睛的结构——我们才得以将它们看作有色的。它们导致我们看

104

见颜色，好比一枚大头针刺伤我们的手指导致我们感觉到疼痛。颜色并不在事物之内，一如它们带给我们的疼痛不在它们之内（第236—237页）。当然，威廉斯知道，我们把颜色说成是在事物当中，疼痛是在我们受伤的那部分身体当中，我们这样说，是有一定道理的（参见：《哲学研究》§312，第104页）。他写道：

> 要是在意识存在之前世界上存在着草的话，那便存在着绿色的草。但这些用法并不牵涉很深刻的问题……在某个事物似乎是绿色的和某个事物确实是绿色的这两者之间作区分，本质上建基于人类经验范围内的一致性，并且人类思想至少并不在这一有限的意义上，只与人类经验关联在一起：科学的和哲学的反思至少可以摆脱我们的构成中的这些特性。（第242页）

换言之，威廉斯认为，我们的日常语言并不反映实在，亦即这个世界客观上是什么样子的：世界"并没有展现对于第二性质的这些思考。事实上，我们的日常语言鼓励我们否认这些思考"（同上）。我们说草是绿的，而实际上颜色就在观看者的眼中。威廉斯将"是绿的"和"是有趣的"相比较。他说，二者不是关系谓词，但是它们是相对的，"与人的'品味'和'旨趣'有关"。包含这些谓词的描述"可识别地且可诊断地来自一个很明显的人类视角"（第243页）。换言之，我们将这些描述投影于实在之上，即投影于"客观存在的事物"上，而事实上，这些描述就存在于我们之中——考虑到我们的组成，事物实际所是的样子迫使上述描述存在于我们之中。我们的组成也是真实世界的一部分，但是，我们的组成由此在我们之中产生的东西却不存在于事物之中——不存在于草中，不存在于我们眼睛的视网膜中，也不存在于我们的头脑之中。

但是，难道"在我们之中的"东西，"心灵的东西"不是也在世界中吗？威廉斯在其书的最后一章讨论了这一问题，这一章题为"心灵及其在自然中的位置"。我不确定他的答案是什么，但是我认为，我完全知道它应该是怎样的。例如，"田地里的草是绿的"这一思想。这一思想本身存在于世界上，但是它就是经由我的主要神经系统而产生的东西——在第一性质方面，各种各样的改变经由那里而出现。思想的对象，即草是绿的，并不像它在实在中那样，可以在世界上被发现。然而，这并不意味着，当我认为或者说到它的时候，我所认为的和我所相信的就是假的。这是真的。使其为真的是，在田地之中发现的那个如此存在的物理对象，当我看到它时，我将其视作绿色。

威廉斯所说的草是作为其自身而存在的，这与出现于观察者眼中的草形成了对比，即使观察者的感知或者经验是一致的。因此，他所说的是没有观察者的实在或者世界。他将其描画为客观的：存在于对象之中。观察者所感知到的是主观的：存在于主体之中。当我们说草是绿的时，我们就将其投影于世界之中，或者将其投影于世界上的事物，或者将其投影于可以形成客观世界的一部分的事物。正如我们所做的事一样，一个投影可能存在于世界上，但是我们所投影的东西却不是这样。如果我们认为它是这样，那我们就错了。因为"没有观察者的世界"是不会包括第二性质的；原则上，仅仅是在第一性质这方面，我们可以这样规定（第243页）。

这里，威廉斯提出了一个重要的问题：

> 如果我们确实认为，就一个未被察觉的世界观而言，我们有理由放弃根据第二性质所做的描述，那么，我们有什么理由相信我们可以用第一性质（由自然科学描画的世界的性质）做得更好呢？我们真能区分开在没有观察者的世界观中出现的概念或命题与那些不在其中出现的概念或命题吗？难道我们的全部概念（包括那些物理学概念）不都是我们的吗？（第244页）

他回答说：

> 当然，但这并不是说，我们应该试着在不使用任何概念，或者不使用人类可以理解的概念的情况下，去描述一个世界。而是说，存在着用概念对该世界所做的可能描述，这些概念并不是我们所特有的，也不是特别相对于我们的经验的。正如 C. S. 皮尔士提出的那样，如果科学探究持续得足够久的话，所得到的就会是这样一种描述；它就是……探究将不可避免地集中于其上的那个"最终意见"的内容，"一个最终意见……实际上不独立于思想一般，但却独立于思想中所有任意的和个人的东西"。世界的表象将会如此被得到……将会对这种现象做出说明：……即便它们是在其他更为局部性的表象之中呈现出来的。[因此][这一]科学的图景表现了这样的实在：[观察者] 所感知到的第二性质乃是其现象。（第 244—245 页）

因此，威廉斯说，"没有观察者的世界观"——他也称其为"客观"世界观——不可避免地与一个"不偏不倚的构想"相携而至，或者预先假定了它，这是一个"在其概念之中，不包含任何一个仅仅反映狭隘兴趣、品味或感觉特性"的构想（第 245 页）。或许他会说到一种普遍的兴趣——要是有或可能有这样的东西的话。这就是他如何描述这样一个客观世界观的：

> 这些各种各样的特有的经验模式在这一表象上并没有投影于世界的描述当中。然而，这些经验本身以及研究从这些经验中提取出来的品味和兴趣确实是真实存在的，它们是世界上的某种事物……这一绝对观应该说明，或者至少使之可能说明世界上更多局部性的表象是如何发生的——这会让我们把这些表象彼此相关联，并与独立于它们的世界相关联。（第 245—246 页）

威廉斯以自然科学的视角发现了这样一种世界观。在这一点上，他赞同地引用了 C. S. 皮尔士的说法，亦即，"实在论者的观点本质上把科学看作一种途径，按皮尔士的另一种表述方式，通过这一途径'我们的信念不是由任何人类的东西，而是由外部的永久性所导致的——亦即由我们的思考对其没有任何影响的东西所导致的'"（第248 页）。威廉斯谈到了关于自然科学的视角或构想与所有其他局部性构想之间的"客观的不对称性"。他指出，让人反对的可能会是，自然科学视角本身可被视为"相对于世界图景的"——正如维特根斯坦在《论确实性》中所认为的那样。威廉斯说道："然而，我们无法异想天开地否认关于**跨文化观念**是同**使我们得以可靠地将其产生出来的某个事件之表象的观念**相关的——无论这一事件随后会被怎样加以描述"（第248 页注21，黑体是我加的）。威廉斯稍早前说到过这一点："我认为，这些观念并不是不融贯的，而且我觉得它们是正确的。"（第248 页）

我所相信的恐怕完全相反：它们是不融贯的。下一节我就着手表明，它们就是如此。

三　对威廉斯绝对观的批判

威廉斯的实在论的显著标志是，他并不仅仅断言一定存在着独立于语言的实在，而是（1）尝试描画实在的特征，而且更重要的，（2）将它和一种语言、构想或视角捆绑在一起，而他据理论证，这种东西是享有特权的，因为它可以衡量其他东西，而其本身则不需要被衡量。它使我们能够解释更多局部性的视角是如何产生的，并能够将世界独立于它们加以表象。它因此提供了关于其自身的洞见。这就是威廉斯所论证的，而且就是使其成为精致实在论的东西。

这种尝试是英雄式的，即便如我所认为的那样，它失败了，但它仍有许多微妙之处。其整体观是不融贯的，而且威廉斯发展出来并用于为其做辩护的那些观念也是不融贯的。我们需要问：是什么使这一自然科学的视角和语言的视角享有特权和客观性呢？它与它所表象或聚焦的实在和世界有何联系？如果这一实在独立于任何语言、任何视角而存在的话，它当如何限定或引出自然科学的视角和语言呢？

威廉斯引用了皮尔士对最后一个问题的回答：它不是由任何人类的东西，而是由外部的永久性所导致的——亦即，由我们的思考对其没有任何影响的东西所导致的。但怎么会这样呢？它有道理吗？科学已在某种文化中发展起来了，其视角已在其研究过程中经历了发展和变化——既有经验方面的，也有反思方面的。其方法和概念已经改变——已经被形成、被表达、被发展、被批判、被改变。本着某个特定时期及其文化所特有的观念和标准的某种背景，在不同历史时期工作的科学家们抛弃了其中的一些方法和概念。我们如何能说这些改变仅仅是由他们的研究发现所支配的呢？是因为这些改变随着其逐渐增长的准确度，逐步反映了一个独立的实在，亦即"外部的永久性"吗？科学家们因此逐步趋近的东西，怎么会不由任何与人相关的东西来引起或限定呢？它依据怎样的投影模式反映了它所反映的东西呢？而且，要是它被说成是精确的，那么，这么说所依据的是怎样的规范和标准呢？说到底，这些都是谁的标准呢？

自然科学所服务或推动的旨趣可能不是"局部性的"，但是它们肯定是人类的旨趣，而且这些旨趣不会独立于文化而存在：它们不是跨文化的。我不知道"跨文化"的观念或者构想本来的意义是什么。威廉斯问道："我们所有的概念（包括那些物理学概念）难道不都是我们自身的吗？"他的回答是，自然科学家的那些概念是我们的，但又不是"我们所特有的，也不是特别相对于我们的经验的"。换言之，它们是我们关于第一性质的概念。但是，这些确实也是我们特有的。第一性质和第二性质的区分是极为精致的，从古希腊时期开始，这一区分就在西方文化的历史中发展起来了。只有沉浸在这一文化当中的人们才能欣赏其价值。

科学探究势必将会聚于"最终意见"的观念上：这一并不独立于思想一般却独立于思想中的任意性和个人性的观念，乃是一个先天要求、一个神话。这种区分是如何做出的？任意性在这种语境中指的是什么？任意性的标准是什么？

自然科学的发展并不是处于直线之中，也没有采取稳步前进的形式。构成进步的那个观念在历史的进程中发生了改变，并且因为不同的原因而发生改变。这些变化怎么才能有个终点，文化变化和概念变化怎么才能有个终点？我们借助一些标准判断不同事情，包括在某一历史时期的进程中思考方式和生活方式的改变，这些标准的变化怎么才能有个终点？能有免于改变的标准吗？在威廉斯使用"绝对"这个术语的意义上，存在绝对的标准吗？我看不出，由我们自身来对自身的目的进行衡量时，会是怎样的情形。

但是，难道科学不是客观的吗？正如我在前面的章节中所提出的，客观性属于我们在语言中解决问题的方式。它和独立于任何一个人的上诉法庭的可能性相携而来，当我们的判断被质疑或反对时，我们可以在那里提出上诉。当科学本身被描画为"客观的"时，通常是和道德、艺术和宗教相对而言的，在这些领域中，科学判断所要求的那种分离削弱了我们的判断的效力。这里，比如，就我们的道德而言，我们无法站在别人的肩膀上，我们的判断需要的不是专业知识，而是公开性和个人参与。然而，这并不是要否认这里也可能不存在影响我们判断的个人旨趣，这里也有公平、正当、正直、无私的逻辑空间——这就是类似于道德、艺术和宗教客观性的东西。当科学被描画为"客观的"时，不应将其理解为赞美之辞；但是，它经常被这样理解——被错误地理解了。当然，科学真理不是唯一的真理，科学知识也不是唯一的知识。

最后，如果"纯粹探究之谋划"被理解为，我们可以通过哲学反思来改正我们的日常世界观，哲学可以表明我们的日常世界观是错误的，那么，出错的恰恰是这样一个计划本身。我们居住于其中的世界，是这样一个世界，我们在这里参与我们用语言而过的生活。它具有许多不同的实在维度，这些维度无法同这些参与以及这些参与在其进程中发生的生活和活动分离开来——正如脱离开我们所使用的语言生活就无法被珍视，以及，在我们的存在方式中我们无法同那种生活分离开来。当然，因此，这些实在的维度确实不是我们思想的产物，也不是我们语言的产物，尽管它们属于我们的文化和历史。

因此，哲学实在论和语言唯心论并没有穷尽那个向我们理解语言与实在的关系的方式敞开着的领域。

第六章

安斯康姆：维特根斯坦是语言唯心论者吗？

一 《哲学研究》与语言唯心论问题

1. "本质在语法中道出自身"（《哲学研究》§371）

安斯康姆在《语言唯心论问题》（载于她的《哲学文集》，第一卷，1981 年版）一文中考虑了下面这个问题：维特根斯坦是不是一名"语言唯心论者"。她试探性地做出考察：她并不是想着做辩护，而是想着做出发现，让真理显现出来并为其自身申辩。她对语言唯心论的检验是：这是真理吗？这是存在吗？这是人类语言实践的产物吗？（第116、121 页）她把该检验用于维特根斯坦，而且用她自己的话说，她发现了"局部唯心论"（第118 页）。当然，人类概念的存在确实依赖于大量语言实践的存在；然而处于这些概念之下的东西并不依赖于语言实践的存在（第118 页）。自然数也像马、狼、鹿或岁月一样，不是"人类发明"（第117 页）。维特根斯坦并没有否认上述任何一点。然而，有大量依赖于人类的语言实践而存在的东西。她提到了规则、权利以及诺言。因此，当我们许诺时我们给出了语词，而且这造就了遵守诺言的义务。这个义务属于诺言：诺言不仅仅是发音，一个空洞的语词；它的本质在于它应该得到遵守。因此，这种义务属于许诺的本质。所以，我们在这里有一个例子，语言实践，亦即许诺，在这个例子中造就了我们称之为诺言的本质——处于诺言概念之下的东西的本质。

安斯康姆据理证明，处于马、疼痛、红色、数字等概念之下的东西则完全不是这样的情况。她通过说在地球上的人类和语言产生之前存在着动物和疼痛——那些动物感觉到的疼痛（第114页）——来表达这一点。她又说："我以为，如果人们没有数物体的实践经历的话，他们不会有自然数的概念……然而，这一事实并没有使我们认为在人类及其语言实践产生之前不会有狼在七天内吃掉三只鹿的事情。"（第117页）维特根斯坦没说任何东西来否定这一点。安斯康姆引用了维特根斯坦的话，"本质在语法中道出自身"（《哲学研究》§371）。要是维特根斯坦说"本质在语法中创造自身"，那么这就会使他成为语言唯心论者。这就是安斯康姆的主张。

安斯康姆对维特根斯坦的解读与她坚持主张下面这一点有关系，亦即，我们不应当把"本质在语法中创造自身"的观点归于维特根斯坦。她认为，维特根斯坦说的"本质在语法中道出自身"这一评论暗含了本质独立于语法。因此，她才做出了这样的陈述：处于概念之下的东西并不依赖于人类语言（第118页）。就我对维特根斯坦的理解，当他说"本质在语法中道出自身"时，他的意思并不是说他通常称为"规则"的所谓"语法命题"陈述任何事情，或者描述何物属于位于概念之下的东西的本质。[6]他的意思也不是说，"语法命题"镜现属于事物本质的东西——事物种类的本质。我认为，他的意思是，如果你想知道哲学家称为事物本质的东西是什么，你应该考虑我们用来谈论它的表达式的语法。如果安斯康姆的解读是正确的话，那么，为什么维特根斯坦如此关心语法和语言游戏呢？他完全可以直接考虑事物，并尝试辨识出它们的本质。

维特根斯坦写道："某种东西是哪一类对象，这由语法来说。"他在括号里补充道："神学之为语法。"（《哲学研究》§373）显然，他并不意指例如马是什么种类的动物，而是意指马属于何种语法范畴。它告诉我们，物理对象是何种"事物种类"，或者颜色、时空、上帝——例如基督教上帝——是何种"事物种类"。因为所说的东西根本不是种类，所以我把"事物种类"放到引号里。维特根斯坦在这里谈到"形式的"或"逻辑的"概念。换言之，我们这里所具有的是语法范畴，就其本身而言，这些范畴属于语言；它们不是我们用语言谈论或指称的东西。

　　这是否意味着这些范畴的本质或者形式特点是由语法创造的呢？不是，那会过于简单化。语法或其"命题"仅仅是属于语言的东西的表达方式，而且暗含在语言使用中。然而，语言具有这些特征，而且在其发展过程中具备了这些形式。语言这样发展而来，是由于与下列事物相关的各种各样的原因，亦即我们的自然环境、自然历史，甚至物理构造以及我们在语言使用中发展出来的各种兴趣。语言植根于们的生活，我们就是我们在那种生活中所是的生物的种类；而且所有这三者——我们的语言、我们的生活和我们自身——不断地相互作用、相互影响。它们紧密地相互联系。属于语法并被概括在"逻辑概念"中的那些本质，就是人类历史进程中这种相互影响的产物。

112

　　我们在我们用语言所过的生活中找到我们的世界；我们每一个人在其生长过程中——其前语言发展时期的相当早的阶段中——都会归入这个世界。维特根斯坦对我至此所总结出来的东西的阐明，并没有使他成为语言唯心论者。实际上，维特根斯坦甚至不是"局部唯心论者"。安斯康姆教授对于马和义务的区分是相当有效的：在人类和人类语言产生之前，马以及当马受伤时会有的疼痛都已存在；而在人类还不存在时，是不可能存在诺言和遵守诺言的义务的。但这同语言唯心论问题无关。

2. 维特根斯坦的对话者："但真实存在着四种基本颜色"（《字条集》§331）

　　"我们想要确定的是'我们意识到的东西'［我们指称和谈论的东西的本质：亦即语法命题中表达的东西，那些语法命题描画我们用维特根斯坦的方式建构或想象的颜色语言或者它的变体〕实际上是存在的，而且并不仅仅是我们的思维形式对实在的投影。"（第113页）安斯康姆的意思是否指，在历史发展进程中真正有四种基本颜色独立于我们的语言？那是不是她说的"实际上存在"的意思呢？她设想自己要否认什么呢？四种基本颜色并不是我们分割实在的方式的产物？后者的事例会是什么呢？班波罗夫想象的南海岛民给树木分类的不同方式的例子便是这样的事例。他们分类的东西是树木，而这与我们对树木的分类是不同的。如此被以不同方式分割的实在，或许就是树木所归属的实在。我们与南海岛民分享这种实在。然而，语言唯心论问题关心那个实在。那个东西如何成为我们思维或语言形式的简单投影呢？对什么东西的简单投影？

就"真正有四种基本颜色——在实在中"来说，"真正"或者"在实在中"在这里是什么意思呢？在独立于我们生活和语言的实在中吗？我们可以想象生活和语言的不同种类——正像维特根斯坦力劝我们所做的那样。但这么一来，我们所想象的那些人们会"在说别的东西"（《字条集》§134）。我们无法把二者强行分开。我已经引用维特根斯坦在《字条集》（§331）中的评论，亦即，说出这一点乃是企图为某条没有起到作用的语法规则进行辩护。这是针对这种指责而发的：这样的规则很随意。然而，正如我所指出的，维特根斯坦并没有说这些语法规则很随意——这里不再说了。那样会走向语言唯心论。他所说的是：它们"既和随意的东西类似，也和非随意的东西类似"（《字条集》§358）。

因此，例如关于计数，维特根斯坦说："我们称为'计数'的东西是我们生活活动的一个重要部分……计数毕竟不仅仅是消遣……在我们生活中的各种各样事物中每天都在用到它。"（《数学基础评论》，第一篇§4）他会说，我们使用语词的特定方式，我们在思维、比较和推论中遵守的路线——所有这些"当然受到限制，不是受限于任意的定义，而是受限于对应于我们的生活中可以称之为〔使用语词并进行比较的] 思维和推理作用的总体的自然界限"（《数学基础评论》，第一篇§116）。

所以，如果我们想理解什么使语法在下面这些情况之内，即使用语词、做出推断、进行比较并对"和非随意的东西类似"的事物进行分类，我们不得不把我们的注意力转向围绕我们语词用法的东西，而不是转向独立于语言的东西。我指的是我们的生活环境，在其中，语词的特定用法有其固定的位置，也有其特定的同一性。这个位置由我们在学说话的过程中展现并发展出来的自发反应所确定。由此，我们在语词的用法中以及做出的许多比较中遵循的轨迹，并没有悬置在半空中，但是"靠环绕着它们的东西使之不可动摇"（《论确实性》§144）。正是"围绕着它们的运动"以及它们植根于我们自然反应中的方式使之与随意的程序区分开。

安斯康姆问道："我们是否在说，如果不存在人类语言的话，就没有红色的东西？"我们没有这样说；维特根斯坦也没有这样说。牡鹿的血的颜色仍然会是红色的——它仍然会如现在一样反映同样波长的光，而咬伤牡鹿的狮子会像经常做的那样看见牡鹿的颜色并将其与其他颜色区分开。这都不依赖于语言。对于红色的亲知、在我看见红色时对于这种颜色的意识，所需要的不仅仅是正常的视力。它预先假定了我们语言的框架。正如维特根斯坦所说："别以为你掌握了颜色概念是因为你看了一眼有颜色的物体——不论你怎样看。"（《字条集》§332）

一滴血是红色的，这是独立于语言的事实，在这个意义上，其在语言中的陈述是一回事，而一滴血是红色的这个事实是完全独立于该陈述的，则是另外一回事。否则，该陈述就无法为假。然而，这并不是独立于做出该陈述的语言。显然，我们看血滴时发现的东西与我们用哪种语言说话毫无关系。另外，当我们看血滴时你我所见的颜色的相同性——来自我们说的语言。在两只狮子所见的颜色中的相同性也类似。当我们这样说时，我们假定了狮子的某种可进行检验的行为和反应——至少从理论上这样做。

当有人通过指向血滴来介绍语词"红色"或"口红"时，我们如何理解这一指物动作（正如维特根斯坦指出的那样）依赖于我们已经知道的东西呢？只有"当一个词在语言里一般应扮演何种角色已经清楚了"（《哲学研究》§30），我们才可以看到所意指的是什么。指物动作与看见本身无法告诉我们如何使用这个或那个颜色语词——我们将把简单颜色称作什么，什么是混合的，什么是合成的，我们怎样比较颜色，要把什么视作光，又把什么视作黑暗，等等。我们如何使用这些语词进行下去，无法从我们看有色物体时我们看到的东西中推出来，也无法在其中看出来。安斯康姆教授赞赏这一点并精确地表达说："经验如何强制规定语词的语法？……语词不仅是那个时候对那种经验的回应：语词应用于其他什么呢？经验无法强制规定要把什么和它放在一起。"（第114页）

要是没有我看到红色的东西时构成所看到东西的意识，我如何能具有现在看见红色时所具有的经验并惊呼"好一个红色！"呢？请在这里想象一个艺术家，以及当他发现正确的颜色或者用钦佩的眼光看大师画作时的喜悦心情。让我举两个极端的例子。其一是新生儿的例子。人们怀疑他的眼睛是否正常。医生用手电筒照了每一只眼睛并注意到瞳孔的反应，然后把这一情况和焦急的爸爸沟通，爸爸高兴地大叫："他看到啦！"但是他看到了什么呢？如果看到什么的话也只有一点点。只有当他开始产生兴趣并对动作和对象有回应时他才能有东西可看并看见它们。第二个例子我认为是相反的极端。奥斯卡·王尔德说伦敦有雾，然而直到印象派画家画出来时我们才看到了雾。

115　　我关于经验的观点是康德式的观点；然而我认为它会进一步产生影响。安斯康姆恰好想要拒斥语言唯心论的主张，亦即，"如果不存在人类语言的话就没有红色的东西"。我说仍然会有光线从各种波长的对象中反映出来，也会有看得见的动物看到这些反映并以不同的方式反应。抛开这些反映和眼睛；假定地球上只住着鼹鼠。我们现在所具有的全部，就是物理学家所说的光、其反射以及这些反射的波长。我们可能依然会说：地球上依然有眼睛可见的颜色，例如红色的日落——如果有什么的话。我们会说某种为真的东西；然而我们会用我们自身的语言说。

　　我们的语言以及它所归属的生活与文化是一起存在的——它们构成一个简单的总体——这不是这个真理的来源，而是这个真理的可能性的来源。也是许多其他可能性的来源。这些可能性构成了我们的世界。某人可能提出这一点并说："我们的世界包含颜色"，或者"颜色存在——或者世界中——有颜色"。

3. 拥有不同概念，就会洞见不到我们所洞见到的东西？（《哲学研究》，第二部分§xii－2）

　　我是否在说，为真的东西依赖于或相对于我们的生活和语言？不。然而，各种形式的真理的可能性来自我们的生活和语言。一种不同的生活和语言可以提供一些不同的可能性，而且可能并不提供为我们而存在的某些可能性——尽管肯定会存在为许多生活和语言所共有的可能性。我说"肯定会"是因为我把这些想象为像我们自身一样的人类的生活和语言，这些人具有相当类似的身体构造，并且生活在相同的行星即地球上。然而，我们是否说，要是那样的话，我们每一方都会对带有大写 R 的实在的不同方面有一种把握，而对它的其他方面视而不见？

　　这也正是维特根斯坦所否认的："谁要是认为有些概念绝对是正确的概念，有另一些概念的人就会洞见不到我们洞见到的东西，——那么这个人可以去想象……"（《哲学研究》，第二部分§xii－2）这种实在的观点就是我所说的哲学实在论，它带有大写 R，独立于所有生活、行为和语言。当然，我们可以说，异族文化的人们"洞见不到我们洞见到的东西""错过了我们看到的东西"，甚至"看不到实在的某个方面"。然而，我们在我们的语言中说这个，而且我们说他们

116 看不到的实在的方面属于我们的生活和语言。在生活和语言之外，并不存在有利位置使我们能够区分开实在与非实在并做出判断。

这是一种"聚合唯我论"（aggregate solipsism）吗？我是否在说我们已经陷入了语言当中？维特根斯坦所说的带有任何这种意蕴吗？答案是否定的。首先，他使我们完全清楚我们的语言不是静止且永远固定的东西（参见：《哲学研究》§18）。其次，一个人的实在观，亦即对他，从而对他的世界为实在的东西，可以通过他与异己文化的接触而得到延伸。他没有陷进去：因为他自己通过这种接触而发生改变，他认为可能的东西的界限也会扩展。

安斯康姆写道："当维特根斯坦反对认为带有不同概念的人们肯定错过了我们认识到的东西，他想必不是说人们不应该错过我们认识到的东西。"（第114页）我已经回答了这个问题。当然我们能假定这一点；但是哲学需要我们的语言、概念来假定。我们主张他们错过了我们洞见到的东西，是对内在于语言的标准负责，而不是对独立于语言的标准负责。独立于一些语言或其他语言、在所有语言之上，不存在标准来在二者之间进行裁决。这是维特根斯坦所澄清的东西。

4. 安斯康姆对语言唯心论的检验

安斯康姆对某人（某个哲学家）是不是语言唯心论者的检验为：他是否认为这个存在或这个真理依赖于人类的语言实践？在人类及他们的语言实践产生之前，这个存在——例如恐龙的存在——这个真理——例如狼在七天内吃掉三只鹿——并不依赖于人类语言。该存在独立于我们在语言中所说的东西；否则，我们所说的东西就不会是假的——在那种情况下也不会是真的。但是，该存在需要语言来思考并言说之。所论及的两个事实在我们的语言中都具有其同一性。正像维特根斯坦在《逻辑哲学论》中提出的：逻辑空间中有可能事实存在；描绘这种存在的语言命题和其描绘的可能事实具有相同的逻辑——逻辑形式。那个事实的可能性，和任意其他事实一样，并不独立于语言而存在。某些事物正是在"逻辑空间"中为真或为假，换言之，这些事物是可说的。正如我所提出的那样，当言说有意义时，为真或为假的东西预先假定了描画我们世界的"实在的维度"。这个世界无法同我们的语言和所过的生活分离开来。

当然，这是动物和学说话以前的儿童参与的以及我们与它们分享的实在的维度。类似地，那种实在的维度也无法从下面二者中分离开，亦即学说话以前的参与和在其中进行那些参与的直觉反应与行为。像维特根斯坦认为的那样，正是这种行为使我们的语言延伸、改变并随之扩大学说话以前的儿童的世界。这使他被许可进入他的家庭语言及文化的人类世界。

那么，去做我说我要做的事情的义务又怎样呢？诺言与做许诺的事情的义务之间的联系内在于并属于语言，属于许诺的语法。但那并不是说我事实上无法食言，又不是说下面的问题在某些特定的情形不会产生："遵守诺言而无法帮助需要我的人，或者食言却帮助需要我的人，我碰到这两种情况应该怎样做？"我得自己决定；语言无法告诉我怎样做。我能承担别人后来批判我的所作所为，我也能责备自己做出的决定。这里也存在着独立于我的标准，即影响我的考虑并衡量我的行为和决定的价值。然而，尽管它们独立于代理人和法官而存在，但是每一个都会使之成为其自身。然而，我认为我的决定的正确性——当我可以真诚地说我没有什么可以责备自己时——以及我批评判断的合理性或其智慧都独立于语言。

在两种情况下评估、决定、批评、检查判断这些事情的方式是不同的，但是状况是平行的。我们所说、所做和所判断的是一回事，我们在其中所说、所做和所判断的生活和言说领域是另外一回事。二者之间的关系，亦即我们的判断、其合理性和真与我判断、说和做事情所处的语言和生活之间的关系既不是语言实在论者又不是语言唯心论者所认看待的那样。这是第一点。

下面我来说另外一点。当然，因为许诺是必要的人类行为，所以

117

在人类不在场时不存在伴随许诺而产生的诺言和遵守诺言的义务。这种义务属于允诺，适用于其道德实在的东西同样也适用于物理实在的维度，在这个维度之内，诸如马和斑马等动物存在于我们的星球上，但恐龙却不存在。显然，人们以不同方式设置了下面两个问题，亦即，"这些情况是通过令我食言而为我辩护吗？"和"如此这般是灭绝了的动物吗？"相当不同的考虑与下面两种情况有关：其一，一个特定的动物是否仍然存在于世界上的某个地方；其二，我发现自己的那个特定环境是否通过令我食言而为我辩护？从我与所论及的不同考虑的关联方式来看，上面两种情况中也存在根本差异。

我要证明的一点是，尽管有这些差异，物理对象的实在、与诺言紧密相关的义务的实在、任何形式的道德实在都处境相同。它们二者与语言行为的某些形式一起出现——除非物理对象的实在情况中的行为与人类行为无特殊关系，因为我们在动物中也发现了这种行为。缺乏某种形式的参与时不存在物理实在——尽管任何情况下任何形式的参与都预先假定物理实在。因此，如果我们把物理实在与许诺及遵守诺言的义务联系起来以便为安斯康姆把"局部唯心论"归属于维特根斯坦的做法进行辩护的话，在维特根斯坦所说的东西中就什么也没有了。如果维特根斯坦是一个唯心论者的话——而他并不是——那么他就是一个彻头彻尾的唯心论者。

在地球上出现人类之前肯定有恐龙存在，而且在人类和人类语言出现之前一只狼吃掉三只羊的情形也肯定可能发生。那么在这个意义上，谁要否认这一点呢？当然，如果没有人类和任何人类行为的话肯定不会有诺言和遵守诺言的义务。这是纯粹的重言式。如果这表达了语言唯心论的话，那么安斯康姆归属于维特根斯坦的局部唯心论就完全是一件微不足道的事情。我认为，在人类生活及语言同人类在用语言所过的生活中参与的实在之间，以及这种生活同在其本身中他们即人类的那种存在模式之间，存在着复杂且相互依赖的关系，维特根斯坦对此所说的东西不加区别地应用到全部道德实在和物理实在的形式当中。

5. 数学是"表达方式"，其本身是"语言的郊区"（维特根斯坦）

然而，安斯康姆在"虽然人类没有发明 2，但是人类发明了 2×2"的说法中做出了 2 与 2×2 之间的区别，这种区别使我感到惊讶。她的意思是赛场中有两匹马是事实；然而如果我们说这个正方形的边长是 2 英寸且 2×2 等于 4，因此它的面积是 4 平方英寸的话，我们正在使用数学方法。这是帮助我们从一个陈述过渡到另一个陈述的方法，我们通过测量确立了前一个陈述的真。这种方法乃是语言的工具。然而我们乍一看就注意到的马的数量是我们所见到的，亦即外面的状况的一部分——一个必不可少的部分，不管我们是否看见上述工具或陈述上述方法。然而，我担心这是我试图清理的相同混淆的一部分。

即使人类没有发明任何算数的话，赛场上也可能有四匹马——那种情况等于 2×2 匹马。后者是陈述相同的事实的另一种方法。两种陈述方法都属于数学，维特根斯坦将其描画为"表达方式"，我们在日常生活中使用这种表达方式，它外在于我们在纯粹数学中做出的转换和证明。而且和"发现"相对比，他把纯粹数学中确立的证明描绘为"发明"。它们是数学语言的发展。证明是"劝说"的形式，它把数学语言扩展到新的空间中，扩展到远远没有探查或绘图的地区。如果数学家们接受了这些形式，它们就"得到了批准的印章"并成为数学语言的一部分。在那之前，这一发展使数学家们做出的联系并不存在。顺便说一句，这与维特根斯坦所说的一般意义上的语言完全一致：随着不同的社会、文化、历史的变化，新的语言游戏产生，然而语言在这些语言游戏产生之前是不完整的吗？是否还存在洞见不到的某种实在，亦即，我们依然未认识到的实在？

当然，在 2 和 $2^0 = 1$ 之间是有区别的。例如哈代（Hardy）等数学家把后者指称为一个"发现"——意思是说，它在数学中永远为

119

真，但我们却未知。对比之下，把二（two）或二性（two-ness）描画为已经发现的东西对任何人来说便不会发生。然而，二或二性——因为我正在处理维特根斯坦称为"形式的"或"逻辑的"概念的东西，所以我在此就不区分"概念与对象"——和其他自然数以及计数的程序一起出现。当然，这并没有使之成为人类发明；语言也不是人类发明。语言是人类所发展的东西，改变人类的生活与存在方式。维特根斯坦说数学证明创造概念并创造本质：数学证明所创造的东西放在"语言的范式之中"（参见：《数学基础评论》，第一篇§§31-32）。这里谈到的是形式概念。

120　　　语言并不需要数学证据创造二（two）或二性（two-ness）。正如我所说，语言与人类的计数程序的发展及其在无数联系中的用法一起出现。这同样应用于其他形式概念上：它们与它们"标示"或"指示"的实在的维度开始产生，或者归属于生活方式以及我们在人类中发现并在有些动物中也发现的一些行为和反应。因此，物理实在与到达、抓住、抚摸、咬、倚靠、拉、推等反应和行为密切相关。正是这种考虑存在于维特根斯坦非常重要的说法之后："需得接受下来的东西，给定的东西——可以说——是生活形式。"（《哲学研究》，第226页）它完全改变了给定为"对象"（《逻辑哲学论》的支持者）、"观念"（经验论者）或"感觉材料"（逻辑实证主义者）的构想，从而趋向实在论。

二　《论确实性》与文化相对主义问题

1. 批判异族信念和实践：理由穷尽之后就是说服（《论确实性》§612）

现在我要转向安斯康姆论文的第二部分，她在这一部分中讨论了维特根斯坦《论确实性》中的一些说法。她关注维特根斯坦对于下面的问题所说的东西，亦即，我们作为局外人是否可以批判异族文化中的信念和实践。

当我们批判一条信念时，我们可能会说持有这一信念的人"误解了"某事或者"被误解了"。安斯康姆从维特根斯坦下述关于错误的评论开始：亦即，一个错误是在某个系统中成为一个错误的。因此，如果有人把 14×9 的结果写成 116，我们说他错了，正确结果应为 126。但是如果他写下 14×9 = 1926028，我们就不会说这是个错误。这个与正确答案差别太大，以至于无法把它视为一个错误。因为无论他做了什么，他都不可能是在把这两个数字相乘——至少不像我们所理解的乘法那样。所以，我们不理解他正在做的事情，无法批评他并更改他自己的结果。

类似的东西为在某些异族文化中发现的有魔力的实践和信条提供支持。当弗雷泽批判这些实践时，他认为它们是为了确立真而造成的错误的科学信念与实践的情况。因此，安斯康姆提到维特根斯坦在《弗雷泽的〈金枝〉评论》中对弗雷泽科学主义的批评。她非常正确地写道："维特根斯坦拒斥'我们的科学'证明了有魔力的实践和信念是错误的观点。"魔法不是错误的科学；科学只能更正科学错误（第 125 页）。

安斯康姆在早些时候说道："那也不是说维特根斯坦从未看到批判的理由。"（第 124 页）她提到有一次问维特根斯坦他是否试图阻止一个去从事巫术的朋友。维特根斯坦貌似想了一会儿，然后说道："是的，但我不知道为什么要这样做。"她说她相信维特根斯坦的反对是一种宗教意义上的反对，换言之，他的反对来自他的个人宗教信念。在这里我要指出彼得·温奇做出的一种与维特根斯坦的回答和安斯康姆的评论相关的区分。这种区分处在我们文化中的那种黑色魔力与在像阿赞德①那样的异族文化中发现的对巫术的信念，温奇把前者

121

---

① 阿赞德人主要生活在刚果、中非共和国、南苏丹等地区。他们自称为阿赞德（Azande），周边的其他部落称他们为赞德（Zande），亦称尼安－尼安人（Niam-Niam），属尼格罗人种。他们用阿赞德语，属尼日尔－科尔多凡语系尼日尔－刚果语族。——译者注

描绘为滥用——属于我们的文化的宗教——基督教。如果有人问到阿赞德人有魔力的实践的某个方面,维特根斯坦不会以相同的方式回应。

安斯康姆随后求助于维特根斯坦以《论确实性》为名发表的笔记。这些笔记是维特根斯坦在生命的最后一年半内写出的,我认为这些笔记推进了他在《哲学研究》中的那些讨论。她指出,我们可能会认为我们在这里可以识别简单的论题,亦即,不可能存在我们批判在异族文化中发现的实践和信念的"理性的理由",然而我们可能错了(第125页)。安斯康姆在评论维特根斯坦的一些例子之后相当恰当地说道:"我们不应该把《论确实性》的苦心研究看成都在说同一件事。"(第130页)

安斯康姆提到了四个不同的例子。第一个例子是,维特根斯坦想象摩尔被一个部落捉住,部落的人猜疑他来自地球和月球之间的某个地方(《论确实性》§264)。摩尔告诉他们说他知道那不是真的,但是他无法向他们讲出他确信的理由。维特根斯坦评论到,这会是一个场合——像安斯康姆提出的"实在的场合"那样,亦即在哲学之外的场合——因为说"我知道……"她引用了维特根斯坦的话——"我们相信的东西依赖于我们学到的知识",然后做出如下评论,亦即,这个想象的部落的人肯定以他们从小受教育来有能力怀疑摩尔的方式学会了维特根斯坦的想象方式。维特根斯坦补充说:"如果我们把我们的知识体系同他们的进行比较,那么他们的知识体系显然要贫乏得多。"(《论确实性》§286)然而这意味着什么呢?并不是说如果我们要把他们的知识体系附加在我们的知识体系上面,我们在其中就会发现某些差距或空隙。在这个意义上,附加了差距的知识体系的观念使人联想起维特根斯坦在《哲学研究》中拒斥的不完全的自然语言的观念。

122　　在安斯康姆举的第二个例子中,维特根斯坦想象一个部落相信人们有时登上月球(也许他们就是这样诠释他们的梦的)并且确实承认无法用一般方法攀登或飞行到月球（《论确实性》§§106－108）。那个部落的人怎么回答我们提出的下列问题呢？亦即，人是怎样克服重力的？没有空气，人怎么生存？那些人回答："我们不知道人们怎么到的月球，但是到了月球的人一到那儿就知道了他们怎么到的月球；甚至知道你无法解释一切事情。"维特根斯坦评论到："我们应该非常有理智地感觉到我们自身离说这些话的人非常遥远。"

安斯康姆指出，在第一个情形中，摩尔说"我知道"但给不出任何根据；在第二个情形中，他可以给出的理由与之擦肩而过。我们视作理由的东西他们并不视作理由。我们只能不得不"忍受这一点"（《论确实性》§258）。她指出如果我们从其小时候就收养了这个部落里的一个人，让他与我们一起成长，他就会学会像我们一样思考和推理；他就会成为我们当中的一个人。这肯定完全正确。她指出这就像培养孩子相信或不相信上帝一样（第128页）。

在第三个例子中，摩尔碰到了一个从小就相信世界同他一起开始存在的国王（《论确实性》§92）。安斯康姆评论道："这个国王从小就相信，不仅地球只存在一小段时间，世界也同他一起开始存在，亦即他在世界中被给予了最高的位置。"（第129页）她正确地指出："这个国王的知识体系根本没有必要贫乏。"安斯康姆指出，对于这个国王来说，拒斥他的信念并把他从所处的位置上降下来，就是让他经历一段"改变"——这可以和宗教意义上的皈依相比较（第129页）。

第四个例子所论及的是人，就像赞德人不去请教物理学家，而是去询问神谕那样（《论确实性》§609）。安斯康姆引用了维特根斯坦的话："如果我们说这（他们认为的）'错了'，难道我们不是在以我们的语言游戏为出发点来反对他们的语言游戏吗？"（同上）她说维特根斯坦的回答是肯定的，她引用到："我说我会'反对'另一个人——但是难道我不会给他讲出理由吗？当然会，但是这些理由能有多大效力？在理由穷尽之后就是说服。"（《论确实性》§612）然后她评论道：

123

　　所以，这里所说的不是：文化相对主义。因为假定是"当两个无法真正调和的原则真正相遇时，每个人都会把对方叫做蠢人或异教徒"（《论确实性》§612）。亦即，我们对"我们使用的语言有不同意见"——然而它真的是不同意见。（第131页）

　　安斯康姆把我们在这拥有的东西比作西医和针灸医学原则之间的冲突。好吧，除非这里的冲突更加激进得多。她问道，诉诸说服如何能帮助我们呢？它如何把维特根斯坦从"文化相对主义"中拯救出来？她问我们是否可以像说论证或推理的方式那样，把维特根斯坦称之为"说服"的东西视为对或错，有效或无效呢？我认为她发现维特根斯坦的答案是一个非常响亮的"不"。毕竟，那是他的对比的全部要点：理由穷尽之后就是说服。这也就是他说"反对"属于异族文化语言的语言游戏的原因。

2. 维特根斯坦是文化相对主义者吗？

　　安斯康姆说，那样的话，维特根斯坦这里所说的就不平行于他关于规则的观点，亦即，赋予规则以内容的是实践而不是诠释。理由最终就会像诠释一样穷尽。我对安斯康姆的问题持肯定意见。她的答案是大写的"NO"。她认为，对她的问题的肯定回答会使维特根斯坦成为语言唯心论者。安斯康姆写道："在所有这些里面，我确实看到了一种'语言唯心论'"（第131页）——亦即克里普克发现的"怀疑论的新形式"——"语言怀疑论"或关于语言的怀疑论。

　　在安斯康姆的观点中，把维特根斯坦从语言唯心论中拯救出来的区别是什么呢？这种区别是：在规则的情况中维特根斯坦所说的指向哲学的而不是活生生的怀疑，然而在关于赞德人询问神谕的实践的怀疑论的情况中，我们的怀疑是活生生的怀疑；它并不指向产生于我们哲学想象的东西，而指向实际的实践和参与实践的人认为并相信的东西。我们想知道我们这里所拥有的是不是一个欺骗人的民族分享的滑稽行为和一种崇拜物。

我们在哲学怀疑论中想到了关于我们自身的同样事情。严肃吗？从一种意义上来说不严肃：我们没有被捕，我们继续像以前那样生活。但是从另一种意义上来说却又严肃：我们非常严肃地接受我们的哲学；哲学不是消遣活动，其问题和我们一起深入下去——和严肃地接受这些问题的哲学家一起深入下去。当然，我们进行哲学怀疑的方法不同于我们怀疑赞德人的实践的方法。安斯康姆指出，被认为在我们所有人的生活中欺骗所有人的笛卡尔式恶魔是一个空转的轮子。他让我们一直不断地分享的幻想，被证明就是我们称为"物理实在"的东西。贝克莱告诉我们，他的上帝创造的实在也如此——不是他作为主教信仰的那个上帝，而是他引进到哲学中的那个上帝，当他说物质除观念之外什么也不是时，他似乎要破坏桌子、椅子、河流、大山等的"连续且独立的存在"，而上帝又把这给了他。如果哲学家的恶魔破坏的东西，哲学家的神又恢复了的话，那么实际上什么也没有遭到破坏。

为了消除我们的哲学疑问，我认为安斯康姆会同意我们要祛除疑问所依赖的概念的混淆和误解。我们要在误解之上进行哲学工作，这些误解关于我们理解的概念、我们说的语言的概念以及我们自身的语言——"当语言仿佛是在空转的时候"（《哲学研究》§132），误解产生了。我们不得不考虑语言的工作以及它参与我们生活的方式。

我们关于赞德人询问神谕的实践的怀疑论并非如此。因为我们并不说他们的语言，我们不理解他们询问神谕时思考和生活所用的概念。他们生活中的许多方面对于我们是陌生的。到目前为止，安斯康姆和我的意见一致。那么，我们如何走近关于赞德人的实践的怀疑论？安斯康姆并没有说。她指的是，维特根斯坦在遇到关于生活中无法调和的原则的冲突时所说的事情，或者在遇到当我说"我不可能错"——例如我不可能弄错我的名字——时所说的事情。她说维特根斯坦说的一些事情似乎是说：不存在对与错——而只存在冲突、劝说

125

或决定？（第 132 页）

安斯康姆引用了《论确实性》中的一段："我不可能弄错——但是不管是对还是错，有一天我却可能认为我看得清楚我没有做出判断的能力。"（§645）换言之，我可以说"我不可能弄错这个"，但这并不意味着这是可错的。同样，这里的弄错必须是例外。她引用维特根斯坦的话："如果总是或者常常发生这种情况，那就自然会完全改变语言游戏的性质。"（§646）安斯康姆说："这样观察的话，这场特殊的战役就打起来了。其结论并不是唯心论的。语言游戏并不确保我们知道某事。"（第 133 页）诺尔曼·马尔康姆在题为《维特根斯坦与唯心论》的短文（载《维特根斯坦式主题：1978—1989 论文集》，1995 年）的最后一段非常清晰地表达了这一点：

> 我们很有信心地在语言游戏中行动。我们给事物起名字、报告事件、做出描绘。我们在压倒性多数的例子中，完全摆脱了关于我们所说的东西的怀疑。此外，我们的语言与行动混合在一起。我们带着完整的确定性行事。但是，只有因为世界和生活以正常的方式——因为，在一定程度上，事物"友善地表现"（《论确实性》§615）——运行，这种在语言和行动中的自在与信心才是可能的。（第 108 页）

马尔康姆引用了《论确实性》中的一段："难道这不十分明显地表示一种语言游戏的可能性受某些事实的限制吗？"（§617）。他补充道：

> 这种构想当然与唯心论相反。如果语言和思想、判断的逻辑可能性依赖于世界与生活中的规则性的话，那么语言、思想、判断就不可能创造实在。（第 108 页）

请允许我补充，下面的说法至关重要，亦即不把上面所引用的维特根斯坦的话与休谟的主张相混淆，后者主张归纳推理的有效性建基于作为一种事实的自然齐一性。这是哲学实在论的一种形式，它在这些事情上误解了"自然界使其自身听得见"的方式。（《字条集》§364）

"所以这场特殊的战役就打起来了。"然而，这如何影响关于赞德人的实践中我们可能会感觉到的那种怀疑论呢？我们是否在说他们相信的是迷信，他们所做的仅仅是崇拜物呢？它如何回答安斯康姆的问题："难道维特根斯坦不是似乎在说：不存在对与错——而只存在冲突、劝说或决定吗？"

我在前面写道，安斯康姆引用了《论确实性》中的话："我说我会'反对'另一个人——但是难道我不会给他讲出理由吗？当然会，但是这些理由能有多大效力？在理由穷尽之后就是说服。"（《论确实性》§612）然后她评论道："所以，这里所说的不是：文化相对主义……我们对'我们使用的语言有不同意见'——然而它真的是不同意见。"然而，困难是它不是一个我们可以通过吸引相互可接受的标准来解决的不同意见，而是不存在达成一致意见的解决办法的冲突。如果"文化相对主义"主张真的东西和假的东西都与文化相关的话，在下面的意义上，亦即，一种文化中为真的东西在另一种文化中可能为假，真本身就是特定文化的产物，那么这并不是一个我们可以归属于维特根斯坦的立场。这种观点当然会非常接近于语言唯心论，亦即，我们在生活的特定情境中视为真或为假、真实或虚幻的东西是由语言决定的，而不是由那种情形的事实决定的。

然而，维特根斯坦并不认为文化之间甚至同一种文化的不同人们持有的"信念"之间存在不可通约性。在一种文化中视作真实的东西在那种文化之外的人们那里看起来像集体幻象。正如我们处理哲学怀疑论的方式那样，"它是什么"的问题无法解决。在某种程度上这就像无神论者提出的问题"基督教上帝是真的吗？他真的存在吗？"

如果这样的人以正确的方式富于想象的话，那么他可以理解在虔诚的基督徒的生活中的上帝实在所达至的东西，而结果不是使自己过着信奉基督教的生活，也不是无法说他在上帝那里信奉的真。那么，一个基督教社区的生活当然无法指望他导向一个共同的幻象。

对于下面这种人来说，亦即，学说异族文化的语言的人并且建立与这一语言相互交织的某些实践的联系的人，我们可以有某种相似的东西，尽管它会卷入一个更大的壮举。他会理解他们在进行这些实践时会收获什么，他不再把他们的信念当作迷信，不再把他们的行为和礼节看成一个欺骗人的民族分享的滑稽行为。在一定程度上，他不会加入他们的营地，然而他的实在观会扩大。

当哲学怀疑论者把这视作他自己的语言和实践时，他就会"受到迷惑"。考虑其他文化和异族实践的人相当自然地从他自己的语言和文化的限制内看到这些。然而，按照我想象的方式个人无法超越这些限制，这没什么好说的，维特根斯坦也没有什么可建议的，也没有什么可建议的事情，亦即，它们无法延伸为文化而且其语言发生了变化。实际上，情况正好相反。

让我短暂地回到安斯康姆提出的以及我早先提到的问题。难道维特根斯坦关于异族实践所说的不平行于他关于规则的观点，亦即，给规则内容的是实践而不是诠释吗？

（1）人们训练一个孩子在他学说话的语言中用某种方式而不是其他方式来使用语词。这一训练成为他理解以后在不同场合可能需要的说明的可能性的原因。

（2）当某人企图在其自身的文化中改变一个没有信念的人，他可以尝试把他自身的信念对于他的意义以及他在该信念中发现的东西传达给他，希望该信念会吸引住他，而且会使他接受该信念。这可以称作"诚实的说服"。

（3）正如安斯康姆自己所指出的那样，我们可以把一个孩子从异族文化中收养过来并培养他说我们的语言并分享我们的信念。

（4）当面对我们发现无礼的异族实践时，我们可以通过在下面二者之间寻求类比来试着反对它，亦即，在他们像我们自身那样认为无理的事情和我们发现的会引起冒犯的实践之间。

（5）这同维特根斯坦在数学中的演算与证明之间的对比是一致的。一方面，在日常生活中有许多应用的演算决定演算的结果。演算是我们的理性接受那个结果。另一方面，维特根斯坦说，证明"导致"数学家接受演算所证明的东西；但是我们可能无法说服数学家来那样做。直到他们那样做了，亦即，直到所有数学家达成一致意见，证明提出的概念—形成（concept-formation）才不成为数学的一部分，例如 $a^0 = 1$。

所有这些——（1）—（5）——都是一致的。那是我肯定地回答安斯康姆问题的理由，而她否定地回答这些问题。她害怕肯定的回答会把作为语言唯心论的一种形式的文化相对主义归属于维特根斯坦。

三　结论

安斯康姆和诺尔曼·马尔康姆，同维特根斯坦一起强调，我们的语言受限于我们和我们的自然环境的某些事实，这些事实独立于我们的语言而且在我们语言的使用中没有受到关注。他们主张，正是维特根斯坦非常恰当地理解这些事实才使他没成为语言唯心论者，他的思想朝着相反的方向前进。这一点很重要。

我认为，我强调了某种令安斯康姆紧张的事情。正是我们视作实在的而非不实在的（"实在的"有许多不同的反义词）东西，亦即我们的实在观，乃是内在于我们的语言并内在于同语言协同发展的生活的。实在有许多维度，或者，我们会说，实在并不是单一的东西。这些维度加在一起并不包含一个带有大写 R 的实在。语言、语言游戏、生活方式、行为也都不是一种东西，实在内在于它们，它们是可通约的。

因此，实在并不独立于语言游戏和行为，包括在生活语言中延伸的未学说话以前的行为，但这些行为同样也出现在动物的生活中——疼痛的行为、记忆的行为，等等。然而，首先，这样说并不同早先的如下观点相矛盾：语言受制于某些事实，而这些事实独立于它们所限制的语言游戏。在所论及的特定语言游戏中它们并没有受到关注，然而在其他语言游戏中它们却很稳定。其次，第二个论点就是：说实在不独立于语言游戏，它内在于我们的语言与生活，并不是主张"语言——或行为——创造了实在"，或者，实在是某种"人类建构物"。

不，正如我已经论证的那样，带有不同实在维度的我们生活于其中的世界、人类世界，是与生活和语言协同发展的。它们是一个整体，我们在这个世界中的存在方式也是如此，正是这一点让我们成为人类。它们无法被拆分开来。这与主张语言创造实在完全不同。至于先于人类存在和人类语言的那些事物的存在，所论及的是历史事实，甚或是史前的事实，而且，还得用人类语言去陈述它们。如我所说，我们陈述的东西的真——例如如此这般的东西在人类产生以前就存在，等等——独立于我们对它的陈述。但是它需要语言来陈述。正是这种事实的可能性依赖于语言。正如我提出的，语言，连同其存在所预先假定的所有东西，乃是这些可能性的来源。史前时期恐龙存在的可能性，意味着能够区分它们在过去的存在和非存在，而且意味着能够应用这种区分。这种区分属于语言，而且，它在决定恐龙在遥远的过去存在或不存在时应用的标准来自语言。亦即，我说那个语言时所意指的东西，乃是这些可能性的来源。

"语言并不创造实在。"这听起来好像是"如果没有艺术家的话就没有艺术作品"。而"语言创造实在"听起来像是其反面，亦即，

"艺术作品由艺术家创造"。那么从后者便可推出，不可能有岩石和大山存在，而实际上在人类语言出现之前不可能存在任何东西。这种疯狂可能驱使我们达到语言实在论的形式。安斯康姆据理论证，维特根斯坦避免了这一点，尽管不是在每一处都做到了：他在唯心论的谬误与经验实在论的愚昧之间的夹缝中走向了未被二者浸染的实在论——"无经验论的实在论"（第 115 页）。她没有澄清——至少没对我说——这种"无经验论的实在论"相当于什么。我将在下一章考察这个问题。

然而，我想指出，对于维特根斯坦所评论的关于异族文化的那种怀疑论，安斯康姆感到不自在。她说那是一个真实的冲突。是的。她说那在语言中会产生不一致的意见。是的。她问道，在维特根斯坦称之为"说服"的东西里面，是否有对与错存在，或者是否有效与无效存在？维特根斯坦的回答是大写的 NO——不在那种我们可以说一种推理正确或有效的意义上。这便使她不自在：维特根斯坦是文化相对主义者吗？她回答说：不是。我们想反对异族文化的事实没有表明什么。我们可以反对道德或宗教。我们可以同样从道德上来反对他们企图把他们称为"异教徒"的人改变为传教士。

文化相对主义是什么？它是主张在一个文化中对的东西可能在另一个文化中是错的。换言之，相同的信念在一个文化中可能是对的，而在另一个文化中可能是错的。我们把不同文化中的信念确认为相同的信念，在这里是成问题的。它们有与我们不可通约的不同信念和真理标准，这是我们能说的全部。很容易混淆这两种不同的主张，同时恰好想要拒斥第一个而否认第二个。维特根斯坦当然支持第二个观点；它与下面的方式是一致的，他在自然语言中谈到不同的"语言游戏"，并谈到不同的语言和不同的世界观。然而，我敢肯定这是安斯康姆赞赏的东西。

130

第七章

蔻拉·黛蒙德：维特根斯坦与
哲学中的实在论精神

一 "无经验论的实在论"

安斯康姆在《语言唯心论问题》这篇论文的结尾考虑了如下问题：在诺尔曼·马尔康姆"知道的强意义"（the strong sense of know）上，我们知道的东西是否被语言游戏所保证，我们在语言游戏中就像摩尔那样，在这种意义上说"我知道"。安斯康姆认为这"将会是复仇语言唯心论"，然而维特根斯坦正是在这里取得了其艰巨事业的成功并抵达了"无经验论的实在论"。维特根斯坦在其《数学基础评论》（第三版，第六篇§23）中使用了这个说法，他的原话是："在哲学中，不是经验论而是实在论，才是最困难的事情。"

"实在论"是我们曾发现维特根斯坦明确加以拒斥的哲学立场——事实上维特根斯坦会称之为一种"形而上学"立场。而"经验论"同样是一种哲学立场；它是一种我们看到的被维特根斯坦同样加以拒斥的认识论主张。如果我们打算使用标签的话，我们就可以说实在论是一种本体论主张。那么"无经验论的实在论"意味着什么呢？蔻拉·黛蒙德在名为《实在论与实在论精神》的文章中对此做了详细讨论。

她指出，维特根斯坦的话是指向拉姆齐的。她说，哲学中的实在论是"一种总是强调独立于我们的思想及经验而存在的事物的重要性的观点"（1991 年，第 39 页）。一个例子就是洛克把物质构想为对其可感属性的支撑——例如，灰色和坚硬的东西就是具有这些属性的东西。因为只有对于感觉经验而言可通达的东西才是可以得到认识的，所以物质之为物质就是"无法被认识的某个什么"。也就是说，物质超逾了人类思想及经验。然而，洛克主张，对任何物理对象或物质对象的指称是我们日常语词意义的一部分，例如"岩石""山脉"以及"树木"。这违背了经验论否定"独立于我们的经验而存在的事物的重要性"的立场，并且事实上它并没有承认"对如此这般的独立实在的谈论是可理解的"。

蔻拉·黛蒙德提到拉姆齐说过的两个例子。第一个例子是指为逻辑推理做辩护的是什么这一问题，第二个例子是指我们如何理解例如"所有人都会死的"这样的一般命题。在这两种情况中，我们均有相同的替代选择：一个实在论正题（a realist thesis）和一个还原论反题（reductionist antithesis）。还原论反题是经验论主张，因为该反题把用来为推理做辩护的东西还原为人类经验可通达的东西。在一种情况下，为推理做辩护的东西是推理原则，在另一种情况下则是需要被分析的命题。拉姆齐正想要克服这种二元论，并仍然为人类经验可通达的东西保留了一个位置，亦即想要避免正题和反题均有的错误。黛蒙德引用拉姆齐的话并且说到，这些论题"必须由实在论精神来加以拒斥"——这是其一本著作的标题，黛蒙德的论文是其中一章（第 42 页）。然而，拉姆齐失败了。在第一种情况中，拉姆齐拒斥关于逻辑的实在论——我们在罗素那里发现了这种实在论。拉姆齐也拒斥作为这种实在论之反题的约定论。第三种观点亦即拉姆齐自己的观点，认为逻辑推理是根据一种规则——推理原则——或精神习惯或习俗而做出的。而对这种原则或习俗的辩护是"逻辑推理是否有效"，亦即，"在多数情况下，它们（我们所采取的原则或习惯）所导致的意见是否都是真的"（第 41 页）。亦即，为逻辑原则辩护的东西在推理中支

132

持真的前提，导致真的结论，而其真理性可以独立于推理并受到"经验"的检验——亦即，由观察与实验来加以检验。

正如蔻拉·黛蒙德所指出，这一观点错误地屈服于经验论观点。事实上，该观点是一种将逻辑转换为一门经验学科的实用主义。尽管维特根斯坦有时会被认为他自己就有如此之做法，这仍然是将他的某些观点抽离语境所造成的严重误解。维特根斯坦对这一立场是持批判态度的。事实上，他在《数学基础评论》的讨论中把"经验论"摆到了正确的位置上，他通过穿越一个由约定论（语言唯心论的一种形式）与实用主义（经验论的一种形式）的岩石所形成的狭窄的海峡而掌控着自己的道路。

133　　　拉姆齐用"实在论精神"——黛蒙德采用了这个表达——意在表达什么？黛蒙德的说明围绕着从《哲学研究》中引用的一段话：

> 假如我倾向于认为老鼠是从破灰布和土灰里生出来的，那我就该仔细探究这些破布，看看老鼠怎样可以藏在里面，怎样可以钻到里面之类。（§52）

拉姆齐随后补充道："但首先我们必须学着弄懂，在哲学中阻碍着这种考察细节的东西是什么。"老鼠的例子再一次表明了洛克的观点：物质是"不被认识的某个事物"，物质的在场与不在场是对如下二者做出区分的根据：一是穿过沙漠的旅途中在远处真正有水存在；二是当我们所见之物仅仅是海市蜃楼时，使我们做出如上联想的东西。如果我们考虑什么让我们说这说那，考虑我们如何在不同事况中对单纯表象与实在进行区分，我们会发现对不可被认识的某个事物的在场或不在场的指称在任何方面都不起作用。这就是那只从各种各样的考虑中钻出来的老鼠，这些考虑使我们在具体的环境中决定如下事项：在远处看起来像水的东西是否真的是水，看起来像弯曲的木浆是否真的弯了，两个看起来具有不同长度的线是否真的不一样长，等等。这些考虑是我们需要提醒我们注意的细节，是我们在我们的哲学考虑中需要加以考察的东西。

哲学中的抽象思考引诱我们使我们远离了这个方向。因此，"实在论精神"正是抽象思考的反面。这是我从黛蒙德的讨论中收获的东西。维特根斯坦通过说"不要想，而要看"而将此运用到企图处理"命题的一般形式"——《逻辑哲学论》中他自己的老鼠。语言的本质是什么？他引入语言游戏的观念部分地使他自己和我们不再汲汲于语言必须有本质这一理念。维特根斯坦将该理念与我们熟悉的游戏观念做比较。不要说：必然存在一些共同的东西，否则它们就不会被称作游戏；而是要看和发现。那么你所发现的就是"相似性、关系，以及由它们组成的整个系列"。这就是我们简单处理的破布："这些破布不可能是让我们使用同一个语词——'游戏'——的东西。要使用同一个语词，该词所应用于的不同事物必须在这些事物中都有一个共同之物，亦即这个词所指称的东西，它所指称的东西是其意义。我们用相同的名称来称呼的关于这些东西的其他部分则必须是无关紧要的。"（《哲学研究》§§65－66）

更进一步讲，维特根斯坦在谈及另一个例子（"推导"）时说，当我们在其实际的周边环境中考虑这个例子时，这个语词的意义就会非常清晰地凸显出来。但是，我们把这些周边环境视为"相当特殊的装扮"，这种装扮需要被"剥掉"，那样我们便能"发现推导的本质"。然而，如果我们这样做的话，"推导本身就消失了"。

> 为了发现真正的洋蓟，我们剥光了它的叶子……但推导的本质的东西并非隐藏在这个例子的外表下面；这个"外表"就是来自推导事例的家族里的一例。（《哲学研究》§164）

这个"外表"——破布条——是我们在寻求普遍本质——老鼠——时所忽视的东西。事实上，我们不会去考虑它。维特根斯坦更进一步：没有普遍本质；但是即使有，普遍本质也无法给出我们想从它那里获得的东西。因此，我们问"理解是什么"（另一个例子——参见：《哲学研究》§153）并试着"把握理解的心理过程，这一过程似乎隐藏在那些更加粗糙并因而更容易看见的伴随现象后面。这尝试并未成功……因为，即使假定我发现了在所有关于理解的那些实例中都有某种东西发生——为什么那就应该是理解呢？"维特根斯坦在此认为，当我说"我现在理解了"时不管在我的心灵中发生了什么，它都是在所谈的特定周边环境中对理解的表达，就像约翰·威兹德姆曾经提到的"先与后"。维特根斯坦反复地点明这一点。

> 微笑的嘴只在人脸上微笑。（《哲学研究》§583）
>
> 我们称一种常规的表情为"微笑"。［面部表情］（《字条集》§527）
>
> "苦恼"向我们描述着以形形色色的变形反复重现在生活画毯上的一种图样。（《哲学研究》§174）
>
> 加冕礼是一幅华美尊贵的景象。试把这一过程的某一分钟从它的环境中切下来：皇冠戴到身穿加冕礼服的国王的头上。——但在另一个环境中，金子是最贱的金属，金光闪耀被认为粗俗。礼服的衣料在那里造价低廉。皇冠是堂皇冠冕的拙劣仿制品。等等。（《哲学研究》§584）

135　如果我们现在返回到如下问题："微笑的本质是什么？语词'正在微笑'指称什么？意指什么？加冕礼是什么？——或者什么构成了加冕礼？……语言是什么？说某个事物是什么意思？"那么我们可以清楚地发现，我们的问题是如何将我们带到了朝着错误的方向观看。受抽象思想的约束，我们所熟悉的那些考虑在我们使用语言的过程中远离了我们，那些考虑对我们而言变成非常肤浅的东西。我们在这些分散的东西背后寻找统一性，寻找规整或纯粹的东西，寻找事物本身，由此我们在实践中所知道的东西远离了我们。我们对此熟视无睹。

黛蒙德的核心主张是，在"微笑"一词的日常意义上，我们的哲学问题经常蛊惑我们并使我们变成完全不真实的。我们着迷地去寻找根本就不可被发现的、我们应该知道是我们的哲学想象虚构的事物——根据我们作为语言使用者所真正知道的东西，上述寻找的东西就是不真实的。逃避我们的正是在我们目力所及之处出现于我们眼前的事物。然而，如果我可以补充一点的话，如果构造后来会俘获我们的虚构之物需要哲学想象，那么从这样的虚构返回到真实就需要更多想象——我可能会说是具备另一种秩序的想象。这里我用"真实"意指的不是什么宏伟或深奥之物，而是维特根斯坦用"粗糙的地面"来意谓的东西——亦即我们在实际使用语词时所知道的东西：我们如何使用语词，使用语词的环境，以及与我们选择语词有关的那种考虑，等等。这时我们所具备的东西是散乱且根本不成系统的——就像生活本身。正是我们的理想化在哲学中是"不真实的"，就像理想化在生活中同样是不真实的一样——并且在这里，在后一种语境中，我想起了 T. S. 艾略特的话："人类无法胜任太多的真实。"不过出于不同的理由，我们远离混乱之物，同时远离痛苦之物。

所有这些与"语言唯心论"问题有何关系呢？好吧，首先，语言唯心论是在反动语言实在论——另一种哲学立场——中发展出来的一种哲学立场。黛蒙德追随拉姆齐称作"实在论精神"的东西是抛弃导致上述立场的抽象思考以及回归"粗糙的地面"。然而，正如我说过的，这不仅需要一种特殊种类的想象来抛弃抽象思考，就像我们在维特根斯坦那里发现的想象，而且这还需要艰苦的哲学工作来消解抽象思想的创造物：为捕蝇瓶中的苍蝇指明出路。从抽象思想的诱惑中解脱出来，我们无法再轻视具体的事件：我们应该考虑实例并且注重细节，而不是去寻找它们背后的东西。

我早先引用过黛蒙德的评论。黛蒙德认为，维特根斯坦的如下主张，"在哲学中，不是经验论而是实在论是最困难的事情"，是指向拉姆齐的，拉姆齐在其关于逻辑的观点中误解了经验论观点的位置，并将其转变为一种超科学。这是有关逻辑的哲学实在论的一种形式。正如我已说过的，维特根斯坦在拒斥实在论的过程中不得不顶风而行；他的道路使他接近语言唯心论的海岸，尽管他从来没有支持语言唯心论。下面是我记住的一个例子。维特根斯坦在《数学基础评论》中冒险而微妙地评论"计数"。一方面，他拒斥实在论（第一篇§4）。当我们对一组对象进行计数时，我们所得的结果可能为真也可能为假。但是，不管是真是假，该结果都是由计数行为获得——并且那意味着像这样计数。该结果是正确的或值得信赖的吗？我们这样做是在正确地计数吗？我们称为"正确计数"的东西是正确地计数吗？难道没有一种对我们计数对象的方式的辩护吗？难道没有我们的计数方式所符合的某种实在吗？

维特根斯坦对这些问题均持否定回答；把肯定的回答拒斥为——借用黛蒙德的说法——"赋予经验论观点错误的地位"。然而，维特根斯坦并没有对此置之不理，他指出"例如，计数（counting）和演算（calculating）毕竟不仅仅是（譬如说）消遣"，我们的计数方式"是一门在我们生活的大部分各类操作运动中被日常使用的技术"。计数方式不是一种游戏；它"在日常生活中"得到应用。另一方面，维特根斯坦因而拒斥"形式主义"。他以这种方式"赋予经验论正确的地位"。他提醒我们要抵制为我们的行事步骤寻求辩护或寻求行事步骤内部正确运动的标准的危险。如果我们实际做出的运动是与恰当的规范、与作为正确运动的东西——亦即我们将其考虑为正确的东西——相一致的，那么它就是得到辩护的。但是对于在我们把我们当作正确的东西当作正确的时候，我们是否得到辩护——便不会存在这样的问题（《数学基础评论》，第五篇§45）。我们将这些运动称为正确的；那就是我们称其为计数的东西——添加、称重，等等（第二篇§74）。"这正是我们所做的。这是我们的用法或者我们自然史中的事实。"（第一篇§63）但是它与我们所做的很多其他事情相关联。我们对大部分我们所考虑之物的理解方式是与此有密切关系的——与我们在我们的生活中习得和遵守的这样的技术和行事步骤相关。因此，维特根斯坦以一种表面上看起来是对黛蒙德引自拉姆齐的话的怀旧式言辞说："真是计数所证明的东西"。（第一篇§4）

这仅仅是我们的所作所为。这就是我们称作辩护的东西。这是我们自然史中的事实。真理是如此这般的行事步骤所证明的东西。我们的行事步骤，我们在语言中使用语词的方式，不是建基于一个独立的实在；被给予之物不是这样的实在，而是我们的生活形式。我们的所作所为给人类的自然史提供了说明——例如，在我们的语言游戏中，我们总是会无视某些东西，当数学家们检验了他们的演算结果之后，他们不会相互大打出手。这些都是我们——哲学家关心认识论问题——不得不将其作为被给予之物而接受的生活形式的特征。维特根斯坦正是在这种主张中才顶风而行；但是只有当他在孤立地考察这些特征，并且无视他掌控的稳定进程的情况下而诠释这些特征时，这些特征才会留下这样的印象：维特根斯坦是个语言唯心论者，他赋予语言不受约束的自由，他使得人类成为万物的尺度。

137

维特根斯坦对此有清醒的意识："那么你是说，人们的一致决定什么是对，什么是错？"（《哲学研究》§241）他的回答是清楚明确的："人们所说的内容有对有错；就所用的语言来说，人们是一致的。"问人们使用的语言本身是否真的或正确的就像想拽着自己的头发离开地面那样。

黛蒙德在她文章的最后接触到这一问题。然而她的论述过于简单。她使用的术语"公共的一致性"可以被理解为意指一个共同体所一致同意做的事情——就像"公共决定"。当然维特根斯坦是在谈论一种自然的一致性——一种在自然的反应中间，在人们——作为结果，他们在历史进程中开始发展一种将他们联结入一个共同体的语言和生活——的语词和行动中自然而偶然出现的一致。只有在那之后，他们才能采取一种"公共决定"。因此,维特根斯坦说,重要的"不是诸观点的一致,而是生活形式的一致"。并且,"一致"当然是在某个事物与他物一致——"与……一致""与……一样"——的意义上来使用的,而不是在某人同意、认可他人以相同的方式做事的意义上来使用的。黛蒙德写道:"被给予之物(在这种诠释中)指的是公共反应的模式。"(第70页)但是,我不清楚的是"这种诠释"到底指的是什么意思。我猜想它指的是她批评的一种诠释。

我想要澄清维特根斯坦提到的一致指的是生活形式的特征——例如,一旦一个演算被检验数学家们就不会为了演算结果而大打出手,例如,人们大体上会同意,在两种颜色中,哪一个更暗点,而哪一个更亮点,在两个间隔中,哪一个更久点,哪一个更短点,然而与此相反的是,"在关于一个情感表达是否真诚的问题上"不存在这样的完全一致(《哲学研究》,第227页)。维特根斯坦说,我上面提到的那类一致"描画着一个颜色判断的概念"(第227页)。在回答一个情感表达是否真诚这一问题时,完全一致的缺乏描画着我们的"人类知识"。在数学的情况中他说:"如果没有完全的一致,人们就将无法学习我们现在实际上在学习的技术。"(第226页)

维特根斯坦的对话者在这一点上再次发问:"然而,数学之真独立于人们是否知道它!"难道不是这样吗?这里——我想起了维特根斯坦的《数学基础评论》——他对演算和数学中的证据进行了区分。是的,数学命题的真,例如构成乘法表的那些命题,独立于任何人的所说所想。"人们是否知道它"乃是另外一件事情。如果人们不知道数学的真,那么就不会有数学,也不会有数学真理。至于如下问题:在人类产生之前,因而是在我们的数学产生之前,难道没有一只狼在七天中杀死三只鹿这一事实吗?答案是:当然可以有这一事实。但是,我们需要我们的数学和我们的语言——我们的数学是其"郊区"——才能思考这件事:追问并回答上面的问题。如我已经说过的,那一事实(如果它是一个事实的话)独立于我们的语言,亦即说，独立于是否有人来说它。但是，该事实需要语言来说它，所牵涉的一切事情在说事实时都变成了语言。

数学证据提供的东西的真实性则与此不同。因为它所证明的东西在被证明之前是不存在的：数学证据不仅对于我们来说是新异的，对数学本身而言也是新异的。这就要归功于维特根斯坦的建构主义了。建构主义不是一种唯心论形式。人们可以对科学中的理论创新采取类似观点，尽管我们这里不是探究这一问题的地方。让我们返回维特根斯坦的建构主义：与他关于语言的观点——语言就像一个新的郊区可以被添加其上的古老城市，新的语言游戏可以发展——一样，二者都不是唯心论形式。但是语言在此发生之前是不完整的。开始形成的实在的形式在新的语言游戏开始形成之前是不存在的、不被我们所认识的。

蔻拉·黛蒙德在讨论规则如何决定人的行事方式时，非常清楚地阐明，对于一个人来说，如果规则想要指明他的运动方式，指明他如何前进，他就必须已然知道某些事情，他不得不先行成为实践的参与者。我们对于他的教诲（instruction）视此为理所当然。当这个人犯错误时，我们正是借着这一背景才可以对他提出指正。如果他提出："我的所作所为如何是错的？"我们就会再次借此背景来说明为什么他的所作所为是错的。如果他说："然而，我认为那样才是对的，那是我原本继续走的路"，那么我们会依此背景来为我们的指正辩护。因此，我们的说明和辩护是发生在我们共享的实践之内；决定（de-termination）也是在实践之内同样发挥作用的。黛蒙德非常正确地指出："如果我想要知道在哲学中真正地为任何主张辩护的东西到底是什么，那么我会说我错了。如果我想要与任何其他事物都不一样的事物，那么事实上我就可以在具体的环境中为我的观点做出辩护。"（第69页）也就是说，我想要超级说明、终极辩护，亦即"不依赖于我们生活之事"的东西。

黛蒙德写道："哲学中的实在论（在她这里意指'实在论精神'，

而不是我所说的'哲学实在论'），这个最艰难之事，明智地放弃了追求澄清如下事项：从我所意谓的全部可能的延续性中，从一些真实的语义空间中，要求从哲学上说明我所意谓的东西弄清了该要求如何得到确定（或决定）。"（同上）"维特根斯坦关注使用事例意在让我们发现，在那种用法中，'对我所意指之物的说明'发挥了作用……"这里的对立是：看到所论及的发挥作用的是什么和在它空转或放假的地方寻找抽象的东西之间的差异。亦即，我们对说明、辩护等等采取一种"实在论的"视角，而不是以将其转换为一种虚构的方式来对其进行理念化或纯化。

我重申，此处关键的实在指的是在语言使用中、在做出说明或辩护中进行着的东西，以及我们做这些事情的特殊环境。它既不是哲学实在论者在他们的哲学中对之感到自豪且独立于语言的实在，也不是我们在语言的言谈宇宙之内的特定事况中用来区分于虚假表象的实在。黛蒙德所谈及的实在，亦即，我们需要调整我们的焦点以便聚焦其上的那些实在，既不在我们的言谈宇宙之内也不在其之外。这些实在归属于黛蒙德所谈及的实在的结构，尽管通过调整我们的焦点，我们可以将这些实在带进我们的言谈宇宙之中。我认为以下是她所谓"最艰难的事情"：将我们在我们的推理活动和我们的语言使用中所认识和习以为常的东西带进视野之中。这样做我们马上成功做到了两件事情：一方面，我们避开了哲学实在论，我们避开了（用黛蒙德的话说）"赋予经验论观点错误的地位"；另一方面，"我们顺利地赋予经验论观点正确的地位"，并且由此避开了语言唯心论。这就是维特根斯坦所成功做到的。

二 哲学中的真与假

维特根斯坦的如下主张，"在哲学中，不是经验论而是实在论才是最困难的事情"中的"实在论"很明显不是指一种哲学立场。显然，该主张不是维特根斯坦所拒斥的"实在论"。该主张是一种形而上学论题，但是在维特根斯坦的主张中，他所意指的被黛蒙德加以解释的"实在论"乃是从形而上学的一次回归。至于维特根斯坦在同一主张中所拒斥的"经验论"，则是将逻辑和数学奠基在经验实在中的形而上学意图——该经验论是形而上学实在论的一种形式。其反题则将数学转变成了一项游戏，将逻辑原则转变成了统治着我们语言的人类习惯。因此，该经验论很明显是"语言唯心论"的一种形式。

维特根斯坦所说的是，我们不得不寻找一种理解数学及逻辑与实在之间关系的方式，从而避免犯这两种立场的任何一种错误。他在数学的情况中找到了一种理解这种关系的方式，这种方式既避免了将数学转换为一种超级科学，也没有将其转换为一项游戏。维特根斯坦是通过将其注意力转移到数学在"日常生活"中的应用来完成这一点的。因此，避免经验论的实在论得以在赞赏这种应用中被发现。维特根斯坦写道：

> 我要说：对于数学至关重要的是，它的记号在日常生活中也得到使用。
>
> 这是在数学之外的使用，记号的意义亦如此，这意义使得对于数学做起了记号游戏。
>
> 正如这也不是逻辑推理一样，如果我使一种结构改变成另一种（譬如说，把椅子的安置从一种变成另一种），如果这些安置没有这种改变之外的语言的使用的话。(《数学基础评论》，第四篇§2)

维特根斯坦说，要是没有这种应用以及数学得以在其中有其应用的生活和活动的话，数学及其证据就会成为"一个帘幕样式"。换言之，在正在讨论的意义上，数学就会与实在毫无关联。我们在被引向一种形而上学的立场时对此变得盲目无视；我们失去了同如其所是的

实在（down-to-earth realities）的联系。如果我们想要恰当地理解我们
141 的哲学问题所指向的事情——在这种情况中就是，数学进入我们生活
的方式，以及从计数、测量、演算我们的花销，记账，修桥，到物理
学和天文学，数学在其中得以起作用的各种各样的活动，我们作为哲
学家不得不对这些实在保持忠诚：

> 我们称为"计数"的东西是我们生活活动的一个重要部分。
> 计数和演算毕竟不仅仅是（譬如说）消遣。计数（它指的是：
> 这样计数）是一门技术，在我们生活中的各种各样事情中每天都
> 在用到它。（《数学基础评论》，第一篇§4）

我们在对哲学问题进行追问的过程中只能达到这种理解。然而，
恰当的理解是什么样的呢？它是关于什么的呢？理解之为恰当的理
解，其恰当的标准何在？

让我从第二个问题出发：恰当的理解是关于什么的？我已经说
过，它是一种对于哲学问题所指向事情的恰当的理解；它只能通过这
些问题来得到辨认——例如，语言与实在的关系（本书的核心问题），
身心关系，物质与精神之间的关系（"物质世界"与精神生活之间的
关系），我们关于物理事物的知识与我们拥有这种知识的基础之间的
关系，等等。但是，到底怎么样才算是恰当地理解这些关系？在这一
关联中我们能够谈论"真"吗？

我在一位土耳其友人——不是哲学家，他不再接受另一个朋友向
他提供的慷慨资助——写的信中读到这样的话，"物质仅仅是精神生
活的一种装饰"——这是我认为非常有意思的话。这句话当然对物质
与精神之间的关系有所道说，我也会说它包含真理。它是一种哲学观
点吗？我会说在某种程度上它是。然而与此同时，这句话也是对一种
精神确信的表达，这种精神确信是通过对在与其问题和困难的博弈中
个体性地体验到的生活的反思来达到的。但是说它"包含真理"指

的是什么意思？它是一致性的一种表达。然而为什么我会同意呢？

仅仅有一种方式可以回答这个问题，亦即，通过参与我朋友的话部分关联的那个哲学问题。构造这种参与的讨论需要澄清物质是如何在精神生活内部被看待的——因为这里使用的"物质"一词不是中性词；它是一个属于精神生活之语言的词。我们的讨论必须澄清为什么问题得集中在从精神生活内部来看物质是如何被看待的这一点上。因为这种意义上的物质与精神之间的关系是内在于精神生活的。这就是我朋友说的话部分加以评论的东西。当我说这些话包含真理时，值得追问的真理在这样的哲学讨论中得到澄清。

142

如果我在这里将哲学与形而上学加以对比，那么我所理解的哲学指的是建构参与哲学问题的批评与澄清的活动。这样的批评与澄清之于哲学中的"真"就如同发现和证实之于科学中的"真理"。然而，二者之间有着巨大的差异，亦即，在哲学中可以被称为"发现和证实"的东西无法与活动——这一活动是这样的工作：每个哲学家不得不为他自己去完成这个工作——相分离。一个哲学家无法依靠另一个哲学家工作。例如，如果我们说："……已经被证明，即得到了维特根斯坦证明"，那么我们就不得不自己来澄清某事在他的所说或所写之中是如何得到证明的。那样做意味着去探明人们是如何阅读或理解维特根斯坦的著作的，反过来说，亦即意味着人们在做自己的工作。其他人可能会从不同的角度阅读维特根斯坦的论述。因此，不存在表达这种真理的一致方式。如果例如在我朋友的话这种情况中，人们具有的仅仅是富有意义的见解，然后他们需要用想象来接近这种见解，通过使用这种想象人们得以接近文学文本。事实上，这是接近哲学文本的唯一方法。

当然，这对于我马上就要回归的形而上学见解而言也同等适用。然而，首先我想简洁地评论一下我朋友说的话的另一方面，亦即超出哲学的方面以及表达个人和精神信念的方面。因为我们在这里具有的是这样一个陈述：在其中，精神生活的语言既得到使用，又被加以评论。只要这种语言被用来表示确信，像我说过的那样，说它包含真理就意味着同意它所说的东西，意味着分享它的观点——意味着在那种语言中达成一致。真理和一致在这里内在于所谈的语言。就像说"我的生活经验与反思使我得出与那些话——就像我理解的那样——所表达之物一致的结论"。好吧，我恰当地理解了那些话吗？在我能够确定这一点之前，我必须认识这个人并与他谈话。然而，维特根斯坦在另一关联中所表达的意思在这里再次得到应用：

> 我确信，确信……但是第三者并不确信。我能够总是使他确信吗？如果无法，是否在他的推理或观察中有什么错误？
>
> 在这里最困难的事情是将这种不确定状态正确无误地置入语词之中。（《哲学研究》，第二部分 § xi，第 227 页）

143

　　回到形而上学，我把形而上学论题的建构与回应如下问题相对照，亦即用不同种类的活动——批评及澄清——导致这种建构的问题。当然二者都关心达到恰当理解表达哲学问题的问题所指向的建构。然而，我说过，对于如何达到和表达这种理解，形而上学有着一种不同的构想，它在一种抽象的层面运作，某种观念在这个层面加以创造，在这种抽象的层面运作并提出反题的人们共享这些观念。人们可能或不可能讲清楚这些观念，但是它们建构了我称之为形而上学神话或虚构的东西——例如，语词的意义是对象亦即抽象对象这样的观念，因果联系是虽然看不见但像电缆线那样联系的观念，再例如关于物质的观念：物质（像洛克和贝克莱使用此词时的情况）是支撑属性的东西，我们可以在特殊的情况下通过属性知道物质的存在，就像一个看不见的衣帽架。

　　因此，洛克将物质视为"不可被认识的某个事物"，贝克莱在与洛克对立的意义上认为物质并不存在。贝克莱在尽力拒斥一种形而上学神话，但是在将其与他想要保留的我们关于物理事物的日常构想进行分离时却遇到很大困难。形而上学神话是维特根斯坦的"老鼠"，黛蒙德将此作为她讨论维特根斯坦在其主张中所提倡的那种实在论的核心。这种"实在论"是抽象思想的对立面，我们在抽象思想中失去了与我们需要去关注的东西的联系。在统一实在中散乱的东西时，在消除实在中粗糙的东西时，在理想化和纯化混乱的东西时，这种"实在论"失去了与实在的联系。正如维特根斯坦在论述逻辑与语言的关联时所指出的："愈细致地考察实际语言，它同我们的要求之间的冲突就愈尖锐。逻辑的水晶般的纯粹原不是我得出的结果：而是对我的要求。"（《哲学研究》§107）

然而，要是放弃这种要求并反过来看问题，我们就不得不面对并讲清楚俘获我们的理念和图像。这需要艰苦的哲学工作。要想打破抽象思考的习惯，我们需要经验到这种实在论的有利之处，经验到黛蒙德称之为"实在论精神"的有利之处。为此我们不得不关照自身的情况。因为抽象思考的习惯不仅是鼓励抽象思想的哲学问题，还是我们自身之中的某些东西——这些东西在某些人身上比其他人要更多。若想不受制于它，需要自律。

144

我将形而上学视为我们需要远离之物，视为制造神话和我们在其中失去与现实的实在相联系的东西，我们需要将我们在哲学中的注意力指向现实的实在之上。这意味着形而上学论题不包含真理吗？就像我说过的，如果我朋友的话中包含真理，那么为什么形而上学论题无法同样如此呢？

我从来没有否定过形而上学论题可能包含某种真。我的意思是，真和假在形而上学论题中相互缠结在一起。然而，在我们能够得到恰当的理解之前，形而上学论题所包含的真需要变得能够得到理解；形而上学论题可能包含的这种真需要分清与之缠在一起的假。这样做亦即远离形而上学，远离意在建构形而上学论题的那类思考活动。正是哲学工作使得这种真得到理解。当哲学工作达到我所称之的恰当理解哲学问题所指向的事情时，真就得到理解了。

不管怎样，我不是要摒弃形而上学。形而上学是对哲学问题的自然回应，只有那些具备哲学感知力的人才可以通达哲学问题本身。人们在远离形而上学的过程中，并不同时远离哲学问题，因此也不远离哲学本身，这一点相当重要。人们不应该忘记形而上学本身就是哲学问题的来源。

三　结论

通过黛蒙德澄清当维特根斯坦说"在哲学中，不是经验论而是实在论才是最困难的事情"所意谓的东西，我们已经考察了维特根斯坦在哲学中倡导的"实在论"。所谈论的东西是哲学中作为活动的实在论；而不是作为形而上学立场或论题的实在论。事实上，哲学中的经验论正是这样一种立场。维特根斯坦这里提到的经验论尤其是要通过为数学在实在中寻找经验基础来制造一种关于数学的超级科学。然而拒斥这一做法又难以避免将数学视为游戏和非任意性的东西。因此，拒斥这种经验论是困难的。

维特根斯坦的做法是拒斥这种形而上学实在论，与此同时，又通过将注意力转移到在数学之外的活动中应用数学而保持日常意义上的实在论精神。数学在这种活动中的使用是将数学放在适当的位置并阻止其成为任意符号变形的普通实在。这一点正是维特根斯坦提醒我们在做哲学时不应忽视的。这是日常意义上的"实在论"，是哲学中的实在论。因为有形而上学的诱惑，所以保持这一点很困难：因为我们倾向于在天空稀薄的空气中而不是在粗糙的大地上来寻找我们的解决办法。

正像维特根斯坦所指出，我们对于特定事况和实例存有蔑视的态度。像维特根斯坦做过的那样，从在《逻辑哲学论》中考察命题的一般形式到在《哲学研究》中考察游戏——"看看所有这些有没有某种共同之处……不要想，而要看！例如看看棋类游戏，看看它们的各式各样的亲缘关系"（《哲学研究》§66）——初看之下似乎使哲学变得很琐碎，甚至一起远离哲学。形而上学实在中的"老鼠"消失了，留给我们的只是普通实在的"破布"。结果似乎是，哲学中的真概念无所适用；"哲学中的真"似乎与形而上学实在一同消失了。

那么，真是这样吗？如果不是这样，"哲学中的真"可以适用于什么？我们该如何来理解真呢？这是我在本章第二部分已经简要考察过的问题。我同意维特根斯坦关于哲学是一种活动的观点。这种问题包含批评形而上学论题和澄清引起哲学问题的东西。我认为其目的乃是与这种批评及澄清一道产生出来的恰当的理解。我论证过，哲学中的真属于这种理解；哲学中的真是在我们获得真时所发现的东西。获得真就是获得一种发现，对这种真的证实就是这种哲学活动本身，通过这一活动我们获得这一发现。但是每个人，每个哲学家，不得不为自身而重新进行这样的活动，并且会经常出现不一致的意见。至于抵达恰当的理解的过程，深化恰当的理解并扩展其领域的过程，则是无止境的。

第八章

希拉里·普特南：形而上学实在论与内在实在论

一　两种实在论？

在关于实在论问题上，我发现自己和普特南之间存在大量一致的看法。普特南像我一样拒斥他称为形而上学实在论的东西，他称该理论为带有大写"R"的实在论（Realism）。① 他称自己为带有小写"r"的实在论者（realist）。他把他接受的理论描述为"内在实在论"，有时称作"常识实在论"或"实用主义实在论"。

虽然普特南用自己的方式发展了这些观点，但是像我们所发现的那样，显然他的观点受到维特根斯坦的很大启发。普特南在保罗·卡若斯讲演中提出"内在实在论"的观点，他用该术语描画其理论特征。尽管由于该理论导致误解的方式使他后来放弃它，但是该理论明显含有两种意义，二者都能在维特根斯坦那里找到来源。第一种意义是，"实在的"（real）和"实在"（reality）这两个词内在于语言，普特南在描画其立场——带有小写"r"的实在论（realism）② ——的其他著述中对此表示赞成。这两个词在语言中得到使用，因此，在"像'桌子''灯''门'这些词一样卑微"（《哲学研究》§97）的语言中，这两个词都有某种用法。从这个意义上说，上述两个词确实

是内在于语言的。普特南在描述他的反形而上学实在论主张时，使用"内在的"一词的第二种意蕴是，当哲学家们谈到关于物理对象以及时间、心灵、数字甚至关系的实在时，所说的实在内在地关联于其所属的语言和语法。

这里所说的"内在地关联"于我们语言的语法的东西，以及为了例如我们进入房间时在半黑暗中所见之物而做出断言的实在，这二者之间形成对照：亦即真的有一个人藏在角落里；我不仅仅是在想象。我们这里的断言独立于我们的以往主张，并因此外在地关联于我们的以往主张。维特根斯坦在这里谈到那些事物的概念，有些哲学家把实在归属于这些概念，其他哲学家否认它们为形式概念或逻辑概念。正像我们所看到的那样，维特根斯坦明确指出，和普通概念与其对象的情形一样，概念与对象在这种情形中无法分开、单独对待或单独指称——例如书的概念和实际的书（参见：《逻辑哲学论》§4.126；在《论确实性》中对此也有相关素材，参见：§§35-36 和 §§476-477）。

当普特南拒斥带有大写"R"的实在论并接受带有小写"r"的实在论时，他并不是从实在论的极端形式推进到更加温和的形式，这一点是值得注意的。当普特南引用奥斯汀（John Langshaw Austin）的话"足够就是足够，[哪怕]足够不是一切"时，人们不应按洛克《人类理解论》中所说的话的精神来理解这一点：

> 一个懒散顽固的仆役，如果说：不在青天白日，他就不肯用灯光来履行公务，那实在是无法宽恕的。我们心中所燃的蜡烛已经明亮到足够供我们用了。（第一卷第一章§5）

普特南认为他把他拒斥为不融贯的东西说清楚了。他在另一方面接受的几乎不是我们要称作哲学立场的东西。正像詹姆斯·科南特在普特南的《带有人的面孔的实在论》一书的导论中提出的那样："普特南称作'带有小写"r"的实在论'……肯定了我们关于世界的普通图景及其准许的日常语言惯例。""普特南把'带有小写"r"的实在论'与维特根斯坦的某个说法相关联，亦即我们研究哲学时我们往往会忘记树和椅子——'我们可以指向的这个那个'——是我们称为'实在的'东西的范式。"（第 xiv 页）在该书的第一篇论文《带有人的面孔的实在论》中，普特南自己写道："如果说我们所说所做的就是成为一个'实在论者'的话，那么我们最好是实在论者——带有小写'r'的实在论者。"（第 26 页）

当然，我可以把"带有小写'r'的实在论"理解为哲学家为了与带有大写"R"的实在论分道扬镳而斗争的任务的一部分，由此产生的结果是，如果哲学家成功了，渴望与带有大写"R"的实在论分道扬镳的人将在理智上满足于对"带有小写'r'的实在论"的依附。当然他已经移除了一种诱惑，而且在此过程中已经促进了理解某个事物，亦即，构成言说和思想可能性基础的东西并不是一种哲学立场。维特根斯坦说道：

> 在哲学中，人们总是处于一种产生［例如］象征主义的神话或者……产生灵魂过程的神话的危险之中，而不是简单说出每个人都知道或者必须承认的事情。（《字条集》§211）

148　　　如果存在某些情况，我像其他人一样说"远处真有水"，"当我想房子里有一个盗贼，我不是在做梦，房子里实际上真有一个盗贼"，这样的话会不会使我变成了实在论者——不管哪一类型的？我不这么认为。

我觉得这不是批判普特南。普特南所说的是，我们正是在这种情况下谈到实在——在那种属于我们用语言来生活的情况下。那正是为什么普特南谈到"内在实在论"：我们关于实在的观念是内在于我们语言的。如果普特南说"世俗实在并不是幻象"，他会把这种话引向一个形而上学实在论者，而这个形而上学实在论者说这种事物本身或实际事物并无任何颜色。我不会通过称其为"常识实在论"而抬高其身价。普特南在题为"实在论的多副面孔"的保罗·卡若斯讲演中对此进行表达，他说："存在桌子、椅子和冰立方，也存在电子、时空区域、素数……以及美丽时刻、先验和其他事物。"（1991 年，第 16 页）再次重申，这些词导向形而上学实在论者，他称这些词为人的投影并否认它们为实在的一部分。

普特南说："人们一劳永逸地放弃了大部分世俗实在乃是幻象这种观点（一直纠缠着自柏拉图以来的西方哲学家……），而世俗实在看起来是不同的，因为我们被迫承认许多我们熟悉的描述反映了我们的兴趣和选择。"（同上，第 37 页）当他说，继那种去除尝试的诱惑并超越该诱惑的哲学工作之后，"世俗实在看起来是不同的"，他的意思并不是说，在我们日常处理不同的环境外貌时，我们处理的事物看起来是不同的。普特南的意思是，在我们的反思活动中，我们不再把那些事物视作仅仅是截然不同的事物的影子或我们无法到达的世界的回音，以至于它们在我们的哲学反思活动中经历了外貌的变化。此外，当我们有机会使用"实在的"一词时，我们鉴别我们称为"实在的"东西在何种程度上植根于我们生活和参与生活的方式，它的意思是无法与它在我们语言中的使用相分隔。妨碍这种鉴别的诱惑与混淆越来越严重，而且我们不应低估这种鉴别为识破诱惑与混淆所发挥的作用。

普特南所讲的形而上学实在论或带有大写"R"的实在论便是诱惑与混淆的产物。他也恰当地把它与科学实在论相关联，亦即主张"全部真实的东西乃是虚空中的原子"。普特南还把它同康德的"物自体"概念联系起来。形而上学实在论把我们归属于事物的多数属性视作不是事物本身或"在它们本身之中"存在的真实属性——"在它们本身中"意味着排除当我们在同它们相互作用时在我的这里产生的东西，此时我们将这种东西投射到它的上面：例如它们的颜色。

149

"颜色并不是物理对象的内在属性。当我们把要买的材料放到阳光下来观察我们称为其真实颜色的东西时，根本就不存在与我们看到的颜色相关的真实东西。当我们谈论其真实颜色时，这只不过是一种说话方式。"这远远超出了康德的思想，因为尽管他认为"物自体"概念是一种需求，他关于物自体的谈论却很少（参见：贝内特，1974 年，第 53、54、56 页）。普特南稍微进一步阐释道："在有些地方康德说……'物自体'的概念可能是空的……我认为几乎整个《纯粹理性批判》都与下面这样一种看法协调一致，按照这种看法，我们根本没有承诺……关于本体思想的可理解性。"（1991 年，第 41 页）他对此加以描述：尽管康德承认"物自体"的概念可能是"空的"，但他"仍然允许这一概念有形式上的含义"（同上，第 36 页）。

对于普特南来说，这完全是一个非融贯的概念，我的观点与他一致。他说道："采用内在实在论就是放弃'物自体'的观念，当我们谈论'物自体'时，我们不知道所论及的是什么。"（同上）他说，形而上学实在论把实在视作"未概念化的"——一种未经烹饪的"本体面团"（noumenal dough）——人的观念以不同方式对之切割并烤成饼干。我们所经验的是我们贡献的结果。因为实在之物独立于我们的"物自体"而存在，所以本体面团在我们的观念把它转化成经验和知识的对象之前能够构成实在。[7]普特南说这种"未经烹饪的面团"（uncooked dough）和"纯正的所与"（uncorrupted given）的概念吸引的是哲学家们的信念，亦即这种概念提供了我们知识需求的精神寄托——一种未被任何人的操纵所污染的精神寄托（同上，第 43 页）。

普特南拒斥形而上学实在论为不融贯的："［带有大写'R'的］实在论不可能企图看无来由的世界。"（1992 年 a，第 28 页）为什么我们应该假定实在可以独立于我们的描述而得到构想？（1992 年 b，第 122 页）他说，那种认为某些描述是"独立于看问题视角的实在的描述"的观念是幻想（同上，第 123 页）。"我们除了在自己的语言游戏之内别无其他地方可以站立。"（同上，第 176 页）他赞成古德曼的说法，亦即"不存在可供站立的中性地方"（同上，第168页）。

物自体构成如其本身的世界之观念同绝对世界观的观念是相匹配的；二者是同一硬币的两面。绝对观会假定其自己在一种语言中得以清晰地表达，该语言通过反思带有大写"R"的未概念化的实在强加于我们。然而普特南强有力地说道："我们无法理解'出现'在形而上学意义上的宣称其自身唯一描述的实在观念。"（同上，第124页）

他用科学实在论很好地表达了这一点，而科学实在论公认为等同于形而上学实在论——当然由伯纳德・威廉斯提出：

> 不存在把任意版本［语言或概念图式］与"未概念化的实在"相比较这回事儿。我们的确对照经验材料来检验科学理论；然而，正如古德曼指出的，经验材料……本身是建构和诠释的双重结果……把理论与经验相比较并不是把理论与未概念化的实在相比较……这是把一个或另一个版本同我们在给定的语境中认为是"经验"的版本相比较。（同上，第162页）

正如不存在由未概念化的实在——带有大写L的语言（Language）——强加给我们的语言一样，同样也不存在完全空白的经验：不被某种生物在其生命进程中所学的东西渗透。就我们人类来说，这会是我们用学会使用的语言所过的一种生活。同样，对于科学实验而言，这也是真的：他们可以在科学理论的框架内感知到，科学理论的结果是他们想测验到的。至于理论本身，它们当然是在有关概念的不断检查下构想出来的——在形成的过程中发挥作用的概念。因此，普特南对威廉斯加以批评，后者给科学语言以这种特权立场：

> 我并不满意伯纳德・威廉斯在科学的绝对性与其他文化的"相对性"之间的对比……相对于文学或道德会汇成一个终极世界观，不存在更多的证据表明科学会汇成一个终极世界观。

150

（1992年，第130页）

更简单且更一般地来说，普特南认为不存在且无法存在绝对世界观，亦即"没有观察者的世界观"（伯纳德·威廉斯），也不存在"无来由的世界观"（托马斯·内格尔，1991年，第208页）。正如我们可以仅仅从我们在空间中站的位置来观察空间中的事物一样，我们可以仅仅从我们所说的语言的视角来观察或想象世界中的事物。因此，物自体或世界本身的观念是无法理解的，我们"无来由"地亦即无视角地观察或构想这个世界。如果有人主张我们打算从一个特权的视角来观察或设想该观念，亦即一个"客观的"观念，因为它由这种实在强加给我们，那么这一客观视角的观念也同样不可理解。

我完全同意这一点。当然，我们可说和可想之物是存在的，而实际上它们必须能够独立于我们可想或不可想、可希望或不可希望、可说或不可说之物而存在。然而对于上述事物来说，要想能成为我们想的和我们说的东西的对象，哪怕当我们想和说的为假时，它们必须落到我们所使用的语言的言谈宇宙之内，我们用这种语言来生活，并和使用同样语言的其他人分享这种生活。我们的可说和可思之物无法仅仅偶然存在，正如言谈宇宙碰巧存在一样。言谈宇宙并不是我们语言描述的那个宇宙。语言不描述任何东西；是我们使用语言来描述事物、陈述事实，等等。不，语言的言谈宇宙包括全部对我们有意义的东西，包括该语言的使用者。因此，我们在语言中陈述和描述的东西必然要降落到其言谈宇宙之内。那个世界并不独立于我们的语言而存在，它包括我们生活的世界，亦即我们唯一认识的世界，也是对我们唯一有意义的世界。然而，存在于该世界中的东西，即使使用者所指、陈述以及谈论的有意义的东西，也许不存在于一个或多个该语言的使用者认为其存在的地方或时间。我认为，这是导致形而上学实在论及普特南在"内在实在论"中更正的主要混淆之一。

普特南在保罗·卡若斯讲演中企图用非常简单的类比澄清这种区

分。让我们想象一组对象。凭借我们的兴趣和我们在生活中用它们所做的事情，我们能够想象不同方式来辨别它们为对象并数清它们的数量。普特南在这个例子中想象了两种不同的计数方式——

I. $x1$，$x2$，$x3$　　II. $x1$，$x2$，$x3$，$x1 + x2$，$x1 + x3$

有 3 个对象　　　　　$x2 + x3$，$x1 + x2 + x3$

有 7 个对象

他指出，我们如何使用"对象"这一术语在两种情况下有区别并内在于我们使用的语言。然而"一旦我们弄清楚如何使用'对象'（或'存在'），'有多少对象存在［这里指在这一堆中］?'这个问题就有了根本不是'约定'的回答"——换言之，该问题外在于我们所使用的语言，亦即独立于我们所想所说的东西（1991 年，第 20 页）。他指的是那种语言，在该语言中我们对我们称为"对象"的东西的计数方式，首先属于"卡尔纳普的语言"，其次属于"波兰逻辑学家的语言"。普特南说道：

> 如果我选择卡尔纳普的语言，我必须说存在三个对象，因为那是对象存在的数目。如果我选择波兰逻辑学家的语言……我必须说存在七个对象，因为那是对象（在波兰逻辑学家意义上的"对象"）存在的数目。这些都是"外在的事实"，而且我们能够说出它们是什么。我们无法说的——因为这没有意义——是在独立于所有概念选择的情形下什么是事实。（同上，第 33 页）

更一般来说，我们所说的区别存在于我们在语言中说的东西、我们可以认识的东西、可以为真或为假的东西和"语法"之间，正如维特根斯坦会讲我们在"语法"之内说以及想在语言中说和想的东西。语法包括我们言说的东西的形式，我们说该语法的"语言游

152

戏"——我再次使用维特根斯坦的术语。那种意义上的语法在特定的言说形式之内给了我们含义上的界限。现在形而上学实在论寻求某种语法与实在的一致。因为在康德的方法论中,语法属于"先验的",亦即对于划定含义、经验和知识的可能性的界限来说,形而上学实在论亦即康德称为"先验实在论"的东西——关于先验或语法的实在论以及关于含义或可理解性的实在论。

康德恰当地拒斥了这种实在论。他把他接受的立场称为"先验唯心论",因为他把先验视作可以在说话者和思考者的某些大脑结构中找到或由该大脑结构组成——由所有理性的大脑分享的结构,亦即能够言说、思想和推理的大脑,因此是"唯心论"。然而,这可以以不同的方式视作"先验实在论"的形式:它不是用物理实在而是用精神实在稳固住了先验。

维特根斯坦拒斥"先验实在论",普特南也拒斥先验实在论,然而,他们二人比康德拒斥"先验实在论"更深入,并且这种拒斥并不使他们信奉任何形式的唯心论。当我说这更深入,我的意思是说对形而上学或先验实在论的诱惑更加彻底地根除掉了。关于维特根斯坦我对此已经讨论了全部。为什么普特南认为这并没有使他信奉任何形式的唯心论呢?

二 普特南不信奉语言唯心论

普特南本人在保罗·卡若斯讲演的第二讲《无二分法的实在》中,提出了如下问题:"一个人如何使自己确信这不是十足的语言唯心论呢?"(1991年,第32页)他说,他关于说明以不止一种方式辨别对象并数清对象数量的可能性的例子"听起来像'语言唯心论'"(同上)。因为这种说法听起来好像他在说:"世界上有多少对象的存在是相对于概念图式的选择。""我们如何能提出这种相对主义学说(他问)?他仍然主张相信存在着'外在性'观念的东西,亦即存在

着独立于语言和心灵而'在那儿'的某个事物的观念。"（同上）

换言之，这就像他在说诸如"抽屉里有多少个物理对象"这样直接的事实性问题的答案依赖于我们选择的语言——依赖于心灵和语言。普特南用高度抽象的术语来阐释，这是应该注意的。"世界上有多少个物理对象"这个问题是无意义的——正如维特根斯坦在《逻辑哲学论》中指出的那样。相比之下，我修改后的问题"抽屉里有多少物理对象"在特定的语境中来问便具有意义。尽管那样，这个问题通常也不按照"物理对象"一词来表达。如果警察要求被带到警察局的某人翻出口袋并且说："我想看看你口袋里装的是哪种东西。"在翻出的过程中也许会从嫌疑犯的口袋里掉出一点汗毛，当然这并不在"哪种东西"的类目之下。警察对之并不感兴趣。类似的是，抽屉里的物理对象数量并不包含尘埃粒子。同样，在手术中，当从病人身上取出一片组织来进行活组织检查时，粘在组织上的一点尘埃就不会包含在"在实验室里检验的东西"。

我认为，在特定的环境下，问"有多少……"的人认为这全部都是理所当然的。这是我们理解该问题的语言的一部分。当我们提问时，我们认为已经理解的东西由提问者所用的语言预先假定。无论何时我们问任何事实性的问题时，这当然都是真的。这是维特根斯坦称作"语言中的舞台背景"的一部分。这决定了在回答"有多少……"的问题时我们数什么，如何计数。答案取决于情况的事实，而该事实独立于我们而存在。但是什么事实呢？当我们问"有多少……"时我们关心的事实是什么呢？它们无法脱离开语言而加以辨认，从那种意义上讲它们的身份依赖于语言。

像我理解的一样，这就是普特南在爆炸的压力锅的例子中所指出的那一点。我们说安全阀粘住了，这是爆炸引起的原因。一方面，显然，如果锅的表面有一个洞，哪怕安全阀粘住了，锅也不会爆炸。那么普特南问：为什么我们认为是这些事情中的一个，而不是另一个"导致"爆炸呢？（第38页）他回答道：我们知道，安全阀"应该"

让蒸汽溢出——那是它的"功能",亦即它从设计出来就具有的东西。另一方面,表面元素＿＿＿〔不具有或没有发展出一个洞〕在阻止蒸汽溢出这一点上没有做"错"任何事情;容纳蒸汽是＿＿＿作为表面的一部分的"功能"……既然"为什么高压锅爆炸"这个问题设想了一个不包括表面元素＿＿＿丢失且没发生爆炸的选择或类似选择的说明空间,我们把出现＿＿＿的因素看作"背景条件"而不是"原因"(同上)。

普特南把他从这个例子中得到的教训表达如下:

> 从"硬科学"角度说明上述事件时,没有提及的原因对于兴趣及对于背景条件的相对性,并没有使因果关系成为我们简单制定的东西。如果给定我们的兴趣和我们所认为的相关背景条件,那么说高压锅的内壁导致爆炸是错误的(除非内壁碰巧有缺陷,而且碰巧是这个缺陷,而不是安全阀的状况来"说明"爆炸)。我们的概念图式限制了我们适用的描述"空间";但是它并没有预先决定对我们问题的答案。(同上,第38—39页)

他然后考虑了一个反对的理由:"硬科学"并没有做出如此区分。硬科学讲到"密闭容器中的压力增加到超过某种系数,然后材料破裂了"。他恰如其分地考虑到这一点。在此我应该指出史蒂芬·图尔敏在《科学哲学导论》一书中指出的东西,亦即"原因是应用科学所关心的",在物理科学(普特南称为"硬科学")理论中没有提及(参见:图尔敏,1955年,第四章第四节)。图尔敏并没有提及且与正讨论的问题相关的是,从"硬"科学家制定数学物理的法则和理论说来,原因观念在逻辑上比功能性依赖的观念更加基本。换句话来说,〔正如拉什·里斯(Rush Rhees)曾说的〕科学起步于我们的日常语言中所问的问题。这意味着——如果我可能增加——其语言及问题无法脱离开作为"郊区"的日常语言而得到理解。

普特南指出,不存在什么办法来辨别那些事实,它们使陈述为真；如果缺乏这些事实，陈述在独立于做出该陈述的语言之外便为假。普特南借此来结束《无二分法的实在》部分的讨论。使陈述为真的事实是什么呢？回答这个问题我们只能重复该陈述，要么用做出该陈述的语词，要么用重复该陈述的语词。他得出结论，在陈述和事实之间，不存在关于事实、对象或一致的绝对观念（同上，第40页）。

简言之，普特南并不是一个语言唯心论者，因为在任何方面他都不否认要想回答诸如"你在书桌右上角的抽屉里放了多少东西"这样的问题，就要通过检查抽屉里面并数你看到的物理对象——笔、一叠纸、剪刀，等等。你所看到并且计数的东西独立于你而存在。当然，你计数时可能会犯错误，你的计数结果也许有误：回答该问题时你所说的也许是假的。然而，你数的是什么东西——把那叠纸看成一个东西还是许多东西？一小撮橡皮剩下的橡胶沫儿数进去了吗？等等——这些都依赖于所问的问题以及如何理解问该问题的语言。除此并独立于此之外不存在什么东西组成抽屉里装的东西了。指出这一点并不是信奉或陷入一种语言唯心论形式。

普特南恰当地拒斥了我们的概念图式以不同方式切分的绝对实在的观念。但是，他说道："这种观念的另一种替换说法并不是下面这种说法，亦即以某种不可思议的方式，其全部只是语言。"（同上，第36页）换言之，正因为它把语言与实在有关的方式的图像拒斥为哲学神话——亦即我们的概念图式以不同方式起作用并产生秩序的"未概念化的实在"的观念——他并不坚持如下观点，亦即实在是语言的影子，就其本身而言，是人类的构造。那就会是语言唯心论。他说：

　　我们能够而且应该坚决主张，存在的一些事实是被我们发现而不是被我们规定的。但这正是人们采用（adopt）一种说话方式、一种语言、一个"概念图式"时想要说的东西。在没有明确所使用的语言的情况下，谈论"事实"就等于什么也没有谈论；

"事实"这个词的用法和"存在"或"对象"这些词一样，都没有被实在本身固定下来。（同上，第36页）

我全心全意赞成这一点，但我会忽略去那个小词"采用"。我们并不采用一种语言；我们学会说这种语言。我们可以采用一个新的指号；然而，在我们能够采用包括一个新的指号的任何东西之前，我们不得不拥有一种语言。

三 康德和普特南的无二分法的实在论

我们已经发现，普特南把他的"内在实在论"描画为"无二分法的实在论"。他说，"内在实在论"的本质是拒斥这种二分法为"投影"与"事物自身的性质"之间的二分法（1991年，第28页）。他还称康德为始祖，但不把他看作圣人（同上，第43页）。然而，我完全同意康德的哥白尼革命确实拒斥了形而上学实在论或康德称作的"先验实在论"，二分法确实进入了他的思考——如果有名无实该多好啊。

首先让我们简单地考虑二分法是什么，在形而上学理论中它是如何产生的。二分法表象我们在日常语言中使用的范畴，例如：心与身、事实与价值、表象与实在、在 either/or 模式中的唯一和详尽。因此，在心与身的情况下有笛卡尔的二元论。在我们说的语言中我们相当认可的东西是要被否认的，亦即我们视作属于心灵的东西（例如一个念头或感觉）无法脱离开身体中所带来的东西（例如言说、行为和身体反应）而加以辨别。同样，被视作与身体有关的东西，例如自愿行动和有目的的行为观念无法脱离开行为人的心灵而被理解。因此，威兹德姆教授问，是"他走得很快"描述了"一种单纯的身体行为"？相比之下，还是"他正在思考交易周期"描述了"一种单纯的心理行为"？他回答说："难道二者不都在描述两种行为吗？"（威

兹德姆，1952 年，第 223 页）

就属于事物本身及我们投影的内在性质与服务并表达兴趣的我们 157
那些概念的二分法来说，普特南谈到了同语言与实在的关系的形而上
学论者的图像相似的东西。他用如下的话拒斥了这种二分法："我们
称为'语言'或'心灵'的要素如此深地渗入到我们称为'实在'
的东西，以至于把我们自身表象为'独立于语言的'东西的'绘图
人'的那个计划从一开始便决定性地遭到妥协。"（1992 年 a，第 28
页）然而，如果我想拒斥形而上学实在论而不清楚地承认普特南拒斥
的二分法及其有误的地方，我们很可能转向相反的极端并接受某种语
言实在论形式。因此，普特南说道："在这种情况下，说'我们创造
了世界'便是一种诱惑；但这只是同样错误的另外一种形式。"他继
续说：

> 如果我们屈服，我们再一次把世界——我们所知的唯一世
> 界——看作一个产物。一类哲学家从原材料中把它看成一个产
> 物：未概念化的实在。另一类哲学家则把它看作虚无中的创造。

他补充道："然而世界不是一个产物，它只是这个世界。"（同
上，第 28 页）

我会说，在参与当中我们学到的东西以及学会说我们一起参与并
交往的人们说的语言的过程中，我们到达于此。

让我们考虑一下在哲学思考中突显的表象与实在之间的二分法。
康德说物理对象随着时空的感觉而出现，它们由在空间中延展在时间
中持续的感觉来出现或表现。换言之，感觉把它们视作存在于时空当
中。我认为康德的意思如此，正像在维特根斯坦之后的今日，我们会
称为语法评论的东西。换言之，诸如一个想法或感觉的任何不在空间
中延展的东西无法是物理对象，任何在时间中没有持续性的东西无法
有物理实在。亦即，他没有把性质归咎于对我们在语言中指称的或抱

有想法的对象恰好一般的分类，但是他在评论我们谈论并思考这些对象时所预先假定的东西——限制我们思考并体验它们的可能性：换言之，用康德的话来讲，限制思考属于"先验"的东西的可能性。那对于维特根斯坦使用"语法"的意义来说是"语法"的相近对等词。

158 　　然而，存在着关于康德表达这个的一些方式的某种含糊性：物理对象随着时空中的感觉而出现——不可避免地出现。这可以用不同的方式理解并哄骗我们的思考以不同的方向运行。康德的思考不能完全免于这样哄骗。所说的东西产生了：空间的延展性和时间的持续性描画了表象的特征，描画了物理对象的表象而不是物理实在本身的特征。正是心灵把时空形式强加于实在之上，因此使实在可知可想。但是我们所知所经验的东西并不是那种单纯且未被我们强加于其之上的东西所感染的实在。正好像他在说，我们不知道电是什么；我们只知道电的效果——它产生的光，触摸通电的电线时我们得到的冲击，等等。

　　康德说，他称为感性形式、时空及我们理解范畴的东西恰恰并不来源于我们知道和经验的东西。它们不符合我们经验的对象，因为经验哲学家们相信所有观念必须符合经验的对象。康德认为真相恰恰相反：他的哥白尼式的革命。这些形式和先验观念进入我们知道和经验的东西的组成方式当中，因为那种它们使之可能的"组织"对于经验是必要的：所以，正是这些对象符合我们的感性形式及我们理解力的先验观念。

　　这意味着我们知道和经验的东西是部分地由于知识能力因其结构而"综合"的方式。"综合""组织""处理"——这些都是需要仔细研究的暗喻。然而，康德说我们知道和经验的东西不可避免地部分受到我们影响。目前我会赞成这点。现在如果把这说成"因为它们独立于我们，所以我们从不知道它们"，这样会使我们思考"它们独立于我们或其本身像这像那，只有我们不知道它们像什么"。因此，康德说，因为我们带给事物经验的东西，事物像我们经验它们那样、像在时空中那样以及像实际存在并带有因果性质那样而出现。但是，由于它们独立于我们对它们的经验的贡献而存在于自身之中，所以我们永远无法知道它们。

因此，康德最后以我们对其经验中事物对我们的表象与它们存在于实在和自身中的方式之间的绝对区分而结束这个讨论。他认为，我们知道并经验的东西包含的要多于我们感性形式的贡献。它们还包括积极运用理解力在其归属的范畴中的应用。因此，我们知道的便是自然的"现象"。这里他在现象和本体之间做了另一个绝对区分——现象对象和纯粹理智对象：我们可以思考它们但无法经验或知道它们。这便是对早期的表象与实在之间绝对区分的延伸。

159

在这里，康德和柏拉图有某种平行观点。他们二人都认为，我们所经验的东西和我们生活、处理、反应、命名、谈论及描述的世界的对象独立于我们理解模式及表象形式之外并不存在。因此，在二位哲学家之间存在着关于我们经验的、思考的和谈论的东西与表象形式之间的区分。他们在表象与实在之间的区分与这一区分密切相关。

这种在表象与实在之间的绝对区分与我们在日常事情中做出并运用的区分完全不同。因此，例如，浸在水中的棍子似乎弯了但事实上或其本身是直的。这里，"事实上"意味着"好似棍子感觉到我们在摸它""好似我们通过空气媒介在看它"。因为对所说对象的机械性质感兴趣，所以我们在此接触了一个标准。至于空气媒介，它形成了我们运行、做出感知及行为判断的正常环境的一部分。在大量这种情况中对于我们来说很重要的是我们感知判断及对象的机械性质的持续背景，因为它们彼此互相影响。正是这些进入了我们关于表象与实在之间的实际区别当中，因为我们在日常生活中重现的许多场合都运用了这种区别。

这里有两个应该引起我们注意的地方。首先是表象与实在之间的区别。正如在上面这个例子中，是我们从言谈模式中得出且并不独立于言谈模式的区别。其次是在浸在水中的棍子以及许多其他类似例子当中，表象与实在是彼此相背离的，所以我们说："那只是表象；实际上事物完全不同。"还有其他彼此相一致的区别："很明显他相当生气"，"他是特别直截了当的人；和他在一起时你看到的就是你得到的"。显然在所有这些例子当中被视作真实或实在的东西——例如"你得到的"，"他行为举止中表现出来非常真实的生气"内在于言谈模式——亦即内在于我们所论及的东西。

对于我们环境中的颜色来说，尽管棍子看起来是弯的，我所说的棍子实际上是直的，这一事实为真。我在商店中买的材料的真实颜色是其在日光下的颜色。因为，例如相对于各种不同的电灯光来说，我们在生活中把太阳光视作自然光。阳光下事物的颜色是其真实颜色。如果我们像城市地下空间中的鼹鼠那样生活的话，我们会把许多事物的真实颜色看成不同的。当我们说到山上的颜色时，我们根本并没有谈到山的真实颜色，尽管山从不同角度都暴露在太阳下，尽管其颜色随着季节的变化、日的变化、小时的变化而产生的天气状况的变化而变化。我们足可以说山的颜色在不断变化。

有人或许会说："草是绿的。因为我们可以看见草并具有颜色概念，所以我们知道草是绿的。然而，如果地球的大气层与现在不同，或者如果我们的视觉神经的构成与现在不同，那么草呈现给我们的颜色就不是它现在显现给我们的那种颜色了。"好吧。但这并不是说草实际上就不是绿色的了。如果有人说："事物的颜色必然是其显现给我们的颜色"，这并不是说颜色不是真实的，因为颜色"仅仅是表象"。在这里正是一些与其他颜色相反的"表象"构成了我们的实在——事物的真实颜色。对于这一主张不存在形而上学的东西。绝对区分以及它作为一种领域而促进的形而上学观念是对与我们日常相对的对比于其在不同语境中运用的方式的一种歪曲，我们无法很容易进入或根本无法进入上述领域，或者仅仅少数特权人物才可以进入该领域。

康德认为，我们仅仅从事物呈现给我们的样子而不是其本身的样子且至少以一种非常自然的方式来认识事物，这种观点是混淆的，实际上是不融贯的。"只有当事物呈现在我们的感觉中时，只有当我们的感觉把事物作为存在表现给我们时，我们才能认识它们"，这一开始呈现为无知的——如果这种认识是无知的，除非"只有"一词是多余的。那么，请比较：

（a）我们必须依靠感觉，除此之外我们没有其他办法认识事物的样子。

（b）卡鲁索活着时我们必须依靠他声音的录音。除此之外我们没有其他办法认识他声音听起来像什么。但是这些录音给我们关于他声音质量的不充分的观念。

在后一种情况中，因为我们可以比较过去与现在的唱片，以及当前歌手的声音与他们声音的录音，所以我们可以说录音是不充分的。但在前一种情况中，就不存在这种比较的可能性。只能通过感觉认识的东西无法以其他方式认识，正是由于这种原因，该事物无法用其他任何东西来衡量而只能是不充分的。因此，我们的感觉也许是居第二位的建议（康德并不建议）或我们通过感觉认识到的仅仅是表象而不是实在的建议（康德有时接近于建议）是不融贯的。

在这里，"我们关于事物——物理对象——的构想建基于我们对它们的知觉之上"这一无知的主张，被转化为"我们必然只像事物出现于我们感觉的样子来认识它们"。然后随之就会产生出："因为它们以物自体的样子存在，我们并不知道也无法知道它们；因此，实在就全部从人类知识那里切断了。"康德并不这样认为。然而，这种"事物的物自体的样子像什么"或"事物的实在的样子像什么"的观念以及实际上"实在"的观念都是不融贯的。这种观念从生活的特定语境中谈话的实际方式中抽象出来但没赋予意义——无实际用法，无特定环境来参与我们的行为并服务于我们。

请比较："我们知道事物在白天和各种人造光下的样子，但我们不知道它们在黑暗中没有光时的样子。"多数人通过这样一个陈述都会直接明白并且不被迷惑。这里不存在什么我们不认识也无法认识的东西，因为事物在黑暗当中看起来不是这样就是那样。人们根本无法看见它们，它们没有视觉性质，因此在黑暗中也没有颜色，因为光是视觉的必要条件。同样，正如康德所言，如果空间性和时间性是知识和经验的必要条件的话，那么脱离开空间性和时间性来说事物本身的样子就没有意义了。

康德断言我们不可能认识实在，亦即事物作为它们本身的样子，导向两个相反的方向：第一，超越我们之所及存在着一种实在；第二，我们在事物未知的存在缺乏认识它们的必要条件的情况下无法认识事物；"在灯光到达事物之前我们无法足够地改变光来看事物在黑暗中的样子"。第一个方向讲的是绝不明显且其本身神秘的东西，而第二个方向讲的是完美无缺的东西。因此，尽管认为知识对象"仅仅是表象而非实在"从最乐观的方面看会引人误解，从最不利的方面看是完全不融贯的，但是认为"表象模式"进入我们关于何为实在的构想却非常重要。我认为，正是未被发现尽管可以理解的恐惧使康德主张超越我们之所及有实在存在。这种恐惧，亦即上述构想暗含着独立于我们之外不存在任何实在。普特南认为，尽管康德在他的认识论中"承认物自体的观念可能是'空的'，仍然允许这个观念有形式上的意义"（1991 年，第 36 页）。我要说的是，物自体的作用纯粹是装饰用的，像那些早期希腊建筑中实际上什么也不支持的多利斯柱型一样。[8]

四　后期普特南：在罗蒂的镜像中祛除"内在实在论"

我在本书中关注作为哲学论题的实在论以及怎么才能拒斥实在论而不接受其反题——语言唯心论。普特南称之为"形而上学实在论"，并把实在视作独立于语言而存在。形而上学实在论主张，任何语言必须从它与实在相关的方式那里获得其可理解性。可能存在不同的语言，不同的概念图式。然而，如果它们可以理解，那么它们便与同样的实在相关；它们的实在以其不同方式包装同样的"原始的"或"未概念化的"实在。因此，它们是可以通约的。

因为普特南并不否认我们认为实在之物独立于我们人类而存在，并且我们能够言说，亦即我们拥有语言，所以普特南把他自己描述为一个实在论者。然而，因为他认为我们视作实在的东西内在于语言，所以他称自己为内在实在论者。我完全同情普特南，在我的讨论当中，我要亲自澄清普特南的立场。

然而，普特南认为，在他的一些后期著作当中，他表达内在实在论的方式很可能遭到误解。例如，他认为罗蒂已经把实在论带到了一个极点，他无法再赞同那种实在论。普特南抱怨到，罗蒂把形而上学实在论拒斥为不可理解的已经导致了一种可能描画或描述语言中任何东西的怀疑论，该语言独立于我们对其描画或描述而存在。他写道："罗蒂读到我的……论证……就像强烈地支持他的观点，亦即'表象'一种外在于语言的实在的整个观念已经崩溃了……我不想赞成他读（我的）文章。"（普特南，1994 年，第 302 页，第 15 章"实在论问题"）

贝克莱曾经提议，我们和普通人一起说话，和有学识的人一起思考。正如我的理解，这种说法意味着，对于哲学家来说，批评我们说的语言并对之改革是错误的。但这并不是说，当我们使用语言时，我们无法被理解得很好的语言所误解。实际上，当我们让语言成为思想对象时就会遭到误解——例如，我们很迷惑，企图弄明白诸如客观性或实在等属于我们语言的某些概念相当于什么。在具体的语境中我们知道如何使用这些概念，而且我们很好地理解它们所说的东西；然而，当我们思考这些概念时，我们的思想陷入纠结当中。那么，如果我们想要弄明白它们的意义，所要求的那种反思需要某种特殊的学

163

识：我们需要这种反思的经验，在熟悉我们参与的语言实践中我们认为这种反思是理所当然的。显然，我们有必要说这种语言并熟悉和理解所说的概念，然而这并不够。这也就是贝克莱所说的我们应该和有学识的人一起思考。这种对我们已经理解的东西的反思的目的是其澄清：阐明所熟悉的语言实践，但并不干涉它们。

罗蒂采纳了贝克莱的提议，但他并不严格地遵循该提议。他说道："我已经说到，我们接着和普通人讲话，同时给这种言说［使用语词'认识''客观的''事实'以及'理性'的普通方式］提供不同的哲学注解，而不是由实在论传统提供。"（罗蒂，1993 年，第444 页）我们说例如在哲学之外的那些事物，亦即有人漠视他主张的那些事实，或他所说的既不符合事实也不符合实在。罗蒂同意这一点，但仅作为一种说话方式（une façon de parler），这也是要表达某种保留意见。因此，普特南指出，对于罗蒂来说"我们的语词和思想在其本身之外有时确实而有时并不'同意'或'符合'或'表象'一个实在的整个观念应该被拒斥为全部虚空"（普特南，1994 年，第297 页）。普特南说，罗蒂这样想是因为他认为"人们不可能'站在外面'并与世界一起比较我们的思想和语言"，因为我们能够接触的唯一世界乃是在语言中表象出来的世界。所以，普特南说："罗蒂的结论是，把一些语词［即我们说和想的东西］说成'真的'或'符合事实'仅仅是对我们自身智力创造（帮助我们'应付'的创造）的一种'赞美'。"（同上）

普特南这样批评罗蒂是对的。他说道："我同意罗蒂的观点，我们无法接触到'非概念化的实在'……但这并不是说语言和思想不描述外在于它们的东西，哪怕是某物仅仅通过语言的描述才能得到描述——亦即通过运用语言。"（同上）然而，这里存在着普特南自己始终保存的一种暧昧性。语言本身并不描述任何东西，也无所谓是否符合实在。正是我们在语言中所说的东西才可以这样，我们使用语言来说我们说的东西。当然，我们可以站在我们说的东西之外来把它与它导向的事实相比较，并检查我们说的东西是否为真。但这并不是说我们可以站在语言之外——因为普特南知道得非常清楚。因为凭借语词的意义，在把我们说的东西与其导向的事实相比较时，我们运用的标准来源于语言。普特南在保罗·卡若斯的讲演中也对此做了强调。当他面对自己的漫画像时，他发现罗蒂轻视之。他强调了罗蒂失去的东西。然而在他现在的写作当中，他自己必须无法失去他在早期作品中强调的东西。

普特南说："尽管我同意罗蒂的说法，形而上学实在论是不可理解的，但停止那种说法而不继续恢复关于表象（以及关于要表象的事物的世界）的日常观念无法完成'从熟知到熟知'的哲学真任务的旅行。"（同上，第300页）我们一开始的熟知属于我们的语言。当我们掌握熟知时，当我们能够使用那种语言时，我们便熟悉熟知。当熟知在哲学中成为我们思想的对象时，我们便开始疏远它。当我们可以回归到熟知时，我们便到了旅行的终点。然而我们回归到熟知的时候，我们怀着丰富的鉴赏力与反省熟知包含的隐藏的危险回归到熟知。正是这种经验丰富了我们的鉴赏力——几乎和我们鉴赏一个人的性格一样。正是在我们经验与他或她交往或关系的过程中遇到的困难当中，我们完美地得到了这种鉴赏力。

普特南反对罗蒂的是，后者没有回归到熟知，他停滞在形而上学那里——一种作为形而上学实在论底面的形而上学，亦即语言唯心论和怀疑论：我们称之为"事实"的东西并不独立于语言而存在，我们无法在语言之外行进，我们"无法'直接'进入思维和语言之外的世界"（同上，第299页）。在上一个论断当中，我们通过哲学怀疑论兜了一圈又回到形而上学实在论。正像普特南提出的：罗蒂留给我们的"结论是，不存在形而上的无知方式来说我们的语词确实'表象在它们自身之外的事物'"（同上，第300页）。

所以普特南现在关心的是完成"从熟知到熟知"的旅行，拯救"普通的事物"，注意到我们没有忘记"老生常谈的东西"：罗蒂无法用一种形而上学的无知方式来解释那些老生常谈的东西——诸如"山和楼梯不是由语言创造但仍可以被语言描述"等陈词滥调（同上，第303页）。因此，普特南现在把自己描述为一个"常识实在论者"并放弃描述其哲学立场的"内在实在论"标签。

我赞赏他放弃这个标签——正如我前面讲到的那样。然而，如果对于普特南来说，这只是一个在标签之间选择的问题，那么我认为"常识实在论者"并不比"内在实在论者"要好。普特南在面对加里·埃布的批评时接受了使用这个标签来描画其哲学观点的责任并说："该词表明存在一个相对于内在实在论的'外在'可选项，内在实在论从这个合法的视角上可以看成一个选择性观点。"（普特南，1994年，脚注23①）

很遗憾普特南在这种批评面前让步了。他的"内在实在论"是他在拒斥形而上学实在论为不融贯时达到的一种哲学立场。它标示着"实在"一词（像维特根斯坦会提到的）是一个卑微的词，像任何其他词一样，都属于我们说的语言，其意义在于它在那种语言中的使用方式（《哲学研究》§97）。这是我理解的"内在的"一词在"内在实在论"这种表达中的意义。因此，像形而上学实在论者那样，语言的终极结构，即语法，必须由实在的某些基本方面（例如，物理对象持续且独立的存在）支持的这种内在实在论者的主张在一个循环里往复进行。这种主张是完全不融贯的，与我们可以依靠自身的努力来提升自己这种观点相似。形而上学实在论者并不承认这一点，因为他把实在视作外在于语言的语法。他认为必须是这种情况，是因为他把"语法命题"视作用来描述我们居住的世界最一般特征的合适命题——正如罗素曾经做过的那样。这就是维特根斯坦自从写完《逻辑哲学论》之后所拒斥的东西。

如果我这样认为"内在实在论"是对的话，那么这肯定就是拒斥

---

① 该引文选自《语词与生活》（1994年）第lxvi页的第23脚注。——译者注

认为实在在其最基本的特征上是而且必须是外在于语言的，否则语法仅仅是任意的约定，因此，所拒斥的主张是不融贯的。它是不是内在实在论的一个可替换项？答案是它不可能是，因为它是不融贯的。但是，"内在的"和"外在的"两个词是有意义的，正如我用它们来陈述两个对立的主张那样，二者作为对立物彼此相依——像"黑"与"白"一样。

　　形而上学实在论并不承认语言命题和语法之间的划分。我们在语言命题中可以说某个事物为真或为假，这些命题在语法中说它们在其所断言的情况下所说的东西。罗素把逻辑命题的一般性同化为经验命题的一般性便是这种说法的一个例子。正是形而上学实在论越过这种划分的方式使语言唯心论具有了形而上学立场——某人例如休谟将会以相同的方式漫游到形而上学里。休谟认为除非我们能找到归纳的终极辩护，亦即描画归纳推理特征的那些原则的辩护，没有归纳推论是可辩解的。同样，当罗素在"数学的基础"上发现一个矛盾式并认为普通算术像一匹马在腐烂的基础上休息那样正在崩溃的边缘摇摇欲坠，他已经从数学移到了形而上学。

　　形而上学实在论者处在相似的立场上。他认为除非语法在外在于它的实在中具有基础，命题要想为真就必须以相同的方式建基于外在于它的事实，亦即我们在那种语言中做出的推进——例如我们在证实一个命题或为一种推论辩护——将会是任意的，那仅仅是语言的使用者赞同的约定。那么，驱散这种焦虑妨碍了一个自称为"内在实在论者"的哲学家。让他来证明形而上学实在论是一种不融贯的主张也是不够的。证明一个而越过另一个就像推倒一个腐坏的房子并把居住者留在寒冷当中一样。

　　正是在这种情况下断言像"内在实在论"这样的哲学主张在其领域内企图成为"形而上学实在论"的"对手"是不够的。拒斥形而上学实在论是不够的，也就是说证明它是不融贯的和它如何是不融贯的是不够的。我们需要挖掘其根源并证明它建基于一种误解，来证明

166

形而上学实在论有其来源，防止它是无根据的。这包括进行哲学工作来去除接受这种立场的诱惑；包括去除其来源的工作。

当那种工作做完之后，就不太需要标记我们在哪里加标签了。从消极角度说，我们将要失去采纳所说的形而上学立场的诱惑；从积极角度说，我们将会获得一种鉴赏力，亦即我们从未有过的偏好，我们说话时认为理所当然的东西，以及当我们使用语词来说某事并且有疑问且检验所说为真时实际上知道的东西。只要我们清楚标签不过是一个标志，用标签标记理论就是无害的——就像书签能表明书读了多少一样。然而，如果标签促成幻想，那么它就会是有害的。该幻想表明，我们在为了达到鉴赏力而做的工作中已经达到了鉴赏力，而这种标签却压缩了鉴赏力——亦即如果我们把书签当成代替使人带有理解力来读书的东西的话。正如圣·奥古斯丁所讲："研究比发现道出更多。"（维特根斯坦在《字条集》§457中引用）换言之，发现在研究当中；独立于我们达到的工作的发现脱离研究便没有生命。

那么，由于哲学工作，我们将获得我们缺少的清晰和鉴赏力以及说人人都认可的东西的自由（《哲学研究》§599）。这些都是包括在普特南描述为"从熟知［通过形而上学及其消除］到熟知"的旅行之内的因素。因此，在旅行结束时，我们将满足于伴着"山和星星不由语言创造然而却能被语言描述"来休息。普特南把这个休息之地描画成"常识实在论"；但那几乎不像一种哲学立场。

普特南说，因为早期对"语言与实在的关系"特征的描画鼓励了一种局限感，所以他更青睐于"常识实在论"而不是"内在实在论"。他说，常识实在论给了我在语言之内被困住的想法。当然我们是在用我们仅有的概念亦即语言的概念来思考。那些概念属于我们说的语言，而那种语言植根于我们的生活与文化——在这仅有的文化当中我们弄得明白在生活中会遇见什么。我们无法用完全是异族的文化概念思考——除非我们可以进入其生命并找到立足点。但我们至少在某种程度上在某种环境下也许能这样做。我们的语言不光像监狱的门栅一样具有固定且严谨的结构，语言的特定结构、形式与概念都植根于我们文化之历史中，而且语言本身也从属于我们文化之历史的运动。在我们作为我们文化之历史的一部分中不存在什么限制。

普特南还说，近年来他企图不把自己的学说描述成依赖于我们说话的进程中事物的存在方式的学说。他说罗蒂保留这种说话方式背叛了他的深层语言唯心论（普特南，1994 年，第 301 页）。如果处于危险中的东西是学说的表述，我敢说普特南是正确的。这种表达他想说的方式也许会造成误导；它也许会指向语言唯心论。然而，假如我们清楚所说的依赖是双向的，假如我们从其不同的言谈形式及语法上区分语言本身以及我们在语言中说的东西而且假如我们解释道，所说的依赖与前者而非后者相关，那么这种危险就当然会极大地降低。

在生活的特定情境中，我们通过实在意指并理解的东西可以在这种语境中"实在"一词的使用中找到——一种属于我们语言的使用，这是不是真的？实际上，这种正面相对的可能性怎样才能从其发生的情境中分离出来？这种情境本身就是那种我们用所使用的语言生活的一部分！怎样才能使我们关于生活中熟悉的实在的构想从所有这些中分离出来？我们把这种构想当作我们认识它为真实的绿洲、真实的斯特拉迪瓦里（Stradivarius）① 提琴或真实的女神时我们所遇见的东西。这些实在如何能在缺乏我们关于它们的构想以及该构想所植根于其中的生活的情况下存在呢？我们偶尔说起何物存在以及区分何为实在与何为非实在的语境是多种多样的，这种谈话的主题包含的时空范围很广。我们可以指称在我们知觉范围之外存在的东西和在我们所在的地方的别处以及其他时间存在的东西——已经存在而且也许不再存在的东西、现在并不存在但将来会存在的东西、并不简单（tout court）存

168

---

① 斯特拉迪瓦里提琴是指意大利斯特拉迪瓦里家族，尤其是乐器制造师安东尼奥·斯特拉迪瓦里（Antonio Stradivari）所制作的弦乐器。斯特拉迪瓦里所制作的弦乐器被认为是历史上最好的弦乐器之一，具有高度的价值，直到现在仍有许多职业音乐家用斯特拉迪瓦里提琴演奏。——译者注

在的东西。显然,通过有一种语言并过着这种有语言的生活,所有这些都成为可能。正如我前面所说,语言并不仅仅使我们能阐明我们以前无法表达的东西,语言给我们新事物来表达、新对象来指称、新事物来谈论以及新事情来参与和关注。语言使我们的生活成为生活本来的样子,因此,使属于生活的情境成为可能,使描画那种我们回应并参与的事情的意义模式成为可能。然而,这种语言肯定植根于它使之成为可能的生活和那种生活存在的环境当中。当然,实在不是生物、产品、影子或语言的投影,亦即粗俗的语言唯心论。

我所讲的很多在动物那里都找不到。对动物来说,它们生活中的实在之物受它们的行为和反应约束。我们可以说"它们并没有意识到很多存在于世界上的东西";但正是我们才这样说且只有我们可以说这个。我们这样说得出的观点是我们语言的观点。"然而不管我们是否说或是否可以这样说,确实如此!"我不相信这样说在这里可以站得住脚。我们不必说某个事物如此这般因为它确实如此这般。它如此这般是独立于我们说它;但是它如此这般必须是可说的。因此,它如此这般是独立于其可说性及其可说的语言——由此独立于预先假定于存在着这种其可说的语言中的一切。

169　　　这使我们在关于恐龙和安斯康姆的狼的存在上兜了一圈又回到了原地。狼五天吃了三只羊,然后才有了人类来见证并数羊、数天数。在现代物理学出现之前是否存在现代物理学构想出的那种原子和电子?如果我们说它们存在,尽管过去的人们对于它们的实在并无概念,但这代表了现代物理学及其概念的立场,当然也代表了用过去时属于我们语言的遥远的过去的实在。我们如是说并且毫无疑问的确如此。它的真独立于我们说它。然而其真的可能性,还有其假的可能性都独立于其可说性,独立于现代物理学的语言,并且独立于现代物理学语言郊区的我们的日常语言。

普特南在他的作品及其修订本中关注的是企图清楚地理解"语言与实在的关系",而不是漫游到形而上学里去。然而,"语言如何与实在相关联"这个问题却表达一个问题或一串问题。实际上，脱离这些问题之后"语言与实在的关系"这个表达并没有意义。由此，该引文便标志着我提出了这一点。要回答所说的东西就要仔细思考那些问题。在回答的过程中，我们说的东西仅仅在那种斗争或深思的语境中有意义。因此，我发现，普特南后期关于他早期论述的一些疑虑有点过度。从罗蒂对他的理解来看，普特南所说的东西也许会看起来愚蠢，那些东西在罗蒂为他举着的镜子中变得扭曲，依我来看，这两种情况都使普特南变得缓和。难怪在罗蒂那里普特南在对抗自己的他我。这是可以理解的。然而，在这种情境下，普特南也应该很细心地不过度对抗。

我并不否认普特南在"内在实在论"中做的新工作已经推动了哲学。然而据我估计，他的修订并不是对哲学本质的修订；它们是他不得不说的表达中的修订。我并没有说他"用语词和意义"斗争来发现观点的正确表达不合适，也不是说它甚至可以从到达本质事情的研究中清晰地区分出来。同样，我并不认为普特南有必要为称自己为"内在实在论者"而感到歉意。

五　结论

因为维特根斯坦拒斥实在论——我们认为实在的哲学观点是外在于语言的——我已把它描述为反实在论者。然而，如果实在论是一种哲学立场的话，那么他拒斥世俗实在的事实没有使他成为实在论者。在这里哲学家的贡献就是要阐明语言和世俗实在的关系。普特南当然这样做了，但在维特根斯坦讨论语言及关于语言使生活成为那种我们就是我们自身的生活方式当中，普特南所做的并没有我们在维特根斯坦那里发现的那种丰富性。

普特南把康德称作持有语言与实在的关系的观点的先驱，亦即，我们在生活中打交道的实在与我们所使用的语言在绝对隔离中彼此互不存在。正如他所说："我们称之为'语言'或'心灵'的东西的组成部分渗入……我们称为'实在'的东西当中。"康德认为，他称为"现象"的东西是被内在地概念化了的，这些现象就是我们的感觉、经验、思想和知识之对象，从而也是我们在思想和行动中与之打交道的对象，亦即组成我们言谈宇宙的对象。所说的观念，亦即康德的形式及范畴并不是它们本身，实际上也无法来源于我们经验的东西。因为如果没有它们，我们便无法经验任何东西，也不可能存在经验对象。我认为，这是康德先验演绎的要旨。形式及范畴进入我们思想、言说和知识的构成当中。用康德的话来说，他们符合这些超验观念，并且并不像经验论者们反过来所主张的，亦即所有观念都来源于经验。这就是康德的哥白尼革命。

正如普特南所说："形而上学实在论把自己呈现为一幅强有力的先验图画：在这幅图画中有一组固定的'独立于语言的'对象……以及在术语和它们外延之间的一个固定'关系'。"（1992年a，第27页）康德在另一侧做了相同的事情：把一个强有力的心灵图画呈现为有一组固定的独立于我们生活及环境的先验观念及在观念之间永远决定它们应用的固定关系。正如我在整本书中都论证的，这对于我称作维特根斯坦的哥白尼式革命的东西来说不是真的。不仅语言的语法结构不是永远固定的，而且还存在着不同的文化和自然语言，不同的可理解的形式。此外，当维特根斯坦拒斥一个独立于语言的实在时，他很清楚在语言和组成生活环境的实在之间有一种双向依赖和双向作用。

普特南也不受康德思想中"实在论"残余的影响；正如普特南所说，他并没有把康德看成是圣人或权威。他拒斥康德的二分法，并且准备关注语言使用的事实，亦即，其在形而上学二分法中被理想化并且最终遭到否认。普特南提出："认识到这些事实可以成为被称为在实在论精神名义下'拒斥"实在论"'的一部分。我的看法是，对于这个时代的哲学家来说，重新考察并恢复实在论的精神是重要的任务。"（1992年a，第42页）

171

第九章

希拉里·普特南：伦理学与实在

一 普特南的伦理实在论

我们在第五章发现，伯纳德·威廉斯认为世界作为其本身包含"比最初我们可能设想的少很多"（1979年，第237页）。世界并不包含颜色，也不包含数字，还不包含价值。在威廉斯的形而上学实在观中没有"道德实在论"的立足之地。

我们已经发现，普特南拒斥形而上学实在论，二分法是其中一部分。他把自己描述为带有小写 r 的实在论者，然而，他想使他的实在论摆脱形而上学。相对于形而上学实在论来说，他不想将实在的一种面相或形式优先给予他的实在论；他想使之公平对待由我们的不同言说形式所接受的实在。他想使之公平对待实在的那些不同面相逻辑地或概念地融入我们的言说和思想中的方式——带有物理性的心灵状态、带有价值的事实等。

在伦理学上，普特南把自己说成是"伦理实在论者"或"道德客观主义者"。他尤其关注把道德价值的观念拒斥为仅仅对实在的投影，这些投影作为投影到电影院大屏幕上的胶卷的影像而有点固守实在。吸引我们的那些人、景色、建筑物、我们在屏幕上看到并参与到电影或者故事情节的事件，所有这些都不是真实的。相比之下，我们在道德反应与判断中打交道并回应的东西是相当真实的，我们在达成道德决定时所考虑的东西也是相当真实的。属于这种实在维度的东西是通过属于我们道德语言的概念所辨认的。

173 　　我们在属于日常语言一部分的道德语言中做出价值判断，描画或描述人类及其行动与动机的特征，我们还在我们所指称的事物中区分何为实在以及何为非实在。例如，我们说如此这般真的慷慨大方，我们说埃古笑啊笑啊，但实际上他是个坏人。有人可能会说："我在人们当中找不到任何善，这个问题困扰着我。是我的错吗？还是善真的很稀少了？"或者他可能会说："他的善并不是真的善，只是一种假的模仿。"普特南恰当地主张这种陈述相当有意义。因此，这些都是对我们道德语言对象的"实在"的一种证明，亦即我们的语言容许这种实在的可能性。

　　到目前为止，一直都还不错。然而，据我估计，普特南在忧虑是否拒斥道德价值仅仅是投影的观点时并没有正当地对道德判断和道德知觉与价值做出区分，那种价值给我们判断和感知我们如此判断和感知的视角。因此，当他想象赖兴巴赫的下面说法时，亦即事实陈述（包括有争议的种类）能够由科学方法来确认或不确认，而价值判断无法由科学方法来确认，他回复说这是采用一种科学方法的头脑简单的观点（参见：1991 年，第 72 页）。

　　普特南的意思是，科学与伦理学之间的对比并不尖锐。他举了历史问题的例子。这些问题无法用赖兴巴赫主张的那种解决科学问题的方式来解决。既然如此，我们是否可以说历史学家们解读过去的方式是投影呢？如果不是的话，为什么需要主张我们在价值判断中主张的东西是投影呢？除此之外，普特南可能会补充到，不管怎样，难道"硬科学"中的许多理论术语不与道德价值处境相同吗？如果一些哲学家们想说道德价值并不"真实"存在，普特南回复："原子和电子是否真实存在呢？"在尘埃的粒子存在的意义上它们并不存在的事实并不意味着它们完全不存在。

　　维特根斯坦在《逻辑哲学论》中把力学定律比作几何网：这种定

律"涉及的是网而不是网所描述的东西"（§6.53）。图尔敏在《科学哲学》一书中把力学定律比作地图。那么，我们可以不说道德价值同样属于在人类生活方面给我们特定视角的概念框架吗？

普特南认为如下这样说也不行，亦即，"道德信念并不是真正的信念而是别的东西，例如'态度表达'"（1991年，第76页）。是的，举例来说下面两种信念都是信念，亦即，利用某人的悲痛来赚钱是耻辱的信念；欺骗一个年长且无防御能力的人的存款是龌龊事的信念。因为我拥有对正派东西的信念，所以我发现这种事情耻辱或龌龊。然而，相信正派的东西并不像相信某事就是这种情况那样。第一种情况，我们相信的东西是一个特定道德判断的对象；第二种情况，就我们把某种道德判断和衡量当作我们生活的情况来说，所论及的东西乃是一种价值。普特南对此表示赞赏。他知道我们用各种道德概念表达道德判断对象的价值。因此，例如，我们可能说某人所做的东西是非常值得称赞、非常有价值的。我们相信这确实如此。或者我们说他是个非常善的人。这也是我们可能相信确实如此的事情。此外，我们也可以称这种事为：我相信公平。这是一种信奉道德尺度或规范的表达。因此，普特南据理论证：第一，我们从道德上判断为事实与价值的东西"缠结在一起"；第二，就我们的判断及其本身而言，道德价值就是规范，与科学规范和话题中立的逻辑规范在逻辑特征方面并无不同。他写道：

174

　　……如果从一个狭窄的科学观点来看，"价值"似乎有点不可信，它们至少有许多"有罪的同伴"：辩护、融贯、简单性、指称、真理等等，所有这些都展现出从认识论观点来看善和仁慈所展现出来的同样问题。（1992年，第141页）

因此，普特南主张在伦理学与科学之间没有根本性的差距或区别。

　　普特南在后来一篇名为《实用主义与道德客观性》的文章中仍然坚持相同的观点。他指的是杜威"主张在认知价值与伦理或道德价值之间存在着非常本质性的重叠"的观点（1994 年，第 170 页）。他反对"在认知或'科学'价值与道德价值之间存在根本性的本体差异的主张"（同上）。他还谈到"话题中立的规范"并把"合理性"视作这种规范的榜样。我认为普特南把逻辑看成给我们的思考和说理提供这种规范。他说这种规范植根于实践，其本身是"客观的"。它们"被纳入实在的那个结构当中"（第 160—161 页）。因此，说在特定情况下行使某种方式是理性的就是要推荐该行为的过程（第 167 页）。假定我们说某个思路是逻辑的，某个特定的结论是有效的，同时假定其开始的先决条件，这仍然要推荐所谈论的思路及其结论。普特南说，我们用这种表述陈述"应该蕴藏的事实"（第 168 页）。

175　　我同意逻辑是规范的观点，正如数学也是规范的一样。然而，我对普特南把道德价值吸纳为其他规范的方式表示不满，我将进一步阐述我的理由（参见下文第五部分）。

　　"（普特南说）在信念'固定'的领域存在着'应该'蕴藏的事实。"（第 170 页）因此，例如，我可以相信一个特定的科学假定得到很好确认，并且如果我相信这一点，我应该接受该假定。其得到很好确认便是一个规范的且应该蕴藏的事实。其本身是客观的。换言之，其得到很好确认描画了我的判断对象，并且该对象作为其判断独立于我而存在，独立于我的判断而存在。其得到很好确认是我的判断对象假定的规范特色。

　　普特南据理表明，当我们描述或描画一个人慈祥或残忍、诚实或不诚实时也同样如此（第 169 页）。"（他说）如果道德客观性（或'伦理实在论'）的反对者们为了相信'在伦理学中无法存在"应该蕴藏的事实"'而拥有的唯一理由是'这些事实无法到处存在'，那么他们最好应该重新思考。"（第 170 页）既然这些事实在伦理学之外存在，那么为什么无法在伦理学之中存在呢？如果有人主张它们无法在伦理学之中存在，那么他们必须有特殊的理由，该理由与伦理学的显著特征密切相关，而不与符合一般意义上的规范的特征密切相关。

就我理解，普特南的论断是，如果存在规范的事实，例如某个假说得以很好确认或某个结论是有效的事实，那么就该假说得到确认且人们发现某结论是有效的而言，这种规范必须是客观的，亦即存在于人与人之间的。因此，作为规范的道德价值必须处于同样位置。这就是他如何提出如下观点的：

> 道德本身需要探究。把我们自身设想为伦理学可错主义者，设想为并不接受无法被质疑的价值的人，设想为实际批判了许多被接受了的价值的人，……如果可能的话，我们就会越来越把伦理学争论看成要被明智的论断和探究所解决的争论，而不看成被权威或先天原理的感召力所解决的争论。这样一来，杜威、詹姆士或皮尔士所写的任何东西都无法证明不存在客观道德规范、典范、权威的规则，或者甚至特定情境的价值；但是……如果存在要发现的伦理价值，那么我们应该把我们仅仅学会运用到一般探究上的规则运用到伦理学探究上。因为我们运用到一般探究的东西适用于特殊的伦理学探究。（普特南，1994年，第175页）

关于"事实与价值的相互缠结"，普特南引用了爱尔兰作家艾丽丝·默多克（Iris Murdoch）的话，意思是，我们的生活世界（le monde vecu）并不熟练地把"事实"与"价值"视作因素（1992年a，第165、166页）。在我们的语言中存在许多描述性表述，它们同时具有描述性和评价性的特征，而且在一定程度上往往不可能分离或撤去它们所以为的东西中的评价性部分。"谋杀"就是一个例子。它意味着故意杀人，尽管不是在某种情况下——不是战争、不是安乐死等等，而且，谋杀通常被认为是令人憎恶的，在多数西方国家至少是

176

冒犯法律而要接受惩罚的。因此，如果确定了某人已经杀人并成为杀人犯，那么我们干脆可以得出结论，说他已经做了非常糟糕的事情。普特南写道："默多克强调当我们实际上面临需要道德评价的情境时，不管这些情况从我们这方面是否需要某种行动，我们需要的描述之种类……是在'敏感的小说家'语言中的描述，而不是在科学术语或官僚行话语言中的描述。当一个情境、人或动机得到恰当描述，关于某事是'好'是'坏'是'对'是'错'的决定就经常自动跟随上来。"（同上，第 166 页）这是真的，当我们不同意我们对一个人及其行动的道德判断时，我们通过做出承载价值的不同描述并试图为之辩护来进行讨论。

二　维特根斯坦的《伦理学讲演》

我已经对我认为属于普特南伦理实在论或客观主义的东西做出了总结。在批判地对之进行讨论之前，我想要考虑一下维特根斯坦关于伦理学的观点，包括他在"伦理学讲演"（1929 年或 1930 年）中，在与弗里德里希·魏斯曼（Friedrich Waismann）和拉什·里斯的谈话（参见：《哲学评论》，1965 年 1 月）中所表达的伦理学观点。

维特根斯坦此时关于伦理学的观点是从他在《逻辑哲学论》中的简要陈述发展而来的，而且还处在发展过程当中。如果他确定有某些特别要说的东西的话，他就会设法来表达。令我感兴趣的是维特根斯坦和普特南观点的对比。我们已经发现，针对威廉斯的观点，普特南在其科学实在论中持有"实在论"或"客观主义"观点，而威廉斯无法在实在观中为伦理价值寻求一席之地。同普特南相对比，维特根斯坦主张，事实与价值之间，科学言谈与伦理言谈之间以及绝对价值判断和相对价值判断之间都存在区别。他还主张，只有绝对价值判断属于伦理学。他据理表明，相对价值判断掩盖了事实性陈述。然而，他决不把伦理价值驱逐到主观领域。

　　维特根斯坦区分开绝对价值判断与相对价值判断之后，仍然亲近《逻辑哲学论》的思想。他谈到一本"世界之书"，在某种程度上使人联想到威廉斯在《笛卡尔：纯粹探究之谋划》一书中所谈的东西；与威廉斯不同的是，维特根斯坦并没有把《逻辑哲学论》的内容等同为"实在"。维特根斯坦说，这本"大书"会包含下面的描述，亦即，"世界上所有无论生死的物体的一切运动，以及……一切存在过的人类的所有心理状态"（第6页）。"该书会……包含所有相对的价值判断和所有真的科学命题，以及事实上所有能够做出的真命题。"他继续说道："在一定程度上，所有这些被描述的事实可能都处于相同的水平，所有的命题也都以相同的方式处于相同的水平。"然而，"这本书并没有包含我们所谓的伦理判断"。他接着说这可以使某些人想到哈姆雷特的话："没有什么东西是好的或是坏的，只是思想使然。"他补充说"这会导致误解"（第6页）。维特根斯坦说明了他无法把伦理学和伦理价值确认为任何诸如思想或感觉等主观的东西。按照他的观点，伦理价值也不是我们心灵加在"实在"上的影子或投影。

　　应该注意的是，维特根斯坦很难说出它们是什么："如果有人可以写一本关于伦理学的书，而这个伦理学本身实际上也是一本关于伦理学的书，那么这前一本书就会爆炸性地破坏世界上的其他所有著作。"（第7页）我认为他的困难来自他的语言观。他想公平对待伦理学，不想以任何方式使之显得琐碎，然而，他发现很难看见人们是如何表达伦理学的。他说，就像一个茶杯盛不满一加仑水那样，语词也无法表达他想说的东西。他说这种情况的原因是他想用他使用的语词表达的东西"超出了这个世界，也即超出了有意义的语言"。这符合他下面举的这个例子，把光纤投影到他通过具有绝对价值的某个事物所意味的东西上——例如对"世界的存在"感到惊奇，其相反之处既无法说又无法感觉到。我们发现哲学家们已经努力在形而上学中举出相似的例子，我们还发现对于这些例子，维特根斯坦说了很多有启发的话。他谈到的哲学问题产生于语言的极限。这里他在讲演的最后说了相似的东西，亦即，想要写作或谈论伦理学或宗教就是要撞击语言的界限（第12页）。我只想说我不喜欢他在这里做出的在伦理学或宗教与哲学之间的平衡。

178　　　维特根斯坦在说明做出相对价值判断意味着什么方面没有什么问题。"如果我说这是正确的道路，我是指它相对于某个目标来说是正确的道路。"（第5页）如果我的目标是到达我想尽可能快地到达的地方，最短的路就是相对于我的目标或目的的正确道路。在这种情况下，"正确的"意思是"最短的"。因此，用"正确的"这个词意指最短的路就是做出事实陈述。然而，说"这是绝对正确的路"意指什么呢？问题在哪？在什么意义上我在攻击这里的语言界限呢？

　　那么，如果我们想到一条物理道路，很明显"绝对正确的路"并不意味任何东西——除非这里使用的语词"绝对"仅仅是安慰或缓和任何可能存在的怀疑。然而，如果我们使用"道路"一词的隐喻的话，就像"通往地狱的道路铺满好意"，为什么不存在什么问题呢？维特根斯坦做出如下表达：有这样一个句子，即"它可能是这样的一条道路，每个看到它的人都会在逻辑上必然地向前走，或者对没有继续走而感到惭愧"，在这个句子中说"这就是绝对正确的道路"，这究竟是指什么呢？（第7页）我认为他的意思是如果我们要对某人说"这就是绝对正确的道路"，在某个合适的场合，我们就会对他说："你应该走这条路，不考虑你是否想走，不考虑别的你可以走的路，如果你不走这条路就应该感到惭愧——例如，如果你没感到惭愧，那是因为你遭到诱惑去做分散你精力的事情或使你改变方向的事情。"维特根斯坦补充道："我想说，这样一种事态是一个幻象。"（同上）

　　他为什么这样说呢？他是什么意思？他的意思是，不管我们如何描述，关于那条路像什么都无法迫使我们走下去，如果我不走那条路的话，那么任何关于路的东西都无法羞辱我。正如他说："没有任何事态本身具有我们所叫做的绝对判断的强制力。"（同上）

　　我们可以在这里想象普特南质疑"不管我们可能如何描述"。维特根斯坦本人后来认识到，我们在这种情况下会把路描述为某种道德表述，这种表述会使我们用最初的语词所称呼的那个人把该表述看成他必须要走的路。事实上，这也是我们在这种情况下如何推理的方式。然而，只有当他和我们分享共同的价值和共同的道德语言时这才会产生效力。如果我们不分享会怎样呢？维特根斯坦说，这种情况下我们的理由就会耗尽："在理由穷尽之后就是说服"，他要求我们作为一个例子来"想想传教士让土著人改信宗教时所发生的情况"（《论确实性》§612）。

　　我谈到一种共同的语言。普特南会说：这不用科学语言和任何其他语言吗？如果用的话，然而在道德语言情况下——或者也许我会说一种特定的道德语言——决定一个人的道德信念并不够——并不是信念的内容而是他承诺的真实性和严肃性。这里有更进一步的关系问题，在这种关系中，当他称呼说道德语言的人的时候，他站在属于他使用（我建议用"使用"这个术语）的道德语言的伦理价值一边。我将回到这个问题；然而，这当然是维特根斯坦在他的"伦理学讲演"中清楚意识到的东西，至少在某种程度上当他说"没有任何事态本身具有……绝对判断的强制力"。

　　我认为，正是"本身"那个小词才是他所意指的东西的关键。在该讲演的后面，他在其他两个例子中也用了这个词。一种情况是他谈论奇迹。例如，有人长出了狮子头然后开始吼叫。维特根斯坦说，如果你去找一个医生，你并没有把这当成奇迹。有人可能会说："如果你没有把它当成奇迹你就不会把它看成奇迹。然而不管怎样它仍然有可能是奇迹。"一方面，维特根斯坦很清楚地说，独立于你怎样对待它，你看它的方式，使它不可能是奇迹。这并不是说有人可能会让你把它看成是奇迹。如果他这样做的话，那么你就可以说："我没有看出它是什么奇迹！"维特根斯坦说："说科学证明了不存在奇迹是荒谬的。"有人说这有可能，因为他认为："科学家们相信自然的一致性，因此，他常常为发生了什么——不管如何奇怪的事情寻求科学上的解释，而且他相信他最终会找到解释的办法。"另一方面，维特根

179

斯坦说，如果你用这种办法接近引起你注意的东西，你就不会把它当成奇迹。他补充说："对于你能想象的各种事实而言，在术语的绝对意义上，**自身**并不是神奇的。"（第 11 页，这一引用里的黑体部分是我标注的，在维特根斯坦的原文里"自身"一词并非黑体）

维特根斯坦把"自身"理解为"独立于你怎样对待它"。我举一个西蒙娜·魏尔的例子："她说，当友谊纯洁时，友谊就是一个奇迹，一个人借助这个奇迹同意从某个距离且不用靠近来看那个对于他来说作为食品所必需的那个存在。"（1959 年，第 157 页）当我们需要食品时，当我们极度饥饿时，我们会吃所发现的食品。我们会说这样做相当自然且非常容易得到理解。西蒙娜·魏尔认为，在友谊中寻求和睦，想要得到注意和爱，渴望互惠是同样自然和令人感兴趣的。但是，如果我们的友谊是给予的那种的话，互惠是作为友谊的一部分与友谊同时成长的东西。寻求互惠玷污友情。当我们需要朋友的陪伴和伴侣关系时能够尊重朋友的自主性和分开的存在，并且给朋友成为自己的空间，这是非常奇妙的，正如非常少有和困难的一样——事实上几乎是不可能的。

这也就是为什么她发现友谊时把它视作奇迹。她还把友谊视作"超自然的"，意思是在纯洁的友谊中，两个人克服我们所有人认为自然的东西。他们友谊的纯洁性提升了他们；把他们提升到西蒙娜·魏尔称作"道德引力"的高度。在纯洁的友谊中，两个人都克服道德引力。难道这不是比看到人在空气中行走更加令人惊奇的对象吗？难怪西蒙娜·魏尔把友谊称为奇迹呢！

因此，为了使某物成为奇迹，我们要能在其中发现道德、精神或宗教意义上的东西，以及少有且令人惊奇的东西。对于美也同样如此。格特鲁德·斯泰因（Gertrude Stein）说，一朵如其所是的玫瑰才是真玫瑰①。那么请想想：在玫瑰中发现美的人。情人眼里没有美；

---

① 这句话是美国现代主义女作家格特鲁德·斯泰因（Gertrude Stein）的诗歌《神圣的艾米丽》（Sacred Emily）中的一句，原文为"a rose is a rose is arose."，意思是"Things are what they are."（人或事物应保持其本来面目，该是什么就是什么）。——译者注

对于能看到美的人来说，美在玫瑰里。维特根斯坦后来把这描画为
"语法"评论。但这需要某种感性和诗性的心灵去发现。它并不属于
玫瑰的尺寸、重量和颜色。当我们把它视作类似客观性的东西时，我
们记住的正是这些。

　　在最后的例子当中，"客观性"要和"富有诗性地"进行对比。
在其他例子当中，"客观性"可以和"道德地""宗教地""从精神
视角来看"来加以对比。因此，例如，有人可能会把每年春天树上开
花看成是自然本身进行更新的奇迹。不管我们是否把这看成奇迹，都
与所谈论的东西是否为正常发生的事情关系不大。里尔克在他的《杜
伊诺哀歌》第六首中写道：

> 无花果树，长期以来我在你身上找到意义，
> 你几乎完全省略了开花，
> 催促你那未经宣布的纯粹的神秘
> 成为提早成就的果实。

他在这里发现的意义要在与用我们人类打动他的对比中找到——
除"也许是英雄，而那些被选择提早消失的人……"这句之外，

> ……但我们仍留恋过去，
> 哎，我们的骄傲在开花里；我们进入我们
> 最后的果实那延误的内部，可已经被出卖。

　　现在维特根斯坦也许评论说，如果你给医生打电话，如果你科学
地打了电话，亦即，从客观上来说，你没有看到你所面对的作为奇迹
的东西开始产生意义，该奇迹为"没有任何事态本身具有……绝对判
断的强制力"。维特根斯坦在《逻辑哲学论》中写道，在面对绝对应
该——"你应该"时，人们首先的想法可能就是："如果我不这样做

181

又怎么样呢?"（§6.422）就像如果我们问："如果我无视或不遵守要求会发生什么呢?"这要把它错误地看成是一个相对价值陈述：将不会有人相信你，要紧的人会停止尊重你，等等。但是如果这是你遵守"你应该……"格式的伦理定律的原因的话，你只是在遵守该定律的文字表达。亦即，你遵守定律不是因为你相信它，而是为了某种别的目的——对于那个它谈到及给予表达的道德来说永恒的东西。因此，用康德的话来说，把道德价值看成或当成"相对的"那些人具有"不自主的道德观"。维特根斯坦说这是关于道德的错误构想。实际上那些实践这种构想的人是"心怀二意的人"，而且是道德上腐败的人。

除了在道德或宗教语言中，对于这里说"如果我无视或不遵守要求该发生什么"的人，就不存在什么我们可说的东西。但是他可能用谨慎的术语理解这一点或根本不理解。在那种情况下，我们可能发现我们无法对他进一步说任何东西。如果他能理解的话，他几乎不会问"如果我无视或不遵守要求会发生什么"。我认为这就是为什么维特根斯坦说："在我关于伦理学的演讲的最后部分我用第一人称来讲话。我相信那是非常本质的。没有更多的东西在这里可以建立，我只能以第一人称为自己说话来出现。"（第 16 页）

维特根斯坦给出的那个例子，亦即，通过对具有绝对价值的东西上投影光线就是感到绝对安全的经验；"我很安全，无论发生什么事情都不会伤害我"（第 8 页）。然而，在关于这个以及关于他好奇世界存在的例子中，维特根斯坦说道："我正在错误地使用语言。我们已经看到，他这样说的理由是，他所惊讶的对象之反面是他无法感知到的东西。绝对安全也同样如此。""（他说）感到安全本质上是指某些事情在物理上不可能在我身上发生，因此，说无论发生了什么事情我都很安全，这就是胡说。"（第 9 页）因此，在炸弹袭击时我说我在防爆避难处感到安全。因为我受到对抗那个危险因而绝对安全的某个事物的保护，所以从具体危险种类的角度看我很安全。

正如我所理解的，在维特根斯坦给出的例子中，不管发生什么他都感到安全是因为他与他的注意和期待的善合而为一。我们可以在《卡拉马佐夫兄弟》这部小说中找到更清晰的表达，德米特里（Dmitry）说道："我今后会到矿山里用铁锤挖二十年的矿，那有什么，我并不怕这个，我现在害怕的是另一件事：我就怕那个复活的人又离开了我！"——换言之，我可能回到生活放荡的日子。我们会说德米特里并不是绝对安全，因为在他身上产生的那个复活的人会离开他。维特根斯坦感到绝对安全，同时他保持与善在一起。他相信善不会辜负他。他没有提出他是否可能辜负善这个问题。考虑到德米特里的过去生活，这是他不敢肯定的东西。

我认为，苏格拉底和卡利克勒（Callicles）在《高而吉亚篇》中的谈话可以更加清楚地显露出维特根斯坦想要强调的那一点。卡利克勒不理解苏格拉底："苏格拉底，生活在自己的国家里，但无法帮助自己，那么你认为处于这种困境下的人还能说生活得很好吗？"苏格拉底回答说："是的，卡利克勒，只要他还拥有你们经常承认的那种可以提供帮助的方式……在对诸神和对凡人的言语和行为两方面都不作恶。"（柏拉图，1973 年 a，第 521—522 页）苏格拉底并不认为这会保护他免于被宣告死亡，实际上也并不是如此。但卡利克勒并无法理解在那种情况下苏格拉底如何才能说"一切都好"。这里也不存在什么苏格拉底可以对卡利克勒说的东西来使他发现苏格拉底怎么才能说这种话。因此，苏格拉底说的话作为废话可能会把卡利克勒弄疯：在法庭审判时不想或无法帮助自己的人如何能要求处死他并说没什么大惊小怪的呢？然而这并不意味着他在说废话。我们或许可以说那些语词是否作为废话抨击某人取决于他的立场。那些语词本身不可能是可理解的，然而，它们也并不是废话——"本身"亦即不考虑其使用环境以及听到它们的人的立场如何。维特根斯坦后来澄清，语词在"人类生活的交际"中具有意义。

苏格拉底相信善和正派并相信它们不会辜负他。这也是他镇定地面对死亡的方式。然而，西蒙娜·魏尔在基督对上帝的忠诚中发现了更深层的精神性，当他像普通罪犯那样被钉在十字架上时，他感觉已经被上帝抛弃了。她称这为"空洞的忠诚：——在人们对之一直忠诚的人那里找不到任何支持或支撑却依然忠诚。"

183   请允许我短暂地回到那个惊讶于世界存在的例子——惊讶于到底有什么东西存在。在某种程度上这就像感恩于活着，感恩于还拥有生命。我们会死掉的；然而如果说"我可能从没有过生命"又是什么意思呢？如果没有人拥有生命，谁会是那个我？当然我们会感恩于拥有生命，不管其可能是什么样子。这种感恩是我们赋予生命以价值的表达——不仅是我们自身的生命，还包括我们呼吸的空气、树木、鸟儿、友谊以及音乐等生命。正是因为拥有生命我们才能体验这些东西，正是在生命中才存在我们所惊奇的世界。

    请允许我短暂地回到伦理学中"绝对应该"和"绝对正确的路"那里。维特根斯坦说道："我认为，它可能是这样的一条道路，每个看到它的人都会在逻辑上必然地向前走，或者对没有继续走而感到惭愧。"（第7页）我对此进行如下解释。我想象了一个人取代"每个人"来称呼另外一个人；我使用"你应该"这个伦理表达来取代"在逻辑上必然地"。里斯在评价维特根斯坦的讲演时说道：

> 如果我说"角必须相等"，就不存在替代物；也就是说"替代物"意指虚无。如果我说"你应该想要表现更好"，也不存在替代物。（第18页）

    他随后又补充道："'没有替代物存在'并不意味其在逻辑中的意义。"（第19页）这里的区别与伦理定律和伦理推理的"普适性"问题有关。

    维特根斯坦说，伦理学中要走的正确的道路——绝对正确的道路——是指每个人只要看到它就会……不得不走的那条路。我已改变了强调的重心，为了提出下面这个问题："只要看到它"是什么意思？那么，如果你没有肯定压板是否固定好就开始钻动，你可能知道会发生什么情况（里斯的例子）。这就是我们通过经验——归纳——发现的东西。我们可以一般化。你可能看不见树枝上有鸟；你可能没有注意到。但是如果鸟在那儿的话，当每个人的注意力都集中到鸟上时，正是那儿才是他们所看见的地方——除非他们是瞎子或近视。你可能不知道等边三角形，亦即等角三角形。一个几何证明就会彻底解决这个问题。相反，如果有人没看见这就是要走的路会怎么样呢？

我们可以通过说逻辑是普遍的而伦理学或道德是个人良心问题来指出差异。维特根斯坦自己在与魏斯曼谈话时就触及了这个问题，他说："（在伦理学中）没有什么可以建立的东西，我只能作为一个人来为我自己说话。"他然后补充道："很显然这不是一个社会学描述，然而我在为自己说话。"（第 16 页）

里斯在与维特根斯坦讨论时也触及了该问题，他们讨论的是一个伦理或道德问题的例子——有人面对的问题是，他已得出结论，要么必须离开妻子，要么必须放弃研究癌症的工作（第 22—23 页）。"问题可能是他深深地爱着他的妻子。然而，他可能会想，如果他放弃工作就不再是她的丈夫了。那是他的妻子，如果他放弃工作的话便会拖累她。""（里斯引用维特根斯坦的话）我们可以在这里说我们都有悲剧的成分；并且我们只能说：'好吧，天助你'（第 23 页）。"他继续谈论到维特根斯坦的话：

> 不管他最终做什么，事情出现的方式会影响他的态度。他可能说："好吧，感谢上帝，我离开她了；一切都很好。"或可能说："感谢上帝，我还和她在一起。"或者他不可能光说"感谢上帝"，然而情况正相反。
>
> 我要说这是解决伦理问题的办法。
>
> 或相反：对于不讲伦理的人来说就是这个样子。（同上）

184

维特根斯坦意指一套具体的信念系统——例如"基督教伦理学"。他并不意指对道德考虑从不关心的人。因为这种人在维特根斯坦与里斯讨论的情形中或其他情况中并不会有道德问题。

当维特根斯坦说这是何为解决伦理问题的办法的一个例子时，他的意思是，对于那个人考虑所面对的问题时必须做什么，那么解决伦理问题的办法就是那个人自己所能达到的东西。但我们无法保证他后来会说"感谢上帝"。当然，如果我补充说，我们无法保证他不可能欺骗自己——例如，去除简单的方式并使其决定合理化。就几何学或逻辑学来说，无法有证明存在，无法有普遍化的推理存在，这便是问题。这并不妨碍有别人介入我的问题，和我一起讨论并实际上帮我做出决定。如果他在任意一点上给我理由并使之成为我自己的理由。因此，如果有人能帮我，我还必须做那个做出决定的人。我最终要做的事情必须来自我。

185 维特根斯坦说："如果他拥有例如基督教伦理学，那么他可能会说解决伦理问题的办法是绝对清晰的：不管发生什么，他都会和妻子在一起。然后他的问题就不一样了。那正是……他为了在这改变极大的环境中成为一个体面的丈夫而应该做的东西……'我师傅应该离开她'在此便不成问题了。"（第23页）因为如果他相信基督教伦理学，那么不管发生了什么，对于他来说离开她便是办不到的（out of the question），所以这就不是问题——"out of the question"意思是"无法想象的""不予考虑的"。

对于他来说替代物便不是替代物。他个人所相信的基督教伦理学排除了替代物。里斯指出，维特根斯坦在1945年就考虑了"正确的伦理学"问题。它是什么意思呢？它的意思是人们它，人们在其中看到了意义并且根据它明白了生活的意义。当然，我们可以说存在着很多伦理学。这是一个伦理上中立的观察。正如里斯引用维特根斯坦一样："假定你仅仅描述了不同部落的方式和习俗：这就不会是伦理学。"正像我在别处所讲的那样：一个基督徒或穆斯林可能会说"只有一个上帝存在"。这是在表达他的信念。那么，如果他观察到"存在着许多宗教许多上帝"，他也不会让自己矛盾（迪尔曼，1998 年）。很明显，维特根斯坦说柏拉图想发现善和责任的真本质。维特根斯坦对此评论说："他（柏拉图）认为必须不惜一切代价避免相对性，因为它会破坏道德中必须履行的责任。"（第 23 页）

　　这是一个共同观念，来自混淆道德上中立的观察和属于特定"伦理系统"或道德的责任，因此，它在其中具有力量和意义。重复一遍，存在很多宗教和很多上帝的观察，与作为其信念的基督教信念并不矛盾，亦即只有一个上帝存在。对于"一神论的基督教徒和泛神论者，谁正确？"这个问题来说，基督教徒的答案是：一神论者正确。然而，这种说法就会引起争论而且容易混淆。基督教徒的答案就是重复"我是基督徒，我信仰上帝"这个说法，然后停留于此。这并不是逃避。这是一个宗教信念问题，如果你愿意的话，在这个问题能够解答的信念的种类之外不存在中立的或客观的观点。相同的考虑可以应用到存在着的伦理学或道德种类上。如果他被这些种类中的一个以上吸引住，除了他们只为人的灵魂竞争之外，在"竞争绝对事物"这一短语上就不存在矛盾。

　　随着维特根斯坦在语言和逻辑上观点的改变，他在伦理学上的观点也产生了变化并以相同的方向变化，他在"伦理学演讲"中所说的和在《逻辑哲学论》中所说的相当接近。他用大写 E 来称呼伦理学（ethics），就像在《逻辑哲学论》中用大写 L 来分别称呼语言（language）和逻辑（logic）一样，他对比了事实与价值并从这种对比中做了一个二分法。然而，与之相联结的是，他还对比了绝对价值和相对价值，并且据理表明，伦理价值是绝对的。维特根斯坦在这里的思考与康德在伦理学中的思考展现出某种密切关系。他区分开了绝对命令和假言命令而且坚决主张伦理学在绝对命令内的自治性。维特根斯坦把伦理学视作"超验的""超自然的"以及"在世界之上的"——他把世界的特征描画为"事实总和"。

186

不管这种言谈模式的对与错，当然维特根斯坦拒斥了普特南信奉的那种"客观主义"：通过客观评价没有达到伦理信念；那些信念由个人信奉来支撑。客观性意为中立性和分离性。当然，一个客观性的人信奉真理，而且信奉正当对待他所考虑的事情。然而，正是由于这个原因他要与他所考虑的事情相分离。他所考虑和判断的东西，亦即他考虑的对象，独立于他而存在或支撑，独立于他作为人所处的位置而存在或支撑。在维特根斯坦的伦理学那里便不是这种情况。然而，我们已经发现这并不意味着他把伦理学视作主观的或存在于心灵当中。他明确地拒斥了这种唯心论。

现在我回到普特南伦理学中的客观主义以及它丢掉的东西。在本章剩余的篇幅中我想做两件事情，它们是同一硬币的两面，亦即，批判普特南的客观主义以及发展我在讨论维特根斯坦伦理学观点时得出的一些观点。

三　事实与价值

在我同意的道德判断对象中，普特南所说的事实与价值缠结的方式里有很多要讨论的内容。普特南在谈论应该蕴藏的事实中的价值的缠结时，头脑里存在的东西是我们的道德价值给我们道德视角的方式，从这一视角下可以看到在由道德概念标出的某个方面下的人们及其行动。正是就这些概念而言，我们认出并描述他们的特征并从这些描述中得出我们的道德结论。我们正是照此回应他们。因此，当我们说一个人吝啬或慷慨大方时，我们并没有说关于他的道德中立的事情。我们既描述又评价了其性格。当我们不同意时，我们通过做出并试图辩护不同的描述来进行讨论。有时我们在这种讨论中分享相同的价值，然而，我们对人的性格、动力、行动以及环境的知觉，还是有差异的。有时当情况确实如此时，原因可能会是我们中的一人或两人都不可能知道某种事实，亦即，那个人、他的过去、他的环境，并发现这些可以改变我们的知觉。然而，有时情况可能并不如此，我们仍然可能存在差异，我们中的一个人不可能做出某种关联。当有人劝说我们进行关联时，我们的知觉会发生变化。或者有人会劝我们切断我们视作联系的东西。我们的那种价值以及我们使用的评价性表述将鼓励我们做出某种联系并使我们看到我们在新的光线下考虑的细节。我们那时可能会理解新的方面。所有这些都是约翰·威兹德姆在他已出版的著作中仔细讨论的东西。

不仅在我们的描述与理解中存在事实结束与价值开始的清晰界限，而且在我们发现作为诸如人的新事实的东西与我们发现包括对新方面理解的东西之间也存在清晰界限。威兹德姆举了一个例子，当在镜子前面试戴新帽子的那个女士发现她帽子的后面被老鼠吃掉时，我们会说这是她当时不知道事实的事情。当她的朋友笑着说"天呐，泰姬陵"，这使她非常尴尬，她发现头上戴的帽子就像个墓碑，那么她所发现的是关于帽子的一个新的事实吗？我们可以那样说，但要保留某种意见。为什么呢？也许这顶帽子戴在别人的头上看起来就不像墓碑。那好，难道帽子戴在她头上看起来如此并不是一个事实吗？难道她戴着这顶帽子根本不合适？再一次肯定回答，但是……为什么要但是呢？有人可能回答说：因为这是品位的问题，因为众人皆知人与人的品位不同。当然这并不意味着品位的问题不可争论，而且也不意味着不存在类似学习的事情——学习欣赏我们对之仅有一点或根本没有好感的东西，学习培养品位。欣赏酒的香味的结果是要发现新事物吗？这与发现酒已变成酸或受苦有什么不同吗？

请允许我像前面那样来说。酒的香味当然就是酒的香味，像苦味一样，它是我们品尝到的东西，像苦味或酸味一样。然而，正如我所说明的那样，酒的苦味是酒的一种"客观"品质和属性，而其香味则使人形成了欣赏力、对美的品位的培养以及对"好酒"的爱。对酒不感兴趣的人尝到的则是其苦味、酸味而非香味。

在《道德陈述像什么？》一文中，里斯写道："强调我们在道德

188

判断中可以犯错误及我们可以学习，这往往是非常重要的。"他举了下面这个例子："我现在可以发现谦卑的深度及重要性，尽管很长一段时间内我无法发现。我原以为那仅仅是受虐狂。"他补充说："然而，假定不管何时你谈到犯错误，你的意思都是诸如物理学、医学或新闻报道中的错误那样的东西，这仅仅是一种混淆。"他警告我们不要认为当我们犯了这种类型的错误——例如我原以为——事实却并非我原来认为的那个样子（里斯，1969 年，第 106—107 页）。在这种情况下我们可能说："我的价值已经改变。"我已经从道德上学到了某种东西。这是在引起我改变感觉的观点上发生的变化：亦即，我感觉事物方式的变化和我有感情地及在我感情中理解事物方式的变化。该变化包含我的变化。我还没有找到新的事实，亦即我以前并不知道的事实。

因此，事实与价值肯定缠结在一起，但是它们往往不是以一种方式缠结。有时，在某个方面下我们发现我们所考虑的东西，该方面在我们遵从并相信的价值观点的参数内发生变化，注意到这一点是非常重要的。然而，有时因为我们的价值发生变化——亦即，因为我们从道德上自身发生改变，不仅仅因为我们发现所说的东西的那种方式发生改变，所以那种方面也发生变化——例如看似单纯有趣的东西呈现出龌龊的表象，看似聪明的东西却外表阴暗。

四　道德价值的实在

普特南说我们的规范——这种情况中的道德价值——植根于我们的实践。我同意这种说法。然而，从下面这一点来看它们并不"植根于我们的实践"，亦即，我们的判断建基于判断导向的事实——由道德概念弄清的事实以及无法由道德概念确认的事实。我们通过与属于我们价值的概念相关的价值来做出判断。我们使用的特定概念适用于我们所判断之物，或者不依赖于我们所判断之物，也不依赖于这些概念的词汇之意谓。我们同意或不同意其他人做出的价值判断，而且这些价值判断须经同那些至少分享我们价值的人的讨论。这些价值判断可以在这种讨论中遭到批判。至此，我认为普特南和我的意见是一致的。

然而，对道德价值本身的批判就是更彻底的东西。我们在某种环境中可以并确实批判它们，但这种批判仅仅来自与之竞争的其他价值的观点。在这种价值范围之上或之外不存在中立的观点。这并不意味着，我们非理性地接受我们全心投入的价值，以及实际上接受我们本身。正是如下两种感染力鼓励我们接受并包容道德价值，亦即鼓励我们使它们成为我们自身的价值并用它们过我们自己的生活。一是我们在特定的情境下——不管这些情境是真实的还是想象的——在道德价值中发现的感染力，这种感染力使它们具有光芒；二是从个人角度来讲，道德价值用我们对生活的理解和经验有指望意指的东西本身对我们每个人的感染力。随着我们发展这些道德价值，我们增加了对它们的理解，深化了对它们的信奉。

道德价值具有双重实在，弄明白这一点很重要。它们在所发展出的文化中客观地存在着。我认为这是普特南在说它们像其他规范一样"植根于实践中"时心里所想到的东西。它们原本存在于我的面前。我父母养育我、照顾我、回应我、在各种各样的情境中以及他们与其他人交往时表扬我和劝告我，从这些方面来讲，我最先和道德价值相联系。然而，在我道德发展的过程中，他们在我的生活中为我假定了一个实在，我的理解和感情导向开始形成，并反过来通过我日益积极地参与价值来改变生活。因此，在实践这些道德价值时，我拥有它们并使其成为我的。道德价值丢掉二手特征——因为其他人遵照或因为我被告知要遵照的永恒的东西——并对我而言变成实在之物。"这就是称作好、正确等的东西"——种客观物质、一个事实陈述、一个事实真理——会被"这是好的、正确的，等等"来取代——一件个人事情，亦即由我做出的道德判断的对象，即对我而言的道德真理。

正是在这种意义下道德价值具有双重存在和双重实在。它们具有我们可以描画为"社会性的"且为社会学家感兴趣的客观存在，还具有一种在我的生活中的存在，这种存在赋予它们一种对于我的实在，亦即"道德实在"，我们把它描画为"个人的"。道德实践的参与者们实践着道德价值，正因为从这一点来看，这些价值发现了其道德意义，他们具有道德实在。否则它们仅仅是实践规则和工具性规范，参与实践的人在行为中观察这些规则与规范——就像交通规则一样。它们也具有客观实在和有用性：没有这些规则，交通就会混乱并可能产生摩擦甚至停滞下来。

190

我把道德价值视作具有双重实在，并且说，就我实践它们这一点来看，我使其成为我的价值，它们对于我来说成为真实存在的东西。这样说就会令有些人不愉快，他们会说："你的意思是你要欣赏道德价值的实在，亦即，它们客观拥有的实在。"我认为这种反应来自维特根斯坦称作偏食的例子——我们谈论何为实在的例子的地方。因此，让我们破除这种偏食并测验这种反对偏食之外的例子的有效性。

我将提到三个例子。"战士在战争开始阶段都把战争看作游戏。然而，当死亡人数开始上升时，当战士们开始在前线失去朋友、在家中失去爱人时，战争则想当然地成为他们严酷的实在。战争不再是游戏，战争已成为他们的实在。"他们现在意识到的不再是战争的进展如何，而是要成为一场什么样的战争：在所有战争中固有的可能性以及把战争描画为战争的东西。这就是他们学到的东西。随着战争激烈进行他们便会意识到这一点。正如战争中发生的事情使他们改变对战争的态度一样。这也随着他们对战争看法的变化而在他们身上发生变化。这使他们与实在的新维度相联系，一个维度对他的生活是新的，另一个维度改变他们的世界。"实在的"反题在这里是"游戏"。

下面是第二个例子。有时对于自我为中心的人而言其他人仅仅是一个阴暗的存在；对于他来说，他们并没有凭他们本身的资格而存在。他看见他们，正如罗莎蒙德（Rosamord）在《米德尔马契》中看到他们一样，亦即正如卫星围绕她运转一样——正如仅仅为了服务、取悦、满足甚至纵容她一样，并且如果不仅仅作为阻碍她的计划一样，亦即作为她实现愿望的障碍物。正如其暂时表现的结果那样，她仅仅在另外一个人的现实面前醒悟，那时多萝西娅（Dorothea）无意中打扰了罗莎蒙德与威尔·拉狄斯洛（Will Ladislaw）调情，当威尔意识到他已经把自己置于与她同流合污来满足她的虚荣时，他非常生气且面带憎恨之情转过身来看她。这一醒悟是一个垮掉的经验使得罗莎蒙德及时退却。

在这种意义上，我们过着一种在其中其他人对我们有双重实在的生活：客观的和个人的。在这里，"实在的"或"凭他们本身的资格而存在"，我们是指以下两种情况：第一，指他没有看到或没有意识到的东西；第二，指他没有醒悟的现实的整体维度，一个是在他的世界中没有存在的地方，一个对他来说在其自我中心主义导向中并不存在。为了使那种现实维度进入他的生活，他不得不改变自己。

191

我的第三个例子关切到对一件侮辱之事的回应。有人侮辱我：他想这样做并实际上侮辱我。我清楚地意识到这一点，然而并没有生气。情况正好相反，我并没有让侮辱触碰我，我在防御，并不害怕侮辱会对我如何。不，依我看，该侮辱缺乏正常情况下人们归属于侮辱的严肃性。因此，尽管有人"用客观事实"侮辱我，亦即，并没有故意侮辱我来冒犯我，然而我本人并没有遭到侮辱。因此，侮辱也具有双重实在：客观的和个人的。

侮辱并没有从个人方面触碰我，并不是因为我并不触碰说给我听的东西的意义或者并不触碰侮辱所说的东西的意图。如果情况是那样的话，我就对那种在我的世界中有一席之地的意义上确实对我有实在的东西感觉迟钝。我完全没有看见它；我并没有意识到存在的事情或情况就是那样的事情。但是，这并不是我想象的东西。我清楚地意识到的侮辱并没有从感情上触碰我及我自己所在的地方。我已经用第一人称说话，然而，我所想象的是一个被指向他的侮辱并没有实在的谦卑的人。我强调他谦卑是因为如果由于他认为侮辱他的人在他之下，他这样傲慢的人还对侮辱无动于衷，那么要么他不易受到他认为在其之下的人的侮辱，要么他的傲慢就会如此有说服力，以使他免于触碰凭其本身资格而存在的他者的实在。

懂得谦卑的人免于侮辱之所及，因为侮辱并无法用其有意和正常的方式来羞辱并冒犯他。恰恰正是这种能够对侮辱所指向的人的伤害、冒犯、羞辱及降低其身份，并因此引起回应才使侮辱对他来说具有实在。因为他与侮辱有了交往，所以侮辱是真实的。正是在这种交往中，侮辱才具有其实在。实际上，在这一点上，我们可以用当作导弹投向人的石头的实在与对某人恶语相加的侮辱的实在进行对比。构成侮辱的东西在一个民族的生活中的意义那里确实如此，我们应该记住这一点。当语词或手势具有所说的那种意义，而且它们指向故意用侮辱的特定方式所冒犯的人的时候，这些语词或手势就从客观上构成了侮辱。在一个民族当中就有这样的东西作为侮辱而存在着，因为人们正常情况下以某种方式回应侮辱——共同的反应以及"对侮辱的态度"（在维特根斯坦所说的"对灵魂的态度"的那种意义上）。

192　　因为我可以摸石头、推石头、处理石头、感觉石头，等等，所以石头具有实在，其实在便是物理对象的实在。如果我看见某物飞向我并且相信它就是已经投向我的那块石头，我就期望它投向我，而且如果击中我，我会流血。因此，我要做出反应避免这种情况发生。这是我用石头进行物理参与的例子。正是在我们用这种对象进行的物理参与中它们才具有客观实在——"我们对物理实在的态度。"

侮辱也同样具有客观实在，当然不是物理实在，而是在它作为侮辱而存在的特定意义中，亦即嵌入一个民族文化中的意义。它由属于那种文化的人们所认识。然而，尽管投向我的石头是否让我受伤流血，这是独立于我而发生的，以至于我仅仅能观察到这种结果，但是从别的方面看这也是指向我的侮辱。我是否遭到冒犯，我的感情是否受到侮辱，都取决于我的情感导向。亦即石头冒犯我，恐吓我损害我的自尊的能力取决于我从情感上看待它的方式。因此，具有从客观上冒犯的能力的语词不可能在特定的情感导向中冒犯我。这是我自己所站的位置的事情，而不是一件我没看见其客观实在或闭上眼睛不看的事情。不，这是位于我所站的位置的视角上对于我不具有实在的事情。

侮辱的实在由不同的实在所取代，它要求一种以相同的方法还击的回应。这种观点并不是自我的观点：不存在被羞辱的自我，因此，在侮辱面前通过将其扔回侮辱人的那个人的脸上，没有什么自我想要爬回它所处的位置。从那种观点来看，做出侮辱的人和回应侮辱的人似乎会被一系列螺旋反应缠住，这些人在这些反应中并不是真正的演员：他们缺乏自治性。当侮辱冒犯人伤害人时，他们并没有做出看似侮辱的驱使；他们被驱使了。因此，侮辱要求的驱使就是一种悲伤甚至是一种同情。我认为，斯宾诺莎会说多数人并没有在侮辱的非实在前醒悟，并没有在诸如从永恒的相下看事物的其他罪恶面前醒悟。这当然是道德观点。

西蒙娜·魏尔在她关于《伊利亚特》的文章（西蒙娜·魏尔，1953 年）中指出战争的罪恶没有实在，与此同时，战士把战争视作变成英雄的机会。对于他们来说，战争不是战争而是游戏。在其分离或凭自身的资格存在中，其他人的实在并没有出现在视别人为其卫星的自我中心主义的人面前。侮辱的非实在对于下面两种人并不明显：第一是侮辱他人的人；第二是当他们在一系列螺旋反应和对应中锁在一起时遭到侮辱的人。侮辱在他们的情感中具有实在，在从情感中觉醒时却消失了——正像我们从梦中觉醒一样。同样，尽管一个人的道德价值已经不再是他的，而是社会的声音，甚至当他们已经内在化而且通过弗罗伊德称之为"超我"的东西说话时，他们将不具有对于他的道德实在。因为不管他多么遵从这些价值，它们都不会从道德上吸引住他。在那种参与中，向他的世界开放的实在的维度离他很近。

193

当他自身发生变化并因此向该维度开放时，该维度亦即向他开放。只有那时道德价值才会进入他的生活并构成他的世界的一部分，只有那时道德价值才会获得对于他的实在，只有那时他才有关于生活的道德观点。按照这种观点，他可以弄明白对于他、对于道德行为、对于道德行为所指向的东西，他们需要什么。

普特南似乎忽略了这种区别于其他规范的道德价值的特征。他恰恰想否认我们的道德价值"仅仅是投影"，通过使道德价值过分靠近道德规范，普特南在反面出了差错。从形而上学实在论者分开了道德价值这一点上来看，它们当然没被分开。然而，这并不意味着它们没用以相当彻底的方式分开。

五　客观性与道德知识

普特南把自己描述为"伦理实在论者"或"道德实在论者"。也就是说，他主张伦理价值是实在的，亦即伦理价值独立于我们并存在于我们的心灵和思想之外。然而我们已经发现，这只是半个真理。是的，伦理价值独立于个体而存在，在那种意义上它们具有一种"客观存在"。但是，如果对于个人来说它们的存在不过如此的话，如果从他开车时观察交通规则这点来看他的行为遵从伦理价值，我们就不会说他赞赏作为道德价值的实在：对他来说，道德价值本身不会是实在的。如果在社会中这发生在越来越多的人身上，我们会谈起那个社会中道德的死亡——正如我们可能会谈到上帝的死亡或者宗教在这些人中死亡那样。事实上，那种道德的价值会及时消失。这些价值可能会被记住，但是在那个社会的人们的生活中，这些价值会停止一起具有实在。

当道德价值对于个人具有生动的实在的时候，我们不会在其道德信念中把其描画为"客观的"。他所信任的并不是他对之持冷酷且不带感情的态度的东西——例如尼采提出的"客观的"人（尼采，

1973 年，第 115—116 页）。请允许我把我对于化学物质或物理对象的科学知识当作一个例子——例如金属。我可以通过触摸它、感觉它、用它实验以及观察实验结果来感觉或经验其他人告诉我的东西。实际上，在这里，"金属就是这样"与"他告诉我金属就是这样而且我相信他——因为很好的理由"之间并无多少差别。就我们的知识或信念确实如此而言，他和我在这里并没有作为个体单独出现。使我们分开的全部东西乃是他的专门知识。他并没有单独说话，只是作为一名合格的法官或见证人而单独说话。他的这种资格可以由别的同样具有如此资格的人所替代。

相比较而言，道德知识就不是专门知识，但是一种智慧的东西，这种智慧为聪明人士用于其存在方式中。这就是我为什么无法把他告诉我的东西盲目地视作我可以接受专家告诉我的东西。我必须使其成为我自己的东西并随之改变。这里正如我们所看到的那样，维特根斯坦说我作为一个为我自己说话的人出现（《哲学评论》，1965 年，参见：第 12、16 页），或者正如我要说的一样，作为一个在我的分离中及在我作为个体的不可替代中为我自己说话的人出现。否则，我所说的东西就会是二手的而由此一文不值的——像乔治·艾略特（George Eliot）的小说《米德尔马契》中卡索朋（Causabon）的声明那样。多萝西娅希望向他学习，问他是如何看待一幅画作的，他的回答采用了下面的形式："专家说……该领域最好的人写到……"多萝西娅极度失望。她想向他学习并分享他的智慧。她意识到她无法这样做，他并没有智慧。这里"不管我是否喜欢它，它都是如此"是一个借口。每个人都必须探寻他的精神：我在想什么？我相信什么？我相信的东西是我相信的吗？我所想或所相信的理由必须是我的理由。

"道德真理和美学真理不是客观的，它们是个人的。"这并不意味着所相信或判断如此的东西并不构成部分实在：情人眼里出西施，人对大自然或绘画帆布的投影也体现着，而且善并不真实存在。不，道德价值、善、美、宗教真理或洞见都属于人类世界的一个维度——其实在的维度之一。这里也存在真实之物与非真实之物东西的区别，实在之物与骗人之物的区别；控制这种区别及它们在特定情况下的应用的标准来自道德论说的语言。接近这种实在无法从如下关系中脱离开，我们在此关系中固守这种作为个体的价值与标准。因此，如果在人类世界的这种维度中，我可以利用的关系是纯粹理智的，或仅仅是约定的，那么我要保持与之分离的状态，为了接近此关系我必须改变自己。因此，道德智慧和美德品位都是个人的；它们无法被人单独分离开。

让我来这样说，客观性与独立于任何人的法庭上诉相匹配，当我们的判决遭到怀疑和反驳，我们可以上诉。当然怀疑与反驳在有关道德判断和美学判断上是可能的。然而，这里的怀疑常常是自我怀疑并使人探寻其精神。因为道德知识或智慧都无法从自我知识中分离开。这里也存在着我们所诉诸的价值和标准，因此，它们构成了独立于法官的法庭上诉；只有关于科学事情时，我们才必须与所判断的东西相分离，只有关于道德事情时，我们判断中的完整性才采取不同的形式：我们所说的东西必须通过作为人的我们，我们必须根据我们的判断做出我们自身的价值。我们无法对价值丧失感觉，盲目地接受它们。这就是"不管我是否喜欢它，它都如此"或"最好的人说它如此"都是借口的原因。

我说过，道德知识无法脱离作为人的我们自身。实际上，道德知识不是，或不仅仅是，一种我们喜欢的知识及我们特征的知识，尽管它包含那种知识（参见：迪尔曼，1990 年和 1991 年）。达至自我知识就是达至自己、学会成为自己、到达真实性。这也就是为什么我们不改变自己就无法达至自我知识。道德价值给人们提供立足之地，判断、深思、决定、行动的地方，以及作为自己的地方。拥有这样的一个地方需要关心事物、提供自己给它们以及开发忠实；还需要放弃某些倾向、达到自我约束。正是有了这个地方我们才能达至自我知识。当我们信任某个事物——我们拥有忠实和完成性的信念——我们便拥有这个地方。在这个意义上没有立足之地的人是能购买到的人，是会向任何东西屈从的人，是所有东西都属于所有人的人。这种人并没有他所是的那个自己：他不是他自己。是柏拉图指出道德知识与自我知识相互缠结；是柏拉图对话中的苏格拉底说知识即美德——道德知识。换言之，要想获得道德知识就要自身品性端正，而且是经过修行的。

我在前面引用了普特南的说法，伦理信念即真实的信念，它们不是别的什么东西——例如态度的表达。然后，我区分开"相信"和"信任"——例如信任某人亦即在某人身上投以信任，信任正派。正如普特南非常赞赏的那样——信任正派并不像信任某事那种情况。那更像信奉我们对于事物——对于生活、人类关系——给予特定观点的规范或价值。那是一种绝对信奉，不管可能发生什么，我们都把生命委托给这种规范或价值。那是我们一下子在我们的理解和感情中对整个自我的信奉。我们在其下面看事物的那个面相乃是我们已经改变了的情感的视野。我们在这种信奉中从情感上理解事物的方式拉近了看与行动之间的差距。因此，我们并没有看见某人处于紧张中，这种信奉在一定程度上是"冷静的"，我们通过同情的眼睛看见它，在那种同情中我们寻找最好的方式来帮助他。我们在特定人生情境中感觉道德这种同情反过来表达了我们在正派中的信念。因此，相信就是赞赏保持正派的意义，并在生活中通过其展现给我们的情境过日子。然而，我们不仅在所做的事情上生活，而且我们也在失败时感到的懊悔中以及在悲痛时寻求的悔过与补偿中生活。

196

六　道德学习：达至道德知识

正是在这一点上，我们在道德信念上具有精神并自身成长，在这种成长中我们发现自己，并因此走向自我知识。那么，关于道德的学习作为同一个硬币的两面达至道德知识或智慧和美德，知识与道德学习和科学学习完全不一样——例如学习物理。当我们学习一门新的语言时，亦即我们日常说的语言的"郊区"，我们则获取新的概念并赞赏它们在新的具体情境中的意义，例如在实验室中的实验那样，这反过来使我们能够以新的方式理解熟悉的现象。此外，我们的注意力被实验室外的新现象吸引住，我们做出新的联系，也发现许多新的事实。因此，我们在学习新科目、学习新学科。

道德学习并不如此；道德不是一个科目，也不是一门学科。我们在学习道德时并不学习任何东西。我们当然学习纪律，亦即自律，而不是一门学科。我们学习自我知识，但不是通过自觉。我前面所指的精神探索反省我们的错误，试图在提出道德问题的情境中清楚地看见前方的路。我们试图屈服于道德困难。我们部分地参与所信任的价值，亦即为我们提供立足之地的价值。正是在这种参与中我们学会成为自己并一下子走向道德价值。这不是关于任何东西的知识。它描画了人们自身。正如我所说的，苏格拉底用美德辨认知识。

一个人通过道德学习来获得道德信念。获得道德信念并不仅仅是获得某种"信念"，"理解"我们以前不理解的东西。这是要改变自身，走向新的存在方式。正是在这种存在方式中我们才是道德的。我们的行为与某种道德规范的一致并不足以使我们有道德。道德学习包括学习关心他人、对正当做出回应、学会在某种情境中放下自己。我们应该有一颗正确的心来容许这种照顾、关心和无私。

正是一个人在接受道德知识时达成的生存方式把其道德性格提供给其行为——尽管这种存在方式是将其自身展现在一段时间中采取的行为中的东西，这也是真的。所说的存在方式清晰地包含其情感导向。因此，他通过感觉做了他所欣赏的东西。认真者和表达情感的人彼此相互一致。我在别的地方已经指出何为所说的"情感理解"（参见：迪尔曼，1981 年，第四章第二部分）。例如，他赞赏一个人在他感到的同情中需要帮助，同时他已经行动起来。他理解一个人在他感到的愤慨中容易受到不公正待遇，而且作为回应；在他的感觉方式中他意识到了所做的错事并为那种错事而感到痛心。他在感觉羞耻时意识到了对待某人的卑贱并同时对此表示悔悟。当他面临道德问题而考虑要做的事情时，他的理由是"情感理由"（参见：迪尔曼，1981年，第五章第四部分）。正是在这种情感导向中他拥有了情感理由；正是在这种导向中情感理由成为他的理由。

因此，与道德灌输相对应的是，道德学习包括自我即人的成长——道德增长——朝向更大的自治及与其社会、人文环境相联系。那就是说要向外转向，远离自我中心主义导向，远离由从过去渗透不到现在的形式所固定的视觉。因此，道德学习包括克服感情障碍，真正地考虑他人并对他人开放。因此，道德学习在很大程度上是一种情感教育。我们在所处的存在模式中通过在道德学习过程中获得的情感转型来与我们的价值融为一体。这在道德学习的核心中相当重要。

正是通过内在工作我们才推进到了生存模式，我们在这种模式中发现了属于上述统一体的内在统一以及我们在走向自身时的道德声音。内在工作包含内在事业，就像原谅那些我们相信过去和现在已经冒犯或伤害我们的人。内在工作包括放弃不满，抛弃防御我们对新经验的那种防御。内在工作包括对过去和现在的爱人在悔过和悔悟中悲痛地做出的不良回应，还包括做出修正和补偿。因此，这种内在变化不可避免地与我们对在他人的感觉和关系的态度上的变化相匹配。它们是包含与那些被疏远的人们相调和的变化，以及我们移向与他们更加开放、更加给予和更加关心的关系的变化。在伴随这种调和一起的承诺履行的义务和关心中——我的意思是在我们感觉中的调和——我们也要发现更大的参与的勇气和更大的内在力量。正是在这种全部当中我们发现了道德增长。（我一直在为我称之为"爱的道德"——精神的道德——说话。）

这种道德增长和提高赢得了西蒙娜·魏尔提出的"道德重力"的东西，亦即从道德上——反对贪婪、傲慢、自私、自卫以及不断拉我们下降的反应力。我认为这种对抗道德学习是普遍的。亦即为什么这种学习需要内在工作——人们必须参与的情感工作。如果他不愿意参与，那么他需要被劝说。

西蒙娜·魏尔指出，善无法被复制，正如我相信柏拉图也持有这种观点一样。这包含勇气、正当和同情心。这也是道德学习与多数其他形式的学习不同的原因。让我补充说，这就是把道德的特征描画为"认知的"原因如此不足——这并不是说伦理学的情感观点对于道德更加正当，因为在这些特征之后隐藏了把头从心中分开、把理性从感觉或情感中分开的二分法。我们在这种概念的分离之后找到了一种不适当的情感观和一种狭隘的理性观。

然而，实际上，人的情感可能与他的理性保持不大协调，这一点是真的。在这种情况下他们的完整会成为道德学习与发展的一部分，因为在这里"激情和原因［是］自我分开的原因"［福尔克·格雷维尔（Fulke Greville）］。正如莎士比亚在《哈姆雷特》中所说：

> 能够把感情和理智调整得那么得当，命运无法把他玩弄于股掌之间，那样的人是有福的。给我一个不为情感所奴役的人，我愿意把他珍藏在我的心坎。

然而，对于作为情感的奴隶的人，亦即身上的理性全部从感觉那里分离的人，存在着一个反面。这种分离在这里使他无同情心且有道德。因此，在易卜生（Ibsen）的《建筑大师》中索尔尼斯太太为他人做事情，因为正如她一直所说"这无非是我的责任"。正如欧内斯特·琼斯（Ernest Jones）所说：这种人"成为可依赖的正派的人，他们在生活中发挥足够的作用……［然而］对于他们的邻居，他们却表现出了多少有些冷酷及无容忍性的人的欠缺"（1937 年，第 3 页）。在这里，"正派"一词用作微弱的赞美之词：他们值得依赖，他们信守诺言且不欺骗他人。但是，如果你有问题请不要期盼来自他们的怜悯和理解；如果你偶尔冒犯他们，也请不要期盼他们的原谅。

七　普特南伦理学中无二分法的实在论

普特南拒斥事实与价值间的二分法以及科学与伦理学间的二分法。正像我们所看到的，他谈到事实与价值的缠结；他还据理论证，道德价值与科学规范并不是完全不同的。

我们把我们做出的价值判断建基在对我们已经有伦理输入的事实之上。价值判断的伦理输入来自它们得到辨认和描画的道德概念，但是因为我们可能在价值上有分歧，所以我们在道德判断中可能仍然不同意如此描画的事实。这并不排斥我们之间讨论的可能性以及其导向建立道德友好关系的可能性；然而这也不确保同意。如果不存在一致意见的话，也就没有客观的优势，在这一点上据说我们中的某人遭到误会，或缺乏其他人所具有的某种洞见。因此，普特南描述的事实与价值相缠结并不确保所谓伦理上聪明的人的价值判断之间的全体一致。

普特南可能会说，因为在诸如物理科学中可能会存在范式争论，上述不一致的情形对于伦理学来说就不是唯一的。在科学中存在这种争论，这一点是真的；但是这里所谈的科学通过这种争论发展起来。已经有人指出，不存在关键的实验会解决这种冲突，而且那种长期付出的理论和范式会得到人们的接受。然而，正如我所说，道德并不是一门学科，因此，在诸如物理学的科学发展的意义上，伦理学是无法发展的。正像我们可以谈社会道德中的下降及其损失和价值的下降一样，我们只能说人的发展，或人的道德理解的增长或深化。当然，这本身就是道德判断，我们从作为个体的道德中——在我们的分离中——做出这些判断。科学家在其学科中为了接受范式转变而具有的那种辩护与下面这种辩护完全不同，亦即一个人可能会给出他所经验的价值中的改变，以及道德视觉或观点上的改变。

正如我们已经发现的，维特根斯坦在"伦理学讲演"中区分了伦理或绝对价值判断与相对价值判断。他说："所有相对价值判断都是一个纯粹的事实陈述，因而已表述为这样的形式，亦即它失去了价值判断的一切表象。"（第5—6页）他补充说，尽管"所有的相对价值判断都可以表现为纯粹的事实陈述，但没有任何事实陈述可以是或包含着关于绝对价值的判断。……因此，谋杀与其他事件，诸如石头落下，完全一样"。我们在休谟那里发现了相同的观点："一棵年幼的树高过并破坏了给予其种子得以生长的大树，当它谋杀了阿格里帕尼娜之后便与尼罗处于相同的关系上。"（1957年，第11页）

维特根斯坦后来会拒斥这一点。他会说，父辈关系包含的内容远远多于休谟已经想到的生物关系。父辈关系包含其本身就是在多数人类共同体中道德态度的核心的那个家庭机构。这些态度属于我们的家庭观念以及对父辈关系的理解。对于破坏、杀人及谋杀的想法也同样如此。对于年幼的树来说，当我们谈到一起诸如杀人的行为并把动机归属给当事人时所预先假定的环境是不在场的——我意指的是人类生活的环境。只要人们不考虑这些环境，而且在上述两种事例中得以平衡的东西则成为关注的焦点，称作犯罪的任何东西很有可能应该受到关注。

201 维特根斯坦的世界之书中提到的事实由于选择方式的原因而无法有任何道德输入。正是他的全部语言哲学才为此负责。假如这是真的，他在后面就不会反对把诸如某人对妻子撒谎或背叛了她的信任描画为事实，他就会同意诸如这样的事实并不会缺乏伦理意义。然而，即使这样，他也想保留一些其早先对事实与价值的区分，并继续把伦理学视作无法做成一门科学的。

这并不是说从未有过任何从事实陈述到价值判断的清晰过渡——例如，他非常残忍地打了她并因此遭到严重的不公正待遇。所说的事实已经具有道德意义，所说的过渡在伦理推理中也是一个熟悉的动作。我们正是通过事实陈述来为这种价值判断加以辩护。这里我们有一个我们称之为道德辩护的例子。然而，通过某种人们考虑的价值来使这种辩护得以可能；它使这些价值理所当然。这些价值属于我们可以从"是"中得出"应该"的框架之内，它们本身无法从任何事实得出。维特根斯坦正是把这些价值和逻辑原则相比较（《逻辑哲学论》§6.13、§6.421），而且他也想到了它们限制我们构想下面这个情境的方式，亦即，我们在这个情境中行动并决定在特定情况下对于我们来说那些可以理解的替代物是什么。

普特南说，在理论形成观念的物理科学中我们处于相似的情境。正是在这种物理科学的框架内科学家设计了确定某种假定，并因此成为既定事实的实验。然而，尽管从广义上讲，人们可能把接受科学理论的原因描画为"实用主义的"，一个人接受某种道德事实的原因却是完全不同的一种。我们应该说正是由于历史原因这种价值才在社会中赢得声望。个人从他们成长的方式中学会这些事实。然而，如果个人根据这些价值来行动并做出判断，并且仅仅由于这些是有人教他用于行动和判断的那些价值，而且由于其他人也这么做的话，他就会是仅仅遵守已经接受了的规范的人。在这种情况下，道德不过是他已经做了的事情，也仅仅是指引他人生的习惯集体。苏格拉底不会把道德知识或理解归属于这样的人。

另外，如果它们在某人的生活中所起的作用仅仅是实用主义的——出人头地且逃离麻烦的最好方式，在矛盾的生活中寻找幸福的最好方式，更有甚者，使人们帮助甚至服务你的最好方式——当然我们不会认为任何道德美德是他的功劳。我们会说他并未考虑正当、诚实及正派，而且并不明白在这些事情上发现意义并给予自己且把生活交给它们都意味着什么。例如，对于他来说，诚实仅仅是最好的策略——这是全部。在他判断的情况中，他以其他的方式被抛弃。因此，在柏拉图的《理想国》中提到的裘格斯（Gyges）戒指被苏格拉底用来对人的道德进行尖锐的检验。

那个使这些价值成为自己的并把他的生活交给这些价值的人怎么样呢？他为什么这样做？由于什么原因？由于他有这些价值中的发

202

现，他才这么做。这有点像某人，例如在任何情况下都忠于妻子的人。为什么？因为他要了她，或者因为他爱她。这就是原因；然而他没有理由要忠实于她。他的忠实是他的爱的一部分。为什么他爱她？我们爱一个人需要理由吗？

这便是说道德价值是绝对的、无条件的意义。道德价值在人的生活中发挥作用，当它们在这种作用下成为"相对价值"时，它们便停止作为人的道德价值而存在。因此，一个人的道德并不是由"从……之外"通过他遵从某种道德价值来衡量，而是由"从……之内"关于他和道德价值的个人关系而决定。这就是我称之为道德的"个人维度"的东西。正是在这里他的道德存在模式出现了。在科学中就没有什么与此相似。

这就是普特南所忽略的东西。他的"认知"与"投影"的二分法没有把伦理或道德放置在他能对之公平对待的地方。如果伦理学是认知的，那么其与实在的关系便可以同科学与实在的关系相比较——当然假定在一种情况下这种关系内在于伦理学，而另一种情况下内在于科学。然而，我已据理表明，我们可以在个人的维度上找到道德价值的实在。当然，道德价值不是主观的，它们不是发明，而且它们也没有出于这种选择进入个体的生活中。它们像所使用的语言一样存在于个人之外，而且属于他所属的社会文化，正如普特南所指出的那样，在那种意义上它们像任何其他规范或尺度。然而，它们有道德实在或只在个人生活中没有道德实在。这就是内在于道德的实在所像的东西——普特南错过的东西。

当然，科学与道德并没有"缠结"，尽管它们有自身的道德，但不管怎样也存在着科学无法接受的社会。然而，西方世界的科学语言和道德语言属于相同的语言。据此，二者是同样世界观的一部分并且以不同的方式相互影响。当然，发展科学分支的科学家是道德存在，而且他们所发展的科学无法与他们作为道德存在的关注相隔离。如果他们在任何情况下都不重视真理和真诚的话，他们就无法参与任何严肃的科学研究并对其科学分支做出真正的贡献。

在这种意义上，科学与伦理学无法相分隔，无法在我们理解二者的意义上彼此分离，作为道德存在的科学家在他们作为科学家而试图理解的世界中行动。然而，这样说并不是要否认科学与伦理学之间的逻辑区别。我已经据理论证，这些区别在科学与道德之间达到彻底的区别。以这种方式把道德从科学中分离开来，如果这样想要达到的是我们在道德论说之内确实区分了实在与表象的话，这并没有抨击普特南的道德实在论。柏拉图对"哲学美德"和普通社会美德的区分便是一个例子。我相信柏拉图在《理想国》的洞穴比喻中想要对此区分说些什么，在《斐多篇》中苏格拉底也做了这种区分——在真实的或真正的善与社会齐一性中对它进行模仿。

八　结论

在本章中我关注的是普特南在以"实在论的多副面孔"为题的保罗·卡若斯讲演中以及在随后的一篇题为《实用主义与道德的客观性》①的论文（普特南，1994 年）中表达的伦理学观点。他称自己为伦理实在论者并希望肯定道德价值的实在：它们独立于我们而存在，并且不是投影。它们和物理对象的存在一样而存在，和数的存在一样而存在，和原子的存在一样而存在。我不再斤斤计较，而仅仅指出这些都不是普通的存在着的事实——例如正像摩尔所想它们是普通的存在着的事实一样。它们代表了我们尝试指出理所当然的东西的努力，我们在下面这些情况中做出这种努力，当我们肯定我们在特殊环境（例如这好似我发现在我前面的一把匕首——或者仅仅是心中的匕首吗？）中看到的东西的实在、进行数学运算并在这种发现中数对象的数量时，以及当我们肯定诸如"我的书架上有 158 本书"时陈述的

---

① 该论文收录在《语词与生活》一书中。——译者注

真实。

　　有一次采用这种说法时，我说道德价值存在于一种文化中；它们在文化中具有客观实在。首先，我们在来自父母的"道德教育"中
遇到道德价值。然而，直到个体在成长为成年人的过程中使道德价值成为其自身的时，我们都无法认为道德价值属于个体。因为直到他使道德价值成为其自身的时，他在判断时才仅仅鹦鹉学舌般说话，在行动和决定中才遵从道德价值，仅仅因为有人告诉他这样做，或因为其他人这样做，或因为这样做是既定的事情或合适的事情。他将仅仅跟随民众并复制他人。在这种情况下，我们无法说，道德价值对他来说具有作为道德价值的实在；他在道德价值那里并没有看见任何东西，对于他来说，道德价值也不意味什么。因此，我说道德价值具有双重实在：在它们所属文化中的客观实在和对使这些价值成为其自身的那个人的个人实在。当他使道德价值成为其自身的时候，他就会不仅仅在他如何思考某些事情上，而且在其自身中加以改变。他的全部生活就会在特征和方向上发生变化；他的生活需要从未有过的意义。

　　我在下面要检验，关于事实—价值以及科学—实在这两个二分法，普特南要说什么。他几乎不再区分这些。他谈到事实与价值之间的缠结。好吧，但是我们无法说科学与道德也以这种方式缠结。普特南说科学与道德并没有分开。然而它们却分开了。所以我主张对于道德知识和宗教信念很必要的"个人维度"在科学中是不在场的。科学规范在道德价值所持有的方式中没有双重实在。

　　普特南认为，如果伦理学是认知的，其与实在的关系就可以比做科学与实在的关系。但是，说"伦理学是认知的"，并没有抓住伦理学的特征——道德思考和推理。主张伦理学是认知的预先假定了认知与情感之间的严格区分；而用普特南的话来表达就是，认知和情感在伦理学中相互缠结。正是这种与情感的缠结使个人维度进入道德信念、判断和决定，并把伦理推理从科学推理中分离出来——在两种情况下分离了被视作理由的东西：在伦理推理情形中的"情感推理"。

这种理由不可避免地成为我所做出的判断的理由。如果你说："有很好的道德理由来解释你为什么应该割断你与所支持的投影的关系"，并且告诉我这些理由是什么的话，直到我能够从情感上赞同它们——知道我能够使他们成为"我的理由"——它们都不会成为"强迫的"理由。你可以相信我。然而，对你来说能够这样做我就必须寻找一个地方来把来自我心中的东西安置在你提供的东西中，以及一个来自我的地方：我必须能够对之做出回应。在我欣赏你提供的证据的科学中，我无法不同意他们所支持的主张的真。

我与普特南拒斥形而上学实在论的做法保持相当一致。然而，当谈到伦理学时我发现他关于伦理学的认知观点并没有真正地正当对待伦理信念、判断与推理的逻辑特征。为了指明这种观点是如何失败的已经成为本章的主要关注点。最后，我检验了维特根斯坦的一些伦理学观点。因为这些观点完全与普特南的观点相对照——尽管正如我在前一章所指出的那样，普特南在其认识论观点中欠了维特根斯坦很多。

第十章

结论：实在与人类生活

一 回顾

在本书中，我一直关注语言与实在的关系问题：拥有一般结构的实在到底是独立于语言的呢，还是从人类语言那里获得了其结构？实在论是这样的观点：实在独立于我们的语言并独立于人类语言而拥有其自身的特征。它主张，拥有其语法的语言镜现拥有其最一般特征的实在。语言唯心论是对这一观点的否定，是其反题：实在镜现我们语言的最一般特征。

在贝克莱式唯心论中，心灵中的观念构成实在。在康德式唯心论中，使经验和知识成为可能的结构被认为来源于心灵的结构。康德据理论证，这种结构在使知识和经验成为可能的同时，也使我所知道和所经验的东西成为可能。康德并未把它叫做"实在"或实在界，而是称其为"现象界"。但它确实就是我们所理解的实在。我称之为人类世界。语言唯心论想要以语言主张康德以心灵所主张的，亦即，我们语言的结构进入关于我们所知道和所经验的东西的构造中，从而也进入关于我生活中与之打交道的实在的构造中。但它并未命中目标，反倒在语言学的阵前落陷于贝克莱式唯心论当中：实在是由语言学"观念"即概念构造出来的。由于语言是随着人的出现而产生的，所以这种观点可以挑衅性地表达为：实在是人造的。这些主张个个都鱼龙混杂，而本书就是想揭示其中每一个的真面目。为实现这一目标，我考察了维特根斯坦对语言与实在的关系问题的贡献，同时还考察了几位对维特根斯坦的贡献做出回应的当代哲学家的工作。

207

本书据理表明，维特根斯坦拒斥实在论——"形而上学实在论"——而并未倒向语言唯心论，并且对语言与实在的关系的理解做出了第一流的贡献。然而，他的贡献却被误解了，更有一些哲学家将他归到语言唯心论一边。本书旨在纠正这种误解。为此目的，我考察了维特根斯坦和康德之间的平行关系及相互差异：他们二人都拒斥经验论，而由于主张所有概念都取自一个独立实在，经验论成为实在论的一种形式。康德以其著名的断言表达他的拒斥态度：并不是我们的概念符合对象——亦即我们的感觉和经验的对象——而是完全相反。是我们的经验和知识的对象符合我们的概念——我们的感性形式和知性范畴。这便是康德的哥白尼革命，之所以这么称谓，是因为它同哥白尼的下述主张有异曲同工之妙：当我们看见太阳在地平线上升起和下落时，所显现给我们的感官的东西应归于我们的运动，亦即我们栖居其上的地球的运动，而正是从我们的栖居之所看过去，它才如此显现给我们。

因此，在康德看来，经验论在哲学家们特别感兴趣的那些概念——如时间、空间、心灵、物质、因果关系等等——也就是康德的"形式和范畴"那里受到了严格的限制。这些并非经验概念；它们无法从任何外在于和独立于我们的东西那里获取；它们反映任一心灵的结构，这一心灵可以获得知识和经验，可以进行推理和理解，从而可以拥有任何要去知道和经验的东西。同样，维特根斯坦也批判作为一种认识论的经验论。他所批判的是它的这种一般性，亦即主张所有人类知识和所有概念都得自感官，仿佛它们就是对外部世界打开的窗口。像康德一样，他区分开了日常概念和那些属于我们的言谈形式的概念，后者是我们通常的概念——构造所预先假定的。正是在这里，他看到了他所称的"经验论的限度"。

简而言之，我在本书中以相当篇幅探讨的论点如下：我们同实在的接触是以我们语言的形式为中介的，而我们在这一接触中所领会到的东西就是我们与之接触的那个实在。因此，它被这一"中介"的形式内在地标示出来。此外再无别的超出我们如此领会的、独立于我们的思想和言谈形式的实在。我赞同普特南和贝内特的如下观点：在康德那里，他所称的本体或"物自体"无非就是由形而上学的浪潮冲到认识论的岸边的杂物而已，要是没有这种冲刷，它们便会了无生气。

维特根斯坦和康德的重大区别就在于，维特根斯坦将在康德那里赋予实在以"可理解性"的"知性"之贡献的引力中心从心灵转移到了人类语言。在康德那里，完成这项任务的是进行认知的心灵中的永恒结构，这些结构不受人类世界或"现象界"中的任何东西的影响。相反，在维特根斯坦这里，人类语言形式的逻辑或语法却处于同任何进入人类生活的东西的双向关系中。我将这种关系描述为一种"无缝的"关系，一种"先后次序难定的"关系，一种受制于时间和历史，从而也受制于变化的关系。如此构想的语言既在世界之中由生活于其中的人说出来，又处在世界的界限之上。这样说并不矛盾。

语言唯心论将植根于人类生活的语言与实在的关系简单化了。它主张语言决定实在的一般结构，并把语言视作一种人类产物，而这便将实在论者正当坚守的如下观点模糊化了：我们在生活情境中所知道和经历的东西，亦即我们的知识和经验的特殊对象，是独立于我们而存在的。我在本书中花大量篇幅去澄清我们这里需要坚守的东西，亦即无论是语言还是实在，都无法被说成是人造的。我指出，硬要说有什么是被造出来的话，恰恰是我们自身主要是我们的语言以及语言植根于其中的文化的产物。

不过，人类同其语言和文化之间的关系也是双向的。童年时期，我们通过学习说话以及学习其他许多相关的事情，而获得思考并同周遭事物打交道的能力，以及理解并赋予它们以意义的能力。就是这样，我们才得以融入我们的文化，或许还作为思想者、评论者、艺术家或科学家对我们的文化做出哪怕是微不足道的贡献呢。不过，我们大多数情况下是作为一个更大的"机制"的齿轮而参与到其变化中的：被卷入我们生活于其中的社会的各种运动之中——完全身不由己。

　　这里，难以弄清的是，我们世界的晴雨表从我们早年学说话时起是如何涨起来的。因为，我们的世界是随着我们谈论的东西以及我们在生活中遇到并与之打交道的东西而扩展的。如前所述，我们于其中遇到我们与之打交道的东西的那些情境以及我们在这些情境中与之打交道的那些东西渗透着来自语言并属于我们的文化的各种意义。正是我们的语言和文化使它们成为可能。这些意义进入这些情境以及我们于其中遭遇的东西的认同之中。而正是我们如此遭遇的东西成了构成我们身居其中的世界的那些实在的一部分。因此，如此进入我们与他人共享的生活的东西，便是由我们在此种共享生活中学到的使其成为可能的东西，而这些东西反过来又使这种学习成为可能。

　　随着我们的世界的扩展，我们便进入成人的世界并与他们共享这个世界。我们每个人都通过这种学习而进入其中。因此，这样一个独立于我们每个如此进入其中的人的世界的存在，来自它之被一个共同体所分享，而组成这个共同体的人们是以相同的方式进入其中的。正是在那里，每一个人得以在学习过程中一步步进入世界。尽管如此，若是没有其据以存在的共享生活，这个世界就是不可能的，也就没有了拥有其过往、其历史的世界，总之我们所知道的世界。

　　我一直强调我们与构成此世界的东西之间的交道。这种交道也包括我们区分实在的东西与仅仅是表面的或虚幻的东西。我也一直在强调各种形式的意义，这些意义部分地构成我们与之打交道的那些东西的认同——这些东西包括我们所命名、所指称、所谈论、所识别的东西以及构成我们的经验、情感和知觉之对象的东西。它们在我们世界中的存在本身无法同它们被如此领悟的可能性分开——无法同我们得

209

以命名它们、分辨它们以及在特定的可疑情境中判定它们的实在性分割开。它们的存在无法同由身处此世界中的人们分享的这样一种领悟方式分割开。正是由于这个原因，洛克的作为"未知的东西"的物质和康德认识论中的"本体界"（"物自体"的世界）才成为毫无意义的。它们乃是形而上学神话。康德本人清楚地指明，构成我们知识和经验的对象的那些实在的结构本质上是由他所称的"我们的感性形式"和"知性范畴"所赋予的。

当然，这些东西表现我们的领悟形式，事实上也表现我们的谈论和思想形式。随着我们学会说话，同时学会思考，它们便成了我们的——康德会说，成了可为我们所得到的。如我所言，我们在学会说话的同时也学会了辨别事物。我们学到的名称给了我们对之做出反应的东西，尽管同样可以说，我们最初的反应使得我们可以命名事物。我们的学习过程是这样的：不同的阶段并置其间，每一阶段都为下一阶段提供基础，每一阶段都使下一阶段成为可能。

二　西蒙娜·魏尔论作为我们阅读的某种东西的世界

我说过，我们世界的存在本身无法同我们得以命名和辨别事物以及在可疑情境中判定它们的实在性分割开。于是我们可以说，有着各种实在维度的、拥有多个互有重叠的版本的人类世界，渗透着各种形式的意义，这些意义来自人们使用的语言以及语言植根于其中的文化。就是出于这一原因，最近才有人将人类世界比作一个书写文本——例如，纳尔逊·古德曼。

我这里想简单谈谈西蒙娜·魏尔在她早先的论文《论阅读的观念》中提出的观点。在这篇较早的短文中，她所说的东西让人很容易联想到维特根斯坦。她在文中拒斥关于存在着的认知对象及我们如何认知它们的经验论观点，并在文末论及我们上一章探讨的伦理学观念。根据她所拒斥的经验论观点，我们知道独立于我们亦即"外在于"我们的对象，是通过我得自它的"观念"，或感觉——印象，或感觉材料——可将其称作关于感官知觉、知识和经验的被动理论。这预先设定了关于"一个既成世界"的观念（古德曼）。相反，她却提出了关于"读出"的想法，并由此指出，我们同"外在世界"——独立于我们而存在而我们就身处其中的世界——的接触是通过"读出"。换言之，我们所知觉、所知道、所领悟的乃是要被读出的东西——像一个书写文本。"阅读"是我们学会的东西，而且，除非我们能够读出，否则我们便看不到、接触不到其他人"读出"的东西，从而也看不到、接触不到他们与之打交道的共同世界。如此一来，要被"读出"的东西便预先设定了拥有"读出"要被"读出"的东西之能力的，从而拥有一种共同语言的人类的存在。

她在最先举出的几个例子中将阅读的观念扩展到纯粹的感觉——诸如头被敲了一下，肚子被打了一下，碰到一个热盘子等等。此时我们有的不是一种共同语言而是共享的非习得反应，就像维特根斯坦所论证的那样，这些反应使一种共同语言成为可能。她写道：

> 我们都知道，感觉是直接的、纯粹的，并通过惊吓抓住我们。一个人冷不丁被打了肚子；在明白过来之前，对他来说一切都改变了。我碰到一个很热的东西；在意识到被烫之前，我吓了一跳。我被某种东西抓住了。世界便是这样对待我的，而正是这种待遇让我认得它了。我们并不是被进行击打或烫的那种力量或者抓住我们的那些预料之外的声响所惊吓；因为我们知道……它们是从我们之外、从物质那里到达我们的，而且心灵不在其内，除非它也受到了伤害。（1990 年，第 297 页）

她的意思是，我们完全是自然而然地对烫或打给我们造成的疼痛而做出反应。这种反应是指向造成突如其来的疼痛的东西的。因此，在这一作为疼痛表达的反应中，每个遭受疼痛的人都是在接触某种独

211

立于他而存在的东西，某种不受制于他的意志的东西，某种他作为"外在于"他而领悟的东西。这对于狗、猫或马也是一样的。例如，被踢了一脚的狗会嚎叫，而且要么从踢它的那只脚逃开，要么转向它并咬它，从而表明它也将造成它疼痛的原因领悟为"外在的"。维特根斯坦称之为"对原因的一种反应"。

我说过，头被打了一下的人将这一突然的、生疼的击打"领悟"为有其"外在于"他的来源。魏尔这里用了"读"这个词：他将它读作来自"外面"的。在如此这般地读出它的过程中，他得到了关于一个"外在"世界的观念，亦即关于一个"外在于"他的世界的观念。这当然不是一个日常概念。它被预先设定在我们的语言之中，但其本身并未预先设定一种语言。因为，它作为其概念的那种东西就是世界的在亦即其"外在性"本身，而只有在其中我才作为一个有意识的存在者、一个意识到其自身的存在的存在者而存在。这是必要的，却不是充分的。还需要比这更多的东西，而这种东西在狗的生活和行为中是找不到的。

接下来，西蒙娜·魏尔举了一封信的例子，这封信带给某人的坏消息给了他宛如"肚子被打了一下"的打击。"白纸上的黑字（她说）完全不同于肚子挨了一下打。"我是通过它的意义而领悟到它有一个"外在"来源的。这里，受关注的不只是我读出的字句，而且还有它们作为一封信中的字句，从而是由身处异地的某个人写在一张纸上、提到一些事情的字句，如此等等。

西蒙娜·魏尔强调指出，收信人读出的这种意义，并非某种加在白纸黑字上的东西，甚至也不是加在那张从贴着邮票的信封中抽出来的那张白纸上的字迹上的东西。它对他的打击就像头上挨的那一下子那样直接，不通过任何中介，任何阐释或推论。"一切就这样发生了（她写到），仿佛疼痛就在信中［她的意思是，仿佛读这封信就是痛苦的，一如碰到热盘子就是痛苦的］而且一下子从那里窜到读信人的脸上。至于……信纸和墨水的颜色，就跟不存在似的。"（同上，第

298 页）这种意义描画出收信人读出的东西亦即令人痛苦的消息的认同。她写道：

> 我们生活中每回从表象中读出的意义就这样仿佛从外部抓住了我们。于是，我们便可以无休止地争辩外在世界的实在性问题。因为我们称作世界的东西乃是我们读出的意义——它不是实在的。但它仿佛从外部抓住了我们——所以它是实在的。既然思想在此世界中最高贵的功能便是识别并沉思这种无法化解的矛盾，如柏拉图所言，引我们向上，那我们何苦要去解决这一矛盾呢？值得注意的是，我们并未被给予感觉和意义；我们只被给予了我们所读到的东西；我们对字句视而不见。

我完全赞同最后一句话所表达的意思。在其成熟时期的著述中，西蒙娜·魏尔经常借悖论表达自己。尽管如此，一旦理解了她，我们会惊诧于其思想的清晰性。这确是一种富有教益的体验。不过，她在这一事例中称为一个矛盾的东西乃是维特根斯坦称为"精神痉挛"的东西：我们被拉拽到两个不同的方向。好吧，这是哲学敏感性的表达；但它召唤着这样的哲学工作，我们借之朝着解除这种精神痉挛而努力。

从根本上说，我们并非从表象读出意义。她称作"表象"的东西拥有我们所读出的写在其中的意义——例如她提到的头上挨的那一下。如我所说，这一疼痛的原因的外在性在我们的最初反应中得到表达。一旦弄清这一点，说"我们称作世界的东西乃是我们读出的意义因而不是实在的，因为意义来自我们"的倾向就会消失。当然，要是没有一起生活的人类以及在他们中发展起来的语言生活，作为我们世界不可分割的组成部分的意义就不存在了。因为描画外在于我们的东西的那些意义来自我们的载带着其文化和语言的生活。这绝不妨害这些意义所描画东西的外在性。

213

"它仿佛从外部抓住了我们——所以它是实在的。"西蒙娜·魏尔本人清楚地表明她毫不含糊地支持这个论断。她写道：

> 如果一个我恨、怕、怨、爱的人靠近我，我不再怀疑有个可恨、危险、卑劣、可爱的家伙在我面前。

又写道：

> 说我们因为害怕而**相信**自己处在危险中，那是不对的；相反，我们害怕是因为危险的出现；危险就是让我们惧怕的东西；但危险是我们所读出的东西。（第300页，黑体是我加的）

她说的是，我们的惧怕乃是我对危险的领悟所取的形式。换言之，惧怕本身就是一种领悟形式。它包含确信。我谈到"领悟"的地方，她用了"读出"一词。"各种意义（她写到）从四面八方接踵而至，攫取我们的灵魂并将其玩弄于股掌之间……我相信我所读出的东西，我的判断就是我读到的东西，我依据我读到的东西行事，又怎能不这样做呢?"（同上）"我相信"：她的意思是，我没有疑问，而我的确定性就在我的行动和反应里了。我如此这般地所"读出"的东西确定无疑地在那儿——例如，我惧怕的对象。有这么一些情境，在那里我是不可能弄错的："怀疑总有个尽头"——就如维特根斯坦说的。好比说，那要不是一条正欲攻击的蛇，一定是我疯了。

但是，即使有我在其中会犯错的情境，我的惧怕依然将其对象领悟或读出为"在那儿"的。正如她在另一个相关的例子中所指出的："我们称之为一个校正了的幻象的东西就是一个修正了的阅读。"（第299页）换言之，假如我在黑暗中将一棵树当成一个站在那儿等待的人，那我便在"读出"一个站在那儿等待的人。我这里所读出的东西可说成是我所想象的东西。当我走近发现只是一棵我误认为人的树时，那便不再是我想象的东西了：我面前实实在在有棵树。她说，这仍然是我所读出的东西。换言之，它是我所读出的东西这个事实并未使其成为非实在的。因此，这里并没有无法消除的矛盾。她并未明确拒斥这样说的倾向："由于我们称作世界的乃是我们读出的意义——它便不是实在的。"她说的是，实在与虚幻之分乃是不同的阅读之分；这两个术语均可用于阅读本身。

　　请允许我略微变换一下表述方式；我在全书中都是这么做的。此情形中，无论幻象还是实在都被领悟为"外在的"或"在那儿的"。就此而言，它们在同一语法中，属于同一实在维度。西蒙娜·魏尔是说，属于这一维度的，无论是实在还是虚幻，都是我所读出的东西。我可以读出我正确或错误地读出的东西，但我必须知道如何读出。这样的话，必定有这样一些情境，在那里不可能有关于我所读出的东西的疑问，进一步说，还必定有这样一些情境，在那里我可对我所读出的东西确信无疑。

　　在文章末尾，她简要论及了某种重要的东西，一个可以把我们带入伦理领域的话题："我拥有（她写到）一种施与世界的力量，它容许我改变表象，不过，是间接地通过努力，而不只是凭依单纯的愿望。"（第 301 页）通过努力，而不是随心所欲。她举了下面的例子：船长读出风暴完全不同于船上的一名乘客。作为一个历经大风大浪的船长，她说，这条船已成为"其身体的延展"——如同盲人的手杖。他通过船读出风暴。（同上，第 301 页）对于才失明的盲人来说，那条他先前熟视无睹的人行道，此时充满了危险。而当他学会了使用盲人手杖时，手杖便成了他的触觉的延展，甚至某种程度上取代了他的眼睛的功能。他才失明时必须越过的那些危险，现在消失了；它们不再会冷不丁地出现在他跟前，不再会冷不丁地降临到他身上。他现在可以更自信地行走了，重新获得"读出"人行道的方式。随着他学会使用手杖，他不再蹒跚着"读出"人行道了，像刚开始学习阅读的孩子那样。手杖成了他手臂的延展，并且对他成了"无形的"，就像萨特说的那样。

因此，西蒙娜·魏尔写道："乘客读出混乱不堪、无限危险和恐惧，船长却读出自然规律、有限危险、逃脱风暴的方式〔她还加上了〕和勇敢而体面地行事的义务。"（第302页）换言之，存在着不同的看待（"读出"）危险进而面对危险的方式。在一种情形下，我们将其视作压倒性的，视作某种我们在面对它时感到无助的东西，所以，只要可能我们总希望逃离它。惊慌之下，危险就这样被视作压倒性的，对自身安全的关切侵占了我们的意识，我们便会忘掉其余的一切，包括对他人的关切以及根植于这种关切之中的责任。相反，在我们的阅读中，危险会被降低使我们不致恐慌，这样我们便能够面对危险。我们的承诺光鲜依旧，未被恐惧所遮掩。凭着这些承诺，我们愿意面对危险，以便有所作为。这样，我们便鲜活如初。

西蒙娜·魏尔想表达的是，我们可以用上述第二种方式学会读出危险，不过，我们只有通过盘活灵魂方能做到如此读出它，而这需要努力——我称之为"内在努力"。这种灵魂的翻转是和对某些价值的承诺相携而来的。缺了这种承诺，将自我摆在中心、危险来了慌乱中跑得比兔子还快的家伙，总是只关心自个儿。我们必须努力摆脱的正是这样的自我。正是在这些业已为我们所拥有的价值的视角之下，我们才得以对事物有一种新的阅读，包括对我们生活中面对的危险与困难的阅读。我这里是依据西蒙娜·魏尔后来的著述，阐明尚未在我们所讨论的这篇文章中阐明的观点。

有两种谈论价值的方式：我们谈论作为标尺的价值本身，我们也谈论我们在做出衡量时所评价的东西。我们把后者作为有价值的东西来谈论。因此，在第二种情形下，我们赞赏一个勇敢的人和他的有勇气的行为。这便是普特南探讨的"事实与价值的相互缠绕"。我们将事实看作已负载价值的。我们在西蒙娜·魏尔这里也发现了相同的观点：

以斯帖惊恐地盯视的并不是亚哈随鲁的面孔，而是她读出的、写在他脸上的威严。在这样一些情形中，我们通常会谈到想象所起的作用；但用"读出"一词或许更好一些。这个词意指的是，所论及的是由表象产生的效果，而这些表象本身却不是显而易见的，或者极少这样；呈现出来的是某种别的东西，它同表象的关系宛如句子同字母的关系。

于是，她便给出了一个校对的例子："校对（她说）是困难的，因为我们阅读时往往会看到排字工漏掉的字母，一如他们打出来的字母。"（第 298 页）格式塔心理学家称其为"闭合"。但重要的是，我们这里看到的是词而非字母。同样，以斯帖看到的是她在面庞上读出的东西；她看见的并非皮肉，或皮肉在面颊上的分布形态，等等。她以惊恐的双眼看见那张面孔，而这种惊恐就是由那张面孔激起的。这便是维特根斯坦说"人的身体是人的灵魂的最好图画"（《哲学研究》，第二部分 § IX）时所想到的。以相同的方式，在我们发现有价值的东西中，我们看见或"读到"了我们所看重的东西——当我们看到一个人的勇气、他的行为的勇敢时。

使我们得以这样做的，乃是我们使之为我们所拥有的那些价值——这是第九章的主题。在由它们赋予我们的视角之下，它们造就了我们的阅读。这便是西蒙娜·魏尔在文末所论及的话题，在那里她谈到扭转我们关于事物的"读出"所需的努力——"改变我在表象中读出的、加给我的那些意义"：像斯宾诺莎会说的那样，从被动情感转向主动情感，进而从被动知觉模式转向主动知觉模式。她称此为"凭自己而行"。

她还谈到"凭他者而行"，并说这也"在于转换意义"。（第 302 页）她写道："战争、政治、修辞、艺术、教育，每一指向他人的行动本质上都在于改变人们所读到的东西。"（同上）作为柏拉图的追随者，她知道，至为重要的是，要将修辞和宣传（例如，当它们被用

216

于操纵人们的观念时）同真正的教育区分开来，这种教育包括旨在教导人们扩展他们对事物的理解和领悟的"道德教育"。她写道，这里有两个问题：技术和价值。"表象借以塑造性格的那些文本抓住我的灵魂，抛弃它，这些文本又被别的文本所取代（她说到）。这些文本比其他的更有价值吗？（她问道）它们比其他的更真实吗？我们到哪里去寻找一个标准？"（同上）

她最后仅用了两段话来讨论这个问题，这里孕育着她在后来的著述中得以发展出来的观点。她所说的是，我们需要将真、美和善关联起来加以思考，善打开了我们朝向真的眼睛，又使我们得以看见那里的美——亦即，她后期著述中所称的"世界之美"。她在这里说道，我们无法通过阅读《实践理性批判》来接近这种真理；不是哲学而是内在的努力能让我们看清"真理与虚假""实在与虚幻"之间的区别。只有到了这个时候，关于我们如此知道的东西的哲学反思才可以让我们清晰地阐释我们用于区分"真理与虚假""实在与虚幻"的那种"标准"。

217

三　结论

在哲学中说到结论，总是很危险的。因为我们在哲学中达到的理解的清晰性和深度乃是通过哲学特有的那种工作而做到的：讨论、对反对意见的考虑、批评、澄清。哲学始于某个难题，通常以一个问题的形式表达出来。哲学就在于针对这些难题展开工作，而在这一过程中，这些难题会被转换、被增生，有时还会被其他难题所替代。我们从这项工作中收获的果实，就是我们得到的关于这些难题所指向的东西以及引发这些难题的东西的理解。绝不可能把这种理解现成地留给另一个人。我们能为他做的就是唤醒他去注意这些问题，吸引他参与讨论，从而让他就它们展开工作。他得在此项工作的过程中自己达成这种理解。我们在写作中能留给另一个人的就是我们自身已做的工作，以便他能进入它，致力于它，然后自己去以自己的方式完成它。

因此，我在本书开头便指明要探讨的核心难题以及我们如何在两个相反的方向之间被拉扯：一个是关于我们所称的"实在"独立于我们的观念，一个是其对立面亦即实在是语言的创造——"语言唯心论"。我指出，用"实在"我们可以意指我们生活中遇到并认识到的事物、事实和现象。这些确实都独立于我们以及我们用语言说和思考的东西而存在。要不是这样，我们就无法说或思考假的东西，而要是无法说或思考假的东西，我们也就无法说或思考真的东西。然而，在哲学中我们说到物理对象、物理世界的存在与实在，也说到过去、将来、时空、数和价值等等的实在。这些便是哲学难题出现的焦点所在，而正是在这里形而上实在论和语言唯心论发生了冲突。在这里，例如物理对象的实在性就意指同我在沙漠中旅行时远远望见的水的实在性不同的东西。我在这种情形下所望见的东西是实在的，与之相反的是我看见的是一个海市蜃楼时的幻象。这里的幻象是作为一种物理对象的水的表象，因此关于我看见的是一个幻象的判断预先假定了物理对象的实在，简称物理实在。一个幻象乃是一个物理实在的表象。

所以我才把物理实在说成是我们居于其中的世界的一个维度，一个我们在其中区分开实在与虚幻的维度，一个既包含实在也包含虚幻的维度。哲学家们说到实在——物理对象的实在、时空的实在——时，心里想到的就是这一维度及其他类似的维度。我试图阐明这样一种意义，在这种意义上，实在的这样一些维度并不独立于我们的语言以及我们的语言所从属的生活与文化。我说明了，这并不意味着，我们在使用语言时所谈论和指称的东西并不独立于我们，并不独立于我们所说和思考的东西。这并不意味着实在是语言的副现象——语言唯心论的核心主张。

在关注伦理学的一章里，我考察了我们使之为我们所有的那些道德价值的视角如何为我们打开了一个新的实在维度。在这里，说者与他所谈论的东西的个人关系对他所说的东西的真造成的差别为我们关

218

于语言与实在的难题又添加了点东西。在科学事务上，我们在评估相关证据时拥有说者的专业知识。这是通过训练而获得的，而且包含新概念的学习，有时甚至包含一种新语言的学习。在道德的、精神的和审美的事务上，每个人都不得不自己说自己的，要是可以说他是在说出真理或者知道自己在说什么的话。在这里，智力必须与情感和学识合为一体，或者至少包含情感教育。一个人借助由此学到的东西改变自己。正因为如此，苏格拉底才把知识等同于美德。我指出，这里得区分开准则的社会的、客观的实在性和我们的道德价值的道德的、个人的实在性。我因此说它们拥有双重实在性。我批评普特南的"道德客观主义"，因为他未能认识到道德准则——道德价值——的实在性的道德特征。

最后，在这一章里我讨论了西蒙娜·魏尔早年的一篇文章中将实在视作我们所"读出"的东西的观念。她的想法同我在本书中所论证的东西相一致。我概括如下：

> 我们所过的生活乃是我们所使用的语言的生活；我居住的世界是这种生活——我们语言的生活——的一个世界。实在的诸维度所固有的结构反映了我们语言的语法形式——维特根斯坦意义上的"语法"。这种语言在人们适应环境并与之打交道的过程中不断演进；而环境自身反过来又日益被源自语言演进过程的那些价值形式所渗透。正是在这种意义上，我们栖身其中的人类世界就是我们赖语言所过的生活的世界。

219

本书试图把上述观点阐述清楚并赋予其血肉，我还希望澄清的一点是，这并不会犯下受维特根斯坦不公正地责难的语言唯心论所犯的罪过。我也希望我得以指明了这种责难的不公正性。

注　释

1. 对此问题的详细讨论请参见：迪尔曼，1973 年，第四章，"归纳与自然齐一性"。

2. 更详细的讨论请参见：迪尔曼，1973 年，第三章。

3. 最后两段选自我的论文"共相：班波罗夫论维特根斯坦"，载《亚里士多德协会论文集》，1978 年，第 51 页。

4. 在班波罗夫关于树的例子中，人们用不同的兴趣——植物学与造船人——把树分成不同类别。

5. 请比较班波罗夫提出的"自然显现的客观相似性与差异"。

6. 我在这里用安斯康姆教授的表述"落在概念下面的东西"。这是一种弗雷格式表达，就算维特根斯坦用过这种表达，也是很少使用。

7. 在我关于蒯因的书（迪尔曼，1984 年 a）中，我据理表明，我们在蒯因的早期作品甚至中期作品中发现了这个形而上学观念，蒯因参照了"混乱的未加工的经验片段""分散的感觉事件""经验的流出""感觉刺激"——潜藏在他的精致相对主义后面的原始绝对主义。

8. 这一节的部分内容来自：迪尔曼，1992 年，第三章第二节。

参考文献

G. E. M. 安斯康姆:《语言唯心论问题》,载《哲学论文集》,布莱克威尔出版社 1981 年版。

伦福德·班波罗夫:《共相与家族相似性》,载《亚里士多德协会论文集》,1930—1961 年版。

乔纳森·贝内特:《康德的分析》,剑桥大学出版社 1966 年版。

乔纳森·贝内特:《康德的辩证》,剑桥大学出版社 1974 年版。

乔治·贝克莱:《人类知识原理》,载《视野的新理论及其他作品》,伦敦:人人图书馆 1950 年版。

勒内·笛卡尔:《沉思集》,载《笛卡尔哲学著作集》,霍尔丹、罗斯译,剑桥大学出版社 1967 年版。

寇拉·黛蒙德:《实在论与实在论精神》,载《实在论精神》,麻省理工学院出版社 1991 年版。

伊尔哈姆·迪尔曼:《归纳与演绎:维特根斯坦研究》,布莱克威尔出版社 1973 年版。

伊尔哈姆·迪尔曼:《物质与心灵:认识论的两篇论文》,麦克米兰出版公司 1975 年版。

伊尔哈姆·迪尔曼:《共相:班波罗夫论维特根斯坦》,载《亚里士多德协会论文集》,1978 年版。

伊尔哈姆·迪尔曼:《语言与理由研究》,麦克米兰出版公司 1981 年版。

伊尔哈姆·迪尔曼：《蒯因论本体论：必要性与经验》，麦克米兰出版公司 1984 年 a 版。

伊尔哈姆·迪尔曼：《理由、情感与意志》，载《哲学》，1984 年 b 版。

伊尔哈姆·迪尔曼：《自我知识：善与恶的实在》，载《道德与理解》，雷·盖特英译，麦克米兰出版公司 1990 年版。

伊尔哈姆·迪尔曼：《自我知识与变化的可能性》，载《规则、礼节与责任》，玛丽·博克弗编，敞院出版公司 1991 年版。

伊尔哈姆·迪尔曼：《哲学与哲学的生活：柏拉图〈斐多篇〉研究》，麦克米兰出版公司 1992 年版。

伊尔哈姆·迪尔曼：《语言与实在——当今关于维特根斯坦的种种看法》，皮特斯出版公司 1998 年版。

费奥多尔·陀思妥耶夫斯基：《卡拉马佐夫兄弟》（全二卷），康斯坦斯·加尼特英译，伦敦：人人图书馆 1957 年版。

迈克尔·达米特：《维特根斯坦的数学哲学》，载《维特根斯坦研究》，乔治·皮彻编，铁锚图书出版公司 1966 年版。

乔治·艾略特：《米德尔马契》，休顿·米夫林出版公司 1956 年版。

T. S. 艾略特：《四重奏》，费伯与费伯出版社 1955 年版。

纳尔逊·古德曼：《解读与认同：作品能在世界上生存吗?》，载《哲学、其他艺术与科学的先入之见》，劳特利奇出版社 1988 年版。

大卫·休谟：《人类理智研究》，纽约：文科出版社 1957 年版。

大卫·休谟：《道德原则研究》，纽约：文科出版社 1957 年版。

大卫·休谟：《人性论》，L. A. 塞尔比—比格编，牛津大学出版社 1967 年版。

欧内斯特·琼斯：《爱情与道德》，载《国际精神分析学报》，1937 年第 18 卷，1 月。

伊曼努尔·康德：《道德形而上学的奠基》，托马斯·金斯米尔·阿博特译，朗文出版公司 1959 年版。

222

索伦·克尔凯郭尔:《清心志于一事》,道格拉斯·斯蒂尔译,麦克米兰出版公司 1961 年版。

索尔·克里普克:《维特根斯坦论规则与私人语言》,布莱克威尔出版社 1982 年版。

约翰·洛克:《人类理解论》,伦敦:人人图书馆 1959 年版。

诺尔曼·马尔康姆:《维特根斯坦与唯心论》,载《维特根斯坦式主题:1978—1989 论文集》,G. H. 冯·赖特编,康奈尔大学出版社 1995 年版。

马里恩·米尔纳、乔安娜·菲尔德:《我们自身的生活》,企鹅出版社 1952 年版。

G. E. 摩尔:《"捍卫常识"和"关于外部世界的证明"》,载《哲学论文集》,乔治·艾伦和昂文出版社 1963 年版。

托马斯·内格尔:《无来由的观点》,牛津大学出版社 1991 年版。

弗里德里希·尼采:《超越善恶》,第四部分:"我们学者",R. J. 霍林达尔译,企鹅出版社 1973 年版。

柏拉图:《理想国》,林赛译,伦敦:人人图书馆 1950 年版。

柏拉图:《斐多篇》,载《苏格拉底的最后日子》,企鹅出版社 1973 年版。

柏拉图:《高尔吉亚篇》,企鹅出版社 1973 年版。

H. H. 普赖斯:《思考与经验》,哈钦森大学图书馆 1953 年版。

希拉里·普特南:《实在论的多副面孔》,保罗·卡若斯讲演,敞院出版公司 1991 年版。

希拉里·普特南:《戴有人类的孔的实在论》,哈佛大学出版社 1992 年 a 版。

希拉里·普特南:《重建哲学》,哈佛大学出版社 1992 年 b 版。

希拉里·普特南:《语词与生活》,哈佛大学出版社 1994 年版。

拉什·里斯:《道德陈述像什么?》,载《没有答案》,劳特利奇出版社 1969 年版。

拉什·里斯:《维特根斯坦伦理学观的一些进展》,载《讨论维特根斯坦》,劳特利奇出版社 1970 年版。

赖内·马利亚·里尔克:《杜伊诺哀歌》,J. B. 利什曼和史蒂芬·斯彭德译,霍加斯出版社 1957 年版。

理查德·罗蒂:《普特南和相对主义的威胁》,载《哲学学报》,1993 年第 90 卷第 9 期,9 月。

伯特兰·罗素:《数学哲学导论》,乔治·艾伦和昂文出版社 1963 年版。

伯特兰·罗素:《哲学问题》,牛津大学出版社 1973 年版。

列夫·托尔斯泰:《伊凡·伊利奇之死》,载《伊凡·伊利奇之死和其他故事》,阿尔默·莫德译,印章经典丛书,新美国人图书馆 1960 年版。

史蒂芬·图尔敏:《科学哲学导论》,哈钦森大学图书馆 1955 年版。

西蒙娜·魏尔:《重负与神恩》,普隆图书馆 1948 年版。

西蒙娜·魏尔:《伊利亚特或力的诗》,载《希腊的起源》,伽利玛出版社 1953 年版。

西蒙娜·魏尔:《等候神》,埃玛·克劳弗德译,企鹅出版社 1959 年版。

西蒙娜·魏尔:《论阅读的观念》,载《哲学研究》,1990 年第 13 卷第 4 期,10 月。

伯纳德·威廉斯:《维特根斯坦与唯心论》,载《理解维特根斯坦》,皇家学院哲学讲演,1972—1973 年第 7 卷,戈弗雷·维西译,麦克米兰出版公司 1974 年版。

伯纳德·威廉斯:《笛卡尔:纯粹探究之谋划》,企鹅出版社 1979 年版。

彼得·温奇:《理解原始社会》,载《伦理学与行为》,劳特利奇出版社 1972 年版。

约翰·威兹德姆:《心的观念》,载《他心》,布莱克威尔出版社 1952

年版。

223 约翰·威兹德姆：《哲学、形而上学及精神分析学》，载《哲学与精神分析学》，布莱克威尔出版社 1953 年版。

路德维希·维特根斯坦：《数学基础评论》，布莱克威尔出版社 1956 年版。

路德维希·维特根斯坦：《逻辑哲学论》，皮尔斯和麦克吉尼斯英译，劳特利奇出版社 1961 年 a 版。

路德维希·维特根斯坦：《战时笔记（1914—1916 年）》，布莱克威尔出版社 1961 年 b 版。

路德维希·维特根斯坦：《哲学研究》，布莱克威尔出版社 1963 年版。

路德维希·维特根斯坦：《关于伦理学的演讲》，载《哲学评论》，1965 年 1 月。

路德维希·维特根斯坦：《字条集》，布莱克威尔出版社 1967 年版。

路德维希·维特根斯坦：《蓝皮书与褐皮书》，布莱克威尔出版社 1969 年版。

路德维希·维特根斯坦：《论确实性》，布莱克威尔出版社 1969 年版。

路德维希·维特根斯坦：《弗雷泽的〈金枝〉评论》，载《人类世界》，1971 年第 3 卷，5 月 2 日。

索　引

（所注页码为本书边码）

---

① 原书疑误。原书中印的是 ethical relativism，应为 ethical realism，中文译作"伦理实在论"。——译者注

226

译后记

伊尔哈姆·迪尔曼（Ilham Dilman，1930—2003）是英国斯旺西大学哲学系教授，著名维特根斯坦研究专家，"斯旺西学派"的主要代表人物之一。维特根斯坦身前曾在斯旺西从事《哲学研究》一书的部分写作工作。拉什·里斯是维特根斯坦的三位遗嘱执行人之一，他在斯旺西大学创建了维特根斯坦研究中心，由此形成维特根斯坦研究中极富影响力的"斯旺西学派"，出版了一系列研究专著，此书便是其中之一。

语言和实在的关系是语言哲学的基本问题。围绕这一问题，产生了语言实在论和语言反实在论的激烈争论。语言实在论主张，实在先于语言而存在，语言必定奠基于实在。语言反实在论认为，并没有独立于语言而存在的纯粹实在。作为反实在论的一种，语言唯心论则认为，实在只能依赖于语言而存在。

迪尔曼在本书导论中写道："全书集中探讨这一论题：我们如何能够在既不接受语言实在论，又不向任何一种语言唯心论示好的情况下，去设想语言和实在的关系？本书据理证明，这恰恰就是维特根斯坦所做的事情。"他认为，维特根斯坦挣脱了语言实在论与反实在论之争的引力场，超越于二者之外，完成了一场彻底的哲学革命："那么，维特根斯坦的哥白尼革命到底是什么呢？简单地说，就是维特根斯坦背离语言实在论的方式。那么，为什么是哥白尼革命呢？理由是，在构想语言和实在的关系时，维特根斯坦和康德之间有平行关系……我将维特根斯坦的哥白尼革命概括如下：我们的语言并不建基于通过感官知觉接触到的经验实在。宁可说，正是作为我们生活一部分的语言——而我们的生活亦即我们所使用的语言的生活——决定了我们与被构想为我们过着其生活的实在有怎样的接触。我这里用实在意指的是我们在其中区分实在与非实在的逻辑空间。这类空间便是我所指的、我们居住于其中的世界的诸维度，我们就'居住'在这个世界的各不相同却又彼此关联的实在维度里。"

简单地说，维特根斯坦并不像其他语言哲学家那样，先将语言和实在视作两个完全不同的领域，然后再试图在二者之间建立起某种关联。他另辟蹊径，将这种引发无限纷争的二元对立模式抛掷一边，转而从作为语言使用者的人如何在其诸多生活形式中同实在相交融这一视角入手，去探讨纷繁复杂的语言实践活动。他极力告诫人们：只要看，不要想；只做描述，不构建任何理论。这便是维特根斯坦后期哲学的基本精神，而迪尔曼相当准确地把握住了它，并以此为线索打开了一个解读维特根斯坦哲学的大思路。由此看来，该书具有很高的学术价值。我们将此书译成中文出版，正是出于这种考虑。

本书的翻译工作由李国山主持进行。具体分工如下：导论和第十章由李国山翻译；第一、四、五、八、九章以及注释、参考书目和索引由沈学甫翻译；第二、六章由仇卫平翻译；第三、七章由吴三喜翻译。李国山做了译名统一和文句校改工作，译者的语言风格未强求一致。

书中有些引文的翻译采自贺绍甲先生的《逻辑哲学论》中译本、陈嘉映先生的《哲学研究》中译本、张金言先生的《论确实性》中译本。在此，向这几位译者表达深深的谢意！本书译文中肯定存在许多不足乃至舛误之处，恳请读者批评指正。

译　者
2022 年 11 月